Meuten, Swings & Edelweißpiraten

Sascha Lange

Meuten, Swings & Edelweiss-Piraten

Jugendkultur und Opposition im Nationalsozialismus

Sascha Lange aus Leipzig ist promovierter Historiker und Autor mit dem Schwerpunkt Jugendkulturen im 20. Jahrhundert. Zuletzt erschien im Ventil Verlag zusammen mit Dennis Burmeister »Behind The Wall. Depeche Mode-Fankultur in der DDR« und »Our Darkness. Gruftis und Waver in der DDR«
www.scherbelberg.de

3. Auflage März 2026
ISBN 978-3-95575-039-8

Lektorat: Jonas Engelmann
Gesamtgestaltung und Satz: Oliver Schmitt
Druck: Hunter Books

Ventil Verlag, Boppstraße 25, 55118 Mainz
www.ventil-verlag.de

Inhalt

Vorwort

»Natürlich haben wir uns bei Provokationen der Hitlerjugend mit Fäusten gewehrt, so auch am Abend des 8. Juni 1939, kurz vor meiner Verhaftung. Nein, wir waren in dieser Beziehung keine Kinder von Traurigkeit und ich kann mich auch nicht daran erinnern, dass wir einmal den sogenannten Kürzeren gezogen hätten. Später warf uns die Anklage vor, mit dabei gewesen zu sein bei einer Aktion gegen das ›Hermann-Göring-Heim‹ der HJ in der heutigen Friedrich-Ebert-Straße, wo Schaukästen und Fensterscheiben eingeschlagen und durch Steinwürfe Mobiliar im Inneren beschädigt wurden. Obwohl sich die Gestapo an den Fingern abzählen konnte, aus welcher Ecke diese Aktion gekommen sein musste, erfolgten daraufhin keine Verhaftungen.

Von Rudi Schieweg mitgebrachte Handzettel (gedruckte!!) kursierten in unseren Reihen und wurden irgendwo von uns ›verloren‹. Sie hatten Aufschriften wie ›HJ verrecke‹ oder ähnliches.«

(Aus dem Erinnerungsbericht von Rolf Franz, Mitglied der Meute Reeperbahn, Leipzig)

Wenn man heute über Jugendopposition oder gar jugendlichen Widerstand gegen den Nationalsozialismus in Deutschland spricht, so fällt den meisten die Weiße Rose aus München ein, im günstigsten Fall noch die Kölner Edelweißpiraten oder die Hamburger Swingjugend. Das Aufbegehren von Jugendlichen gegen das NS-Regime war jedoch umfassender und vielfältiger als diese drei Beispiele suggerieren. Überall in Deutschland gab es Jugendcliquen, die sich dem NS-Regime verweigerten und stattdessen ihre Subkulturen pflegten: Swingheinis in Berlin, Meuten in Leipzig, Erfurt und Halle, Mobs in Dresden, Swingjugend in Frankfurt am Main, Stuttgart und Bremen, Blasen in Mün-

Hamburger Swings um 1939.

chen, Edelweißpiraten im gesamten Ruhrgebiet und in Thüringen ... Mit eigenem Dresscode, eigenen Liedern und eigener Freizeitgestaltung. Autonom und selbstbestimmt, soweit das irgendwie möglich war. Dafür scheute man auch nicht die direkte Konfrontation mit der Hitlerjugend und drängte stellenweise sogar deren Einfluss aus den jeweiligen Wohnvierteln zurück – nicht nur in Großstädten, sondern auch in der Provinz.

Das vorliegende Buch soll erstmalig eine breite Übersicht über oppositionelles bzw. Widerstandsverhalten von Jugendlichen während der NS-Zeit bieten. Es beinhaltet verschiedenste Quellen wie Erlebnisberichte und Interviews mit Zeitzeugen sowie NS-Dokumente, erklärende Texte und zeigt erstmalig eine Zusammenfassung aller bislang bekannter Jugendgruppen. Der Schwerpunkt liegt dabei auf Jugendsubkulturen, also selbstbestimmten, informellen Gruppen, die aufgrund persönlicher Sympathien sowie kultureller Vorlieben für Musik und Kleidung zusammengefunden haben. Zusammenschlüsse, die ohne Anleitung von Erwachsenen oder illegal agierenden politischen Parteien aktiv wurden.

Dabei darf nicht vergessen werden, dass die hier dargestellten Ereignisse und beschriebenen Personen letztlich nur das an Quellen widerspiegeln, was die Jahrzehnte in Archiven, Büchern oder in Zeitzeugenberichten überdauert hat – vieles ist für immer verloren. Gleichzeitig sind für einzelne Gruppen so umfangreiche NS-Akten überliefert, dass nicht alle ihre Aktivitäten hier vorgestellt werden können. Somit ist dieses Buch ein Zwischenbericht.

Die Geschichte von Jugendopposition ist auch die Geschichte von männlich dominierten Cliquen. Ganz nach dem antiquierten Frauenbild der Nationalsozialisten wurde den weiblichen Gruppenmitgliedern auch von ihren staatlichen Verfolgern eine passivere Rolle zugewiesen – dabei gab es in den Gruppen nicht wenige Mädchen: Etwa ein Viertel bis ein Drittel der Mitglieder, die dort ihre kulturelle und soziale Heimat fanden und diese aktiv mitgestalteten, waren weiblich.

Im Zusammenhang mit der Geschichte des Nationalsozialismus in Deutschland fallen oft die vielfältig ausgelegten Begriffe Opposition und Widerstand, die für das vorliegende Buch eingangs kurz geklärt werden sollen. Maßgebend für die folgenden Darstellungen ist die Widerstandsdefinition des 1990 verstorbenen Historikers Detlev Peukert. Er verstand unter Widerstand im engeren Sinne *politisch bewusste* Verhaltensformen, die sich *fundamental* gegen das NS-System richten. Peukert erarbeitete hierfür eine (idealtypische) aufsteigende Pyramide mit zunächst einer breiten Basis von privater und partieller Kritik am Nationalsozialismus als »Nonkonformität«, über »Opposition« bis zur schmalen Spitze des Widerstands im engeren Sinne. Unter Widerstand im engeren Sinne sind dabei bewusste Handlungen zu verstehen, die sich gegen das NS-Regime als Ganzes richteten – egal ob durch Diskussionskreise, Flugblätter oder militante Anschläge. Grundbedingung dafür ist ein politisches Bewusstsein der Widerstandshandlungen. Unter Nonkonformität fiel damals bereits, wenn man weiterhin mit »Guten Tag« grüßte anstatt mit »Heil Hitler«. In Opposition zum NS-Regime trat man, wenn man sich wie in Hamburg stattdessen mit »Swing Heil« begrüßte, unter Androhung von Strafe den HJ-Dienst schwänzte und sich stattdessen mit Gleichgesinnten traf oder den NS-Medien keinen Glauben schenkte und stattdessen heimlich ausländische Radiosender hörte.

Die meisten der im Buch beschriebenen unterschiedlichsten Aktivitäten von Jugendgruppen sind in erster Linie als Nonkonformität und Opposition einzuordnen. Doch wird auch aufgezeigt, wie fließend jugendliche Aktivitäten in Widerstand münden konnten.

Jugend in der Weimarer Republik

Die Entstehung der Jugendbewegung

Im Lebensabschnitt Jugend durchlebt, durchleidet und zelebriert man den Übergang vom Kind zum Erwachsenen und grenzt sich oftmals auch durch sein Äußeres ab. Eigensinnig, auf der Suche nach eigenen Wegen und voller Fragen, wie es weitergeht. Bis zum Ende des 19. Jahrhunderts war »Jugend« nicht im Bewusstsein der 13- bis 21-Jährigen. Der Hauptgrund war die fehlende Freizeit. Besonders junge Menschen aus Arbeiterfamilien hatten davon wenig bis gar keine, mussten sie doch frühzeitig in den Fabriken für den Unterhalt ihrer Familien mitschuften. Die Jahrhunderte zuvor war es die Arbeit in der Landwirtschaft oder in einem Handwerk gewesen, die einen von früh bis spät auf Trab hielt. Die Kindheit endete also ritualisiert mit der Firmung, Konfirmation bzw. ab Mitte des 19. Jahrhunderts durch die Jugendweihe. Für Kinder aus Arbeiter-, Bauern- oder Handwerkerfamilien stand bis in die zweite Hälfte des 20. Jahrhunderts spätestens danach der Eintritt ins Berufsleben, von einem heutigen »verschwende deine Jugend« war man weit entfernt.

Es war eine Wandergruppe verträumter Oberschüler aus dem Bürgertum, die 1896 der rasant wachsenden Großstadt Berlin zumindest an den Wochenenden entfliehen wollte und ein eigenes Bewusstsein als junge Menschen ausbildete. Dies taten sie in Abgrenzung zur Erwachsenengeneration und zum neuen »Massenzeitalter«. Die Veränderungen, die die industrielle Revolution nach Deutschland gebracht hatte, behagten ihnen nicht. Schnell fanden sich in anderen Städten Gleichgesinnte. Wie damals an den großstädtischen Schulen üblich, trafen sich Mädchen und Jungs in getrennten Gruppen. Der »Wandervogel« bzw. die »Jugendbewegung« war geboren, weitere Gruppengründungen, auch unter Arbeiterjugendlichen, folgten. Während es den bürgerlichen

Treffen von Arbeiterjugendlichen 1910 in der Nähe von Wuppertal. Deutlich zu erkennen ist, dass sie noch über keinen eigenen Dresscode verfügen und sich stattdessen wie bürgerliche Erwachsene beim Sonntagsausflug kleiden.

Gruppen zum Großteil um eine romantisch-verklärte Rückbesinnung auf die Natur, die vorindustrielle Zeit und alte Volkslieder ging, verbanden Arbeiterjugendliche ihre neuen politisch-sozialen Zusammenschlüsse mit dem Kampf für die Verbesserung ihrer teilweise katastrophalen Arbeits- und Lebensbedingungen an der Seite der linken Arbeiterparteien.

Auch die bürgerliche Jugendbewegung war bereits in ihrer Frühphase nicht gänzlich unpolitisch, trotz ihrer ideellen Rückgriffe auf eher feudale Zeiten. Frühzeitig vertraten mehrere Gruppen völkisch-nationalistische Ideologien, teilweise einhergehend mit antisemitischen Ausrichtungen. Andere Wandervogelgruppen stellten sich demonstrativ hinter ihre (wenigen) jüdischen Mitglieder und warben für einen toleranten Umgang mit allen interessierten Jugendlichen. Die Texte in den Zeitschriften der Jugendbewegungen in den Jahren um 1913 spiegeln diese Diskussionen anschaulich wider.[3] Kernfrage war, ob man »deutsch« nur aufgrund der Blutsverwandtschaft oder der mentalen Verbundenheit mit dem Land sei, in dem man lebt – eine Diskussion die in Deutschland bedauerlicherweise mehr als hundert Jahre später gesellschaftlich immer noch nicht abgeschlossen zu sein scheint.

Das Wort »Jugend« zur Bezeichnung der Lebenszeit vom Teenager bis zur juristischen Volljährigkeit mit 21 Jahren ist noch relativ jung. Erst ab den 1880er-Jahren wurden junge Menschen im Zuge der Industrialisierung und den damit einhergehenden gesellschaftlichen und sozialen Veränderungen als eigenständige Gruppe auch in der Öffentlichkeit mit dem Begriff »Jugend« zusammengefasst, zunächst oftmals unter negativer Verwendung im Zusammenhang mit großstädtischer Verwahrlosung und Kriminalität. Ab der Jahrhundertwende und der sich entwickelnden Jugend- und Lebensreformbewegung in Abgrenzung zur einsetzenden Moderne wurde der Begriff schließlich populärer und die betroffenen Jahrgänge entwickelten dafür ein Bewusstsein, inklusive der Kriegsbegeisterung in verklärter Abenteuerromantik und Deutschtümelei, mit der Tausende 1914 in den Ersten Weltkrieg zogen.

Jugend in der Weimarer Republik

Mit dem Ersten Weltkrieg endete auch die erste Generation der Jugendbewegung. Eine neue folgte, ebenso veränderte gesellschaftliche Rahmenbedingungen. Die Zeit der Weimarer Republik bot für Jugendliche, trotz zahlreicher sozialer und wirtschaftlicher Probleme, immer mehr Freizeitmöglichkeiten. Möglich wurde dies durch neue sozialpolitische Gesetzgebungen wie dem eingeführten Achtstundentag in Gewerbe und Industrie. Vor allem in den Städten ergaben sich nun täglich nach Feierabend und besonders an den Wochenenden für Jugendliche freie Zeiten, die je nach Lust und Laune mehr oder weniger sinnvoll verlebt werden konnten.

In den Augen der Erwachsenen stellten die als »Halbstarke« bezeichneten Jugendlichen, die ihre Zeit autonom gestalteten und z. B. stundenlang an den Ecken von Hauptverkehrsstraßen herumlungerten, eine potentielle Gefahr der Verwahrlosung und somit der Kriminalität dar. Erwachsene quer durch alle sozialen Schichten und politischen Ausrichtungen legten deshalb großen Wert darauf, dass Jugendliche ihre Freizeit »sinnvoll« verbrachten. Sie schufen strukturelle Angebote in Form von Verbänden, um die jungen Menschen entweder für ihre politischen Ziele zu begeistern oder um ihnen generell einen Rahmen für organisierte Freizeit anzubieten. Neben den beliebten Sportvereinen waren das die mittlerweile zahlreichen kulturellen, religiösen oder politischen Jugendorganisationen. Diese waren nicht zwangsläufig von Erwachsenen geführt, sondern oftmals von älteren Jugendlichen. Das Interesse an solchen Zusammenschlüssen war groß. Etwa 1000 verschiedene Jugendverbände sind für die Zeit der Weimarer Republik deutschlandweit bekannt. 1926 gab es etwa

9 Millionen Jugendliche, von denen 4,3 Millionen in einem dieser Verbände organisiert waren, etwa jeder zweite männliche und jede vierte weibliche Jugendliche. Davon waren 1,6 Millionen Mitglied in einem Sportverein.

Die aus der Wandervogelbewegung hervorgegangene Bündische Jugend bestand zum Großteil aus bürgerlichen Oberschülern und Studenten. Deren verschiedene Verbände umfassten zwar reichsweit nur etwa 50 000 Jugendliche, entfalteten aber eine große Außenwirkung. Die bekanntesten sind u. a. die Deutsche Freischar, die Reichsschaft deutscher Pfadfinder, der Nerother Wandervogel und die Deutsche Jungenschaft (dj 1.11). Oftmals lebten die Mitglieder über eine Stadt verteilt und trafen sich in einem ihrer »Heime«, das oft nicht mehr als eine Bodenkammer oder ein Kellerverschlag war – aber immerhin fernab der Erwachsenen. An den Wochenenden unternahm man Fahrten in die Natur. Während es bei den linken Jugendverbänden frühzeitig bewusst gemischtgeschlechtliche Gruppen gab, waren die Bünde im Allgemeinen reine Jungsgruppen, wie es zuvor auch bei den Wandervögeln üblich war. Mädchengruppen spielten bei der Bündischen Jugend nur eine marginale Rolle.

Mitglieder des Deutschen Pfadfinderbundes aus Aachen 1932. Marschieren und Uniformierung gehörten Anfang der 1930er Jahre bei Jugendverbänden aller politischer und konfessioneller Richtungen in Deutschland zum Gruppenalltag.

Das Interesse vieler Jugendlicher an Jugendbünden und Pfadfindergruppen in den 1920er-Jahren blieb auch den einzelnen Glaubensrichtungen in Deutschland nicht verborgen. Um die Attraktivität ihrer Jugendarbeit zu erhöhen, entstanden verstärkt bündisch geprägte bzw. von der Pfadfinderidee beeinflusste konfessionelle Verbände. Äußerlich waren konfessionelle und nichtkonfessionelle Bünde kaum zu unterscheiden.

Zur linken Arbeiterjugendbewegung zählten etwas mehr als 350 000 Jugendliche. Diese waren vor allem an die Arbeiterparteien angegliedert. Die Sozialdemokratie verfügte mit den Kinderfreunden, den Roten Falken und der Sozialistischen Arbeiterjugend (SAJ) über ein breites Spektrum an Gruppen. Die um den Führungsanspruch innerhalb der linken Arbeiterbewegung konkurrierende KPD sammelte ihren potentiellen Nachwuchs bei den Roten Jungpionieren und dem Kommunistischen Jugendverband Deutschland (KJVD). Darüber hinaus gab es noch zahlreiche Jugendgruppen verschiedener anderer linker Parteien und Organisationen, wie z. B. der Sozialistischen Arbeiterpartei (SAP), der KPD-Opposition (KP-O), der Proletarischen Freidenker, aber auch anarchosyndikalistischer Zusammenschlüsse. Diese Verbände verstanden sich in klarer Abgrenzung zur bürgerlichen Welt und waren sowohl sozialer Zusammenhalt als auch politische Organisationen und dementsprechend in der Öffentlichkeit präsent.

New Kids On The Block

Neben politischen Jugendverbänden, die sich an gesellschaftlichen Zukunftsvisionen abarbeiteten, sowie verschiedenen Bünden, die in die Natur flohen und sich an schwärmerischen Büchern und Gedichten erfreuten, gab es in dieser Zeit immer mehr junge Menschen, die die zunehmenden Freizeitangebote und Möglichkeiten innerhalb der Großstädte nutzten – ohne organisierten Rahmen. Denn die deutschen Metropolen waren nicht nur laut, schmutzig und gefährlich. Sie boten den Menschen auch ein immer breiteres Angebot der sich sprunghaft entwickelnden Massenkultur; Freizeitangebote, die man spontan im Freundeskreis nutzen konnte, z. B. das Flanieren auf belebten Einkaufsstraßen, der Besuch von Rummelplätzen, Freibädern oder Gaststätten. Doch viele dieser Vergnügungen bedurften finanzieller Mittel. Während sich Jugendliche aus dem Bürgertum solche Unternehmungen durchaus leisten konnten, sah es für die meisten Arbeiterjugendlichen anders aus. Sie lebten oft in finanziell prekären und räumlich äußerst beengten Verhältnissen bei ihren Familien oder zur Untermiete. Hatten Arbeiterjugendliche eine Lehrstelle oder

Leipziger Jungkommunisten um 1930. Die Kleidung der Arbeiterjugendlichen hatte sich verändert. Auffällig war bei den Jungs der sogenannte »Schillerkragen«, der breitgezogene Hemdkragen als Zeichen von Jugendbewegtheit, wie zu dieser Zeit auch bei der Bündischen Jugend üblich.

sogar einen Job, so waren diese in der Regel schlecht bezahlt, aber immerhin konnten sie etwas zum Unterhalt der Familie beisteuern, was ihnen gegenüber ihren Eltern einen größeren Freiraum verschaffte. Hinzu kam, dass sie stärker von den wirtschaftlichen Krisen Ende der 1920er-Jahre und der damit einhergehenden Arbeitslosigkeit bedroht waren, da junge Arbeiter oft als erste entlassen wurden. Als Alternative zu den kostenintensiven Freizeitangeboten blieb vielen Jugendlichen nur, sofern sie nicht in einem Jugendverband oder Sportverein aktiv waren, möglichst viel Freizeit außerhalb der elterlichen Wohnung auf der Straße mit Gleichaltrigen zu verbringen – als Zeittotschläger. In diesem Zusammenhang erreichten in Berlin zahlreiche so genannte »Wilde Cliquen« Beachtung, die oftmals aus arbeitslosen Jugendlichen bestanden. Sie waren die ersten Jugendgruppen, die sich völlig autonom zusammenfanden, ohne übergeordnete Struktur oder Anleitung durch Erwachsene. Politisch sympathisierten viele mit der linken Arbeiterbewegung. Durch ihre selbstgewählte, für die damalige Zeit teilweise sehr bunte äußere Aufmachung in Form von Wanderkleidung, farbenfrohen Halstüchern und Hüten mit auffälligen Federn sowie ihrer Gewaltbereitschaft auf der Straße, ist ihre Außenwirkung durchaus mit den Punker-Cliquen der späten 1970er-Jahre vergleichbar.

Jugendgruppen hatten auch immer die Funktion der gemeinsamen Selbsterziehung. Besonders in den Arbeiterfamilien, wo beide Elternteile berufstätig waren oder aber der arbeitslose Vater in der Kneipe an der Ecke regelmäßig die magere Stütze versoff, waren Jugendliche frühzeitig sich selbst überlassen und trafen sich in ihrem Wohngebiet auf der Straße oder in einem angrenzenden Park mit Gleichaltrigen. Die Straße war für sie kein Ort der Verwahrlosung, sondern der Kommunikation und des gegenseitigen Lernens.

Die Abkopplung von zu Hause schafften in der Weimarer Zeit Jungs oftmals besser als Mädchen. Grund war die traditionelle Rollenverteilung zwischen Mann und Frau auch im Arbeitermilieu. Obgleich die Arbeiterbewegung für die Gleichberechtigung zwischen den Geschlechtern eintrat, wurden die Mädchen im Lehrlingsalter in den Familien stärker in die Hausarbeit eingebunden als Jungs. Hinzu kam die verbreitete Angst der Eltern vor ungewollten Schwangerschaften ihrer unverheirateten Töchter, was deren Bewegungsfreiheit einschränkte.

Viele Jugendliche träumten sich an spannendere Orte. Bücher waren Katalysatoren für Sehnsüchte und Fernweh. Ob aus proletarischem oder bürgerlichem Elternhaus – Heranwachsende entwickelten großes Interesse an Abenteuerromanen und Reiseberichten. Viele sammelten Zigarettenbilder mit Fotos aus fernen Ländern und von fremdartigen Tieren, ähnlich der heutigen Panini-Sammelbilder. Die Großstädte der damaligen Zeit schienen durch die vielen größeren und kleineren Fabriken besonders in den Arbeiterstadtvierteln oftmals laut und schmutzig, die Wohnverhältnisse der Kinder und Jugendlichen in den proletarischen Familien äußerst mangelhaft. Bücher wie die von Karl May oder Mark Twain nahmen die Leser in Gedanken mit auf Reisen in ferne exotische Länder. Das daraus erwachsende Fernweh konnte durch Fahrten und Wanderungen in die nähere Umgebung und manchmal auch an fernere Orte Europas zu einem gewissen Grad befriedigt werden. Eine kleine verschworene Gemeinschaft draußen in der freien Natur bot das ideale Kontrastprogramm zu den überfüllten Großstädten der Moderne.

Abenteuerbücher wie die von Karl May standen bei Jugendlichen hoch im Kurs.

In den Verbänden linker Arbeiterjugendlicher träumte man hingegen nicht nur von einem besseren Leben, man versuchte es auch zu erkämpfen. Die zahlenmäßig größten Gruppen waren unter dem Banner der SPD organisiert. Dort verstand man Jugendgruppen in erster Linie als eine Erziehungsgemeinschaft und wollte mit gebildeten, mündigen Arbeitern auf demokratischem Wege schrittweise die Arbeits- und Lebensbedingungen verbessern, hin zu einem sozialistischen Deutschland. Die Jugendgruppen der KPD agierten – analog zur Mutterpartei – weniger geduldig. Ihr Ziel war eine baldige Revolution nach sowjetischem Vorbild. Dabei scheute man sich nicht, alle anderen Parteien als Faschisten zu diskreditieren, auch die SPD, mit der man um die Vormachtstellung innerhalb der Arbeiterbewegung konkurrierte. Neben den politischen und pädagogischen Ausrichtungen der Gruppen waren sie aber auch ein sozialer Mikrokosmos, in dem Freundschaften entstanden und wo man sich verliebte.

Zu Beginn der 1930er-Jahre mehrten sich auf der Straße die Auseinandersetzungen mit den aufstrebenden Nationalsozialisten. Linke Arbeiterjugendliche engagierten sich in den verschiedenen Selbstschutzgruppen, um die Angriffe der SA auf ihre Wohnviertel zurückzuschlagen. Hinzu kam die angespannte Lage auf dem Arbeitsmarkt, die neben den politischen Konflikten auch die sozialen Probleme zuspitzte.

Uniformierte Mitglieder der Sozialistischen Arbeiterjugend bei einem Aufmarsch in Frankfurt am Main im August 1931.

Kinoneubauten im Stil der Moderne, wie hier der Titania-Palast in Berlin-Steglitz 1931, läuteten architektonisch das beginnende Zeitalter der modernen Massenkultur ein.

Lichter der Großstadt

Scheinbar losgelöst von den innenpolitischen Problemen in Deutschland wurden in den 1920er-Jahren, parallel zur technischen Weiterentwicklung des Films, vor allem des Tonfilms, zwei Freizeitorte immer populärer: Tanzetablissements und Lichtspielhäuser. Auch architektonisch läuteten die Kinoneubauten im Stil des Bauhauses die Moderne ein. Mit dem Kino brach ein neues Zeitalter der kulturellen Unterhaltung an. Neben den zahlreichen einheimischen Filmen interessierte sich das Publikum in Deutschland vor allem für amerikanische Produktionen, boten diese doch einen sehnsuchtsvollen (idealisierten) Blick auf das Land jenseits des Atlantiks, in die Neue Welt voller Abenteuer, wo aus Tellerwäschern Millionäre wurden.

Darüber hinaus standen bei jungen Menschen Besuche von Tanzveranstaltungen hoch im Kurs – nicht zuletzt wegen der Möglichkeit, mit dem anderen Geschlecht in Kontakt zu kommen. Die neue Jazzmusik aus Amerika war nach Europa und in die deutschen Metropolen geschwappt, allen voran Berlin, wo ab Mitte der 1920er-Jahre bereits amerikanische Jazzmusiker wie Paul Whiteman oder Sam Wooding gastierten. Die Popularität dieser Musik brachte deutsche Tanzorchester dazu, nicht nur klassische Tanzmusik und neuen deutschen Schlager zu spielen, sondern sich ebenfalls mit amerikanischem Jazz zu beschäftigen und für ihr Publikum als Coverversionen zu präsentieren. Lizenzverträge zwischen amerikanischen und deutschen Plattenlabels folgten. Ab 1924 standen in den Rundfunkgeschäften die Schellackplatten amerikanischer

Anzeige für ein Gastspiel des amerikanischen Jazzkünstlers Sam Wooding in Berlin 1930.

Jazzmusiker neben Klassik und deutschem Schlager.

Und – nicht verwunderlich – Jazz spaltete schnell die deutsche Öffentlichkeit. Viele feierten diese neue moderne Musik, brach sie doch völlig mit Volksliedern, alten Tänzen und klassischer Musik. Die ungewohnte erotische Freizügigkeit des Bananenkostüms von Josephine Baker wurde ebenfalls begeistert aufgenommen. Doch nicht wenige, allen voran die Natio-

Die amerikanische Tänzerin Josephine Baker sorgte in den 1920er Jahren mit ihren selbstbewussten, erotisch-freizügigen Auftritten für reichlich öffentliches Aufsehen – auch in Deutschland.

Der amerikanische Musikfilm »Der Jazzkönig« mit Paul Whiteman lief 1930 auch in deutschen Kinos und brachte dem einheimischen Publikum diese neue Musik näher.

Die deutsche Filmindustrie reagierte auf die wachsende Popularität von amerikanischem Jazz u. a. auch mit diesem Film von 1932.

nalsozialisten, diffamierten den Jazz als »Neger-Musik« und sahen die gestandene deutsche Musikkultur und deren Erbe höchstgradig gefährdet. Bereits 1930 verbot der damalige Thüringische Bildungsminister, seines Zeichens NSDAP-Mitglied, unter dem Motto »Wider die Negerkultur – für deutsches Volkstum« den Jazz in ganz Thüringen – ohne dessen Verbreitung dadurch aufhalten zu können.

Amerikanischer Lifestyle war trotz der öffentlichen Angriffe für immer mehr Menschen auch eine zukunftsweisende Lebensalternative, denn der amerikanischen Gesellschaft waren die in Deutschland noch weit verbreitete Demokratiefeindlichkeit sowie althergebrachter Standesdünkel und Monarchiefetischismus fremd. Amerika schien nicht nur durch seine Hochhausbauten modern, sondern auch gesellschaftlich – im scheinbar unkomplizierten Umgang der Menschen miteinander. Eine noch größere Einflussnahme auf Jugendliche durch amerikanische Kultur erreichte die Swingwelle ab Mitte der 1930er-Jahre in Deutschland, auf die später noch gesondert eingegangen wird.

Alles ändert sich 1933

Die Weimarer Zeit hatte in Deutschland eine vielfältige Jugendgruppenlandschaft entstehen lassen, die jedoch von den Nationalsozialisten nach ihrer »Machtergreifung« innerhalb weniger Monate zerschlagen wurde. Einzig die Hitlerjugend sollte künftig die Jugend in Deutschland organisieren.

Linke Arbeiterjugend

Bereits im Februar und März 1933 wurden die Arbeiterjugendverbände – wie auch deren Mutterparteien – in die Illegalität gedrängt und polizeilich verboten. Die gesamte linke Arbeiterbewegung war durch den nun staatlich legitimierten SA-Terror gelähmt. Nicht wenige Gruppen lösten sich auf, da ihre Funktionäre verhaftet und ihre Heime beschlagnahmt worden waren. Zunächst glaubten viele, dass Hitler als Reichskanzler nur ein kurzes Zwischenspiel der politischen Krise sei. Kaum jemand ahnte, was noch eintreten würde. Der aktionistisch ausgerichtete KJVD ging mit verkleinerter Struktur in die Illegalität und versuchte in den Folgemonaten durch Flugblätter, Zeitungen und Wandparolen seinen Widerstand gegen das NS-Regime in der Öffentlichkeit zu zeigen und gleichzeitig seinen Führungsanspruch gegenüber der Arbeiterklasse weiter auszubauen. Dabei waren sie fest in dem Glauben, dass die politische Krise des Imperialismus sich durch die Ernennung Hitlers zum Reichskanzler weiter zuspitzen und demzufolge die proletarische Revolution unmittelbar bevorstehen würde. KPD und KJVD waren deshalb in der Illegalität stets darum bemüht, der Öffentlichkeit zu zeigen, dass es sie als politische Alternative zum NS-Regime noch gab. Dieser aktionistische Ansatz machte sie jedoch für die Polizei angreifbar. Nachdem die proletarische Revolution ausblieb, war der KJVD (wie auch die KPD) in Deutschland bis 1935 durch die Gestapo völlig aufgerieben.

Die Sozialdemokratie hingegen setzte auch nach der Ernennung Hitlers zum Reichskanzler auf die Weiterführung der Weimarer Demokratie, die sie für reformierbar hielt. Doch auch sie bekamen den NS-Terror zu spüren. Vielerorts kam es zu Selbstauflösungen der verschiedenen Verbände, um Verbot und Verfolgung zuvorzukommen. Viele Mitglieder wandten sich von illegalen Aktivitäten ab und kamen als Gesinnungsgemeinschaften in noch legalen Wander-, Sport- und Musikvereinen wieder zusammen.

Die anderen verschiedenen linken Jugendorganisationen versuchten eben-

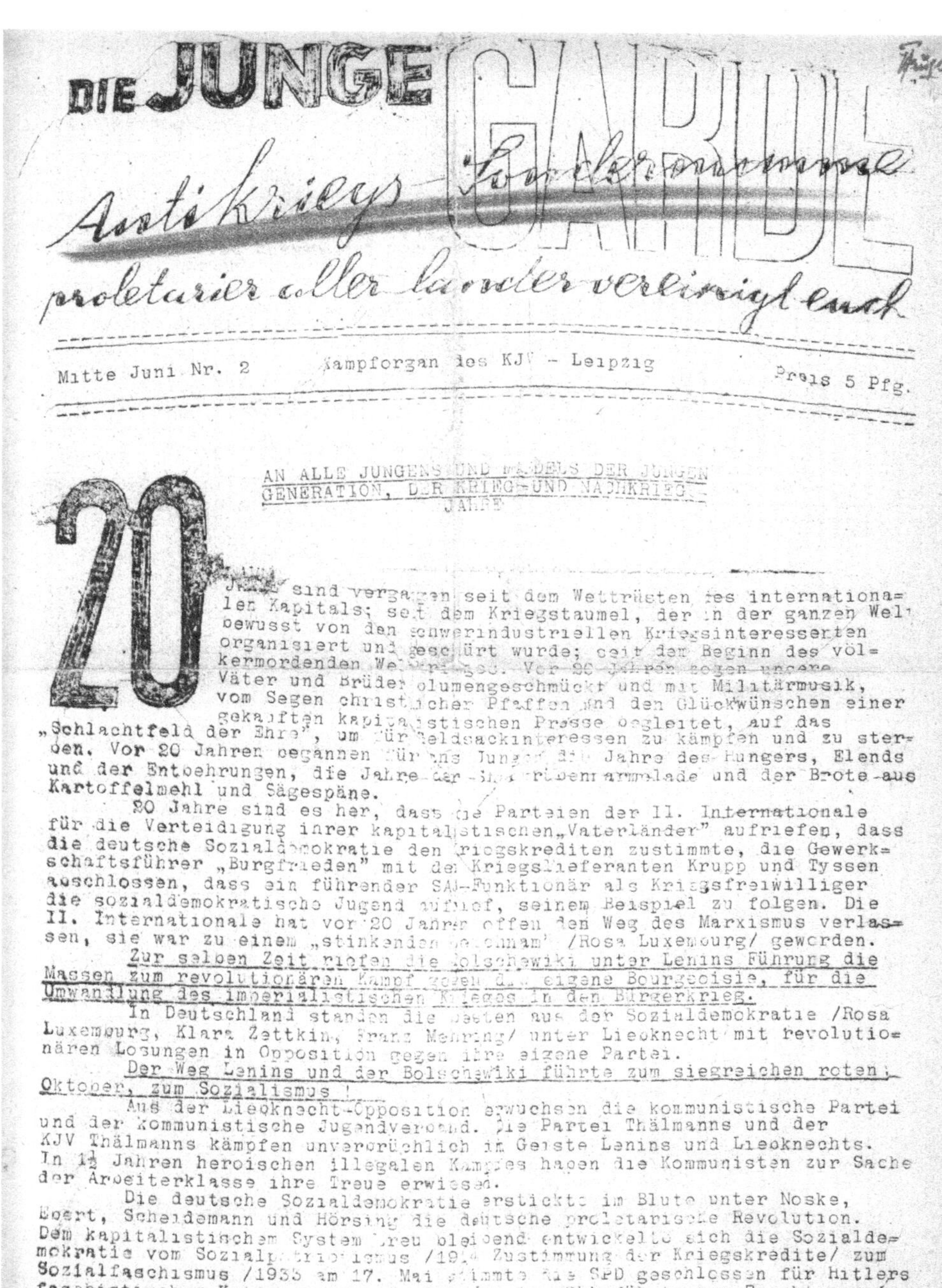

DIE JUNGE GARDE

Antikriegs

proletarier aller länder vereinigt euch

Mitte Juni Nr. 2 — Kampforgan des KJV - Leipzig — Preis 5 Pfg.

AN ALLE JUNGENS UND MÄDELS DER JUNGEN GENERATION, DER KRIEGS- UND NACHKRIEGS- JAHRE

20 Jahre sind vergangen seit dem Wettrüsten des internationalen Kapitals; seit dem Kriegstaumel, der in der ganzen Welt bewusst von den schwerindustriellen Kriegsinteressenten organisiert und geschürt wurde; seit dem Beginn des völkermordenden Weltkrieges. Vor 20 Jahren zogen unsere Väter und Brüder blumengeschmückt und mit Militärmusik, vom Segen christlicher Pfaffen und den Glückwünschen einer gekauften kapitalistischen Presse begleitet, auf das „Schlachtfeld der Ehre", um für Geldsackinteressen zu kämpfen und zu sterben. Vor 20 Jahren begannen für uns Junge die Jahre des Hungers, Elends und der Entbehrungen, die Jahre der [illegible]rübenmarmelade und der Brote aus Kartoffelmehl und Sägespäne.

20 Jahre sind es her, dass die Parteien der II. Internationale für die Verteidigung ihrer kapitalistischen „Vaterländer" aufriefen, dass die deutsche Sozialdemokratie den Kriegskrediten zustimmte, die Gewerkschaftsführer „Burgfrieden" mit den Kriegslieferanten Krupp und Tyssen abschlossen, dass ein führender SAJ-Funktionär als Kriegsfreiwilliger die sozialdemokratische Jugend aufrief, seinem Beispiel zu folgen. Die II. Internationale hat vor 20 Jahren offen den Weg des Marxismus verlassen, sie war zu einem „stinkenden Leichnam" /Rosa Luxembourg/ geworden.

Zur selben Zeit riefen die Bolschewiki unter Lenins Führung die Massen zum revolutionären Kampf gegen die eigene Bourgeoisie, für die Umwandlung des imperialistischen Krieges in den Bürgerkrieg.

In Deutschland standen die Besten aus der Sozialdemokratie /Rosa Luxemburg, Klara Zettkin, Franz Mehring/ unter Liebknecht mit revolutionären Losungen in Opposition gegen ihre eigene Partei.

Der Weg Lenins und der Bolschewiki führte zum siegreichen roten Oktober, zum Sozialismus !

Aus der Liebknecht-Opposition erwuchsen die kommunistische Partei und der kommunistische Jugendverband. Die Partei Thälmanns und der KJV Thälmanns kämpfen unverbrüchlich im Geiste Lenins und Liebknechts. In $1\frac{1}{2}$ Jahren heroischen illegalen Kampfes haben die Kommunisten zur Sache der Arbeiterklasse ihre Treue erwiesen.

Die deutsche Sozialdemokratie erstickte im Blute unter Noske, Ebert, Scheidemann und Hörsing die deutsche proletarische Revolution. Dem kapitalistischem System treu bleibend entwickelte sich die Sozialdemokratie vom Sozialpatriotismus /1914 Zustimmung der Kriegskredite/ zum Sozialfaschismus /1933 am 17. Mai stimmte die SPD geschlossen für Hitlers faschistisches Kriegsprogramm/. Der Weg der SPD führte zum Faschismus ! der Weg der SPD ist der Weg der ganzen II. Internationale !

Eine illegal in Leipzig hergestellte Ausgabe der KJVD-Zeitung »Die Junge Garde« vom Juni 1934.

falls, illegale Strukturen aufrechtzuerhalten. Teilweise bildeten sich neue Gruppen aus Mitgliedern verschiedener aufgelöster Verbände, wie z. B. die »Gruppe G« in Stuttgart. Doch auch diese Organisationen konnte die Gestapo bis etwa 1935/36 zerschlagen. In der Folge blieben kleinere Kreise als soziale Zusammenhänge weiterbestehen, jedoch ohne als politische Gruppen nach außen aktiv zu werden.

Bündische Jugend

Die im sächsischen Plauen erscheinende bündische Zeitschrift »Der Eisbrecher« erschien bis 1935 und war auch außerhalb der verbliebenen bündischen Kreise beliebt.

Anders als die linken Jugendorganisationen, die nach politischen Programmen agierten, ging es den meisten bündischen Gruppen nach der »Machtergreifung« in erster Linie um die Wahrung ihres Status quo. Mit dem Zusammenschluss zum »Großdeutschen Bund« hatten mehrere Jugendbünde Ende März 1933 zunächst versucht, sich einerseits der »nationalen Erhebung« zur Verfügung zu stellen, andererseits ihre Eigenständigkeit innerhalb des neuen NS-Staates zu wahren. Doch durch die von der neuen Reichsjugendführung ausgesprochene Zwangsauflösung des Großdeutschen Bundes Mitte Juni wurde klar, dass es für sie im NS-Staat keine eigenständige Zukunft geben würde. Bereits im März 1933 hatte der Reichsjugendführer der NSDAP, Baldur von Schirach, in einem Rundschreiben an die Amtsleiter der NSDAP alle Jugendbünde als »Feinde des Nationalsozialismus«[4] bezeichnet und jegliche Anbiederungsversuche seitens der Bünde abgelehnt. Die meisten bündischen Gruppen hörten ab dem Sommer 1933 auf zu existieren. Nicht wenige Mitglieder wechselten – ob aus neuer Überzeugung oder aus reinem Pragmatismus – in die neue Staatsjugend. Polizeiliche Verbote der Bündischen Jugend wurden hingegen erst 1936 ausgesprochen. Dabei gab es formal-juristische Fehler, sodass das Verbot mehrmals erneuert werden musste, zuletzt 1939.

Links: Der Exil-Russe Serge Jaroff mit seinem Donkosakenchor avancierte unter den Bündischen zu einem Musik-Idol.

Rechts: Ein bündischer Jugendlicher in der Kleidung des Donkosakenchors, Leipzig 1937.

Die verbliebenen bündischen Freundeskreise gingen zunächst im Geheimen weiter auf Fahrt, teilweise im Ausland. Bis 1935 erschien auch noch eine der wichtigsten bündischen Zeitschriften, »Der Eisbrecher«, aus dem Umfeld der Deutschen Jungenschaft (dj 1.11). Außerdem waren in dieser Zeit Konzerte von Serge Jaroffs Donkosakenchor in ganz Deutschland ein beliebter Treffpunkt. Das Interesse an russischer Kultur jenseits des Kommunismus war unter den Bündischen weit verbreitet. Auf den illegalen Gruppentreffen und Fahrten wurden die Texte verschiedenster Schriftsteller wie Rainer Maria Rilke oder Stefan George rezitiert und Gedichte verfasst. Diese kleinen geschlossenen Kreise blieben teilweise bis in die Kriegszeit untereinander in Kontakt, traten aber nach außen kaum mehr in Erscheinung. So existierte etwa die »Schwarze Schar«, ein Zusammenschluss verschiedener bündischer Gruppen in Berlin, sowie der »Bündische Selbstschutz«, ein deutschlandweites Netzwerk verschiedener Gruppen mit Zentrum in Frankfurt am Main.

Konfessionelle Jugendbünde

Im Gegensatz zur massiven Verfolgung der linken Verbände und der Zwangsauflösung vieler Jugendbünde bestand – zumindest 1933 – für die konfessionellen, also kirchlich organisierten Gruppen zunächst noch eine gewisse Rechtssicherheit, obgleich es in einzelnen Städten bereits zu Zusammenstößen mit übereifrigen HJ-Gruppen kam. Es zeichnete sich spätestens in der zweiten Hälfte des Jahres 1933 ab, dass nach der Ausschaltung der linken und bündischen Organisationen die Reichsjugendführung danach strebte, die konfessionellen Verbände in die Staatsjugend einzugliedern. Da diese rein zahlenmäßig eine weitaus größere Relevanz als die Bündische und die Arbeiterjugend hatten, musste das NS-Regime »diplomatischer« vorgehen. Die katholischen Verbände standen den Eingliederungsbestrebungen äußerst reserviert gegenüber und erhielten durch das am 20. Juli 1933 unterzeichnete Reichskonkordat zwischen Vatikan und NS-Regierung zunächst eine zeitweilige Rechtssicherheit für ihre Autonomie. Weite Teile des evangelischen Jugendspektrums begrüßten hingegen den NS-Staat und dessen Ideologie nicht erst seit seiner »Machtergreifung«.

Mitte Dezember 1933 ebnete Reichsbischof Müller für die evangelischen Jugendbünde schließlich den Weg in die NS-Staatsjugend. Mit diesen etwa eine Million Mitgliedern hatte die HJ nun eine sehr breite Basis. Binnen zweier Monate wurde die Eingliederung vollzogen. Doch es gab auch Kritiker dieser Entscheidung. Der Bund deutscher Bibelkreise (BK) löste sich Anfang 1934 auf Reichsebene auf, ausdrücklich ohne von seinen Mitgliedern den Eintritt in die HJ zu fordern. Viele BK-Gruppen beendeten ihre Arbeit nur formell und trafen sich weiter als Gemeindejugendgruppen. Dies war aber nur in Kirchengemeinden möglich, wo Pfarrer und Gemeindevorstände diese illegale Weiterarbeit unterstützten.

Die Arbeit des evangelischen Jugenddienstes stellte jedoch für die Hitlerjugend eine Konkurrenz dar. Hierbei wollte die HJ nicht durch Argumente und Freizeitangebote die evangelischen Jugendlichen zum Eintritt in die HJ bewegen, sondern durch Einschüchterung und Gewalt. Kritik am Vorgehen der HJ kam in dieser Zeit selbst von der Gestapo.

Die Hitlerjugend bis 1939

Die Hitlerjugend war zeit ihres Bestehens auf den Führer der NS-Bewegung Adolf Hitler ausgerichtet und seit 1926 die Jugendorganisation der NSDAP. Sie war streng hierarchisch nach dem »Führerprinzip« aufgebaut und fungierte bis 1932 als Jugendabteilung der SA. Es sind bereits zu Beginn der 1930er-Jahre gewalttätige Überfälle auf linke und jüdische Gruppen bekannt. Eine Jugendarbeit, wie sie zu dieser Zeit bündische Gruppen oder sozialdemokratische Verbände anboten, fand bei der HJ nicht statt. 1932 hatte die HJ inklusive Deutsches Jungvolk und dem Bund Deutscher Mädel nach eigenen Angaben etwas mehr als 100 000 Mitglieder, was 1,4 Prozent der gesamten Jugend im damaligen Deutschland entsprach.[5] In der Endphase der Weimarer Republik handelte es sich bei der HJ noch um eine Splittergruppe.

Spätestens seit der Ernennung Hitlers zum Reichskanzler am 30. Januar 1933 proklamierte die HJ offensiv den Führungsanspruch über die gesamte deutsche Jugend. In den folgenden Wochen traten einige rechte Gruppen in die HJ über, wie z. B. die Bismarck- und Hindenburgjugend sowie der Scharnhorst-Bund. Bis Ende 1933 wurden die Arbeiterjugendverbände verboten, die Jugendbünde zwangsaufgelöst und die evangelische Jugend in die neue Staatsjugend eingegliedert. Dadurch war unliebsame Konkurrenz ausgeschaltet worden und die reichsweiten Mitgliederzahlen von HJ und Deutschem Jungvolk hatten sich bereits Ende 1933 vervielfacht (DJ knapp 1,5 Mio., HJ über 800 000). Dies stellte die Staatsjugend jedoch vor schwerwiegende organisatorische Probleme, vor allem fehlte qualifiziertes Führungspersonal und Räumlichkeiten. Diese beiden Hauptprobleme konnte die HJ während ihres Bestehens nie vollständig lösen.

Obgleich die HJ innerhalb eines Jahres ihre Mitgliederzahlen enorm steigern konnte, war die große Mehrheit der Jugend in Deutschland noch nicht Mitglied. Diese musste die HJ umwerben, zum Eintritt nötigen – oder sie zumindest einschüchtern. Im Juli 1934 wurde dafür der HJ-Streifendienst eingeführt. Dieser hatte zum einen die Aufgabe, die HJ-Mitglieder in der Öffentlichkeit zu überwachen. Zum anderen kontrollierte er die übrige Jugend und suchte beispielsweise nach verbotenen Abzeichen und Kleidungsstücken von Gruppen aus der Weimarer Zeit. Laut Gesetz musste der Streifendienst für Namensfeststellungen oder gar Festnahmen stets Polizeibeamte hinzuziehen. Doch immer wieder kam es vor, dass die Hitlerjungen eigenmächtig Festnahmen durchführten oder wandernde Jugendliche belästigten. Besonders unter

Auf diesem Propagandaplakat von 1935 sind die Jugendgruppen aufgezeigt, die die HJ als ihre Gegner ansah (v. l. n. r.): Arbeiterjugendliche, Bündische bzw. konfessionelle Jugend, sozialdemokratische Gruppen und Swings.

den Nicht-HJ-Mitgliedern wurde der Streifendienst deswegen als Schikane empfunden und war entsprechend verhasst.

In der Zeit unmittelbar nach 1933 war es beim Jungvolk nicht selten der Fall, dass übergetretene Gruppen aus früheren Jugendbünden zumindest teilweise ihr vor 1933 gepflegtes Gruppenleben weiterführten. Dieser Umstand war nicht der Toleranz der HJ geschuldet, sondern vielmehr der Tatsache, dass die HJ in der Anfangszeit nicht alle ihre zahllosen neuen Gruppen kontrollieren und führen konnte.

Außerdem gab es bis 1936 die Möglichkeit, die HJ- oder DJ-Gruppe frei zu wählen. Nachdem die HJ ab 1935 durch Führerschulungen wieder verstärkt auf eigene Kräfte bei der Gruppenführung zurückgreifen konnte, setzte eine Kampagne ein, die die verbliebenen bündischen Ideale aus der HJ endgültig verdrängte. Die Bündische Jugend wurde zum Hauptfeind der HJ erklärt, obgleich die Bünde bereits seit Ende 1933 de facto nicht mehr existierten.

Mit dem »Gesetz über die Hitler-Jugend« vom 1. Dezember 1936 wurden die verschiedenen Funktionen im NS-Staat, die die HJ seit Jahren anstrebte und praktizierte, gesetzlich fixiert. So war ihr nun rechtlich garantiert, außerhalb von Elternhaus und Schule alleiniger »Erziehungsträger« zu sein. Nach wie vor war die Mitgliedschaft, zumindest auf dem Papier, freiwillig. Aber besonders an den Volksschulen und Gymnasien wurde es zunehmend schwerer, sich dem HJ-Dienst zu entziehen.

Neben Aufmärschen und Sportwettkämpfen führte die HJ jährlich Sommerlager mit teilweise mehreren tausend Jugendlichen durch. Darüber hinaus gab es »Sonderformationen«, wie die Nachrichten-, Reiter-, Motor- oder Flieger-HJ sowie Musik-Formationen. Diese Sondereinheiten waren besonders in den ersten Jahren nach 1933 wichtig, um Jugendliche mit speziellen Interessen für die HJ zu gewinnen. Hierbei zielten vor allem die vier erstgenannten Einheiten auf die Vorbereitung des Wehrdienstes und somit auf den Krieg.

Die Mitgliederentwicklung der HJ 1935 bis 1938

Die Probleme auf dem Weg der angestrebten Totalerfassung aller deutschen Jugendlichen in die HJ waren Anfang 1935 in ganz Deutschland sichtbar, als die Mitgliederzahlen – nach dem explosionsartigen Wachstum von 1933 und 1934 – zu stagnieren begannen und Ende 1935 aufgrund von Austritten stellenweise sogar leicht zurückgingen. Der Reichsdurchschnitt lag in dieser Zeit bei 48,2 Prozent aller 10- bis 18-Jährigen. Ab 1936 wurden darum jeweils am 20. April die Schüler jahrgangsweise in das Jungvolk aufgenommen. Der Reichsdurchschnitt stieg dadurch Ende 1936 auf 62,8 Prozent.[6] Es ist offenkundig, dass diese zahlreichen Eintritte nicht vorrangig aus nationalsozialistischer Überzeugung der Schüler (oder deren Eltern) erfolgten, denn dazu hätten sie bereits die Jahre zuvor Gelegenheit gehabt.

Hierarchien wurden frühzeitig eingeübt: Ein HJ-Führer kontrollierte 1936 in einem HJ-Zeltlager die Sauberkeit der Hände seiner Untergebenen.

Besonders an den Gymnasien ist die hohe Mitgliederzahl zum damaligen Zeitpunkt auffällig. Zum einen umwarb die HJ die Gymnasiasten, weil sie als Führer für Jüngere in Frage kamen. Zum anderen war der Druck seitens der Schule und des Elternhauses größer, wenn es darum ging, einen Platz auf dem Gymnasium und anschließend einen Studienplatz zu bekommen. Es bleibt festzuhalten, dass eine Mitgliedschaft in der Staatsjugend ab 1936 vornehmlich durch die Werbung der HJ, der Schule und auch durch gruppeninterne Zwänge innerhalb der einzelnen Schulklassen zustande kam. Der zunehmende Zwangscharakter der HJ schließt nicht aus, dass zu diesem Zeitpunkt ein Großteil der Kinder und Jugendlichen dieses Freizeitangebot jenseits von Elternhaus und Schule gerne annahm und mit Interesse oder gar Begeisterung Mitglied wurde. Lediglich die Werbung an den Berufsschulen zeigte weiterhin nur geringe Wirkung. Für viele Arbeiterjugendliche war die HJ nach wie vor unattraktiv.

Dieser zweite Mitgliederschub ab 1936 stellte die HJ wiederholt vor große organisatorische Schwierigkeiten. Von den reichsweit etwa fünf Millionen HJ-Mitgliedern im Jahr 1936 waren knapp 500 000 Führerinnen und Führer. Nur etwa 16 Prozent hatten für diese Aufgaben überhaupt eine Schulung erhalten.[7] 1938 lag reichsweit der Mitgliederdurchschnitt bei 77,2 Prozent. Dies bedeutete, dass immer noch hunderttausende Jugendliche in Deutschland dem HJ-Dienst fernblieben.

Wilde Cliquen ab 1935

Knapp die Hälfte aller 10- bis 18-Jährigen waren 1935 – zumindest auf dem Papier – Mitglied in der Staatsjugend. Was machten die übrigen fast 52 Prozent jenseits der HJ? Die linken Jugendverbände waren bereits im Frühjahr 1933 verboten worden. Nur ein kleiner Teil beteiligte sich an der illegalen Fortführung. Dies bedeutete aber nicht, dass alle übrigen früheren Mitglieder und Sympathisanten ihre politische Einstellung über Nacht geändert hatten. Viele blieben auch unter den Bedingungen des NS-Regimes weiter in Kontakt, bildeten Gesinnungsgemeinschaften und Freundeskreise.

Bei den linken wie bei den bündischen Gruppen waren es vor allem Jugendliche der Geburtsjahrgänge bis 1915, die sich nach 1933 illegal betätigt hatten. Sie waren in ihren Bewegungen verwurzelt und kannten sich untereinander. Jüngere Mitglieder der Jahrgänge um 1920 wurden hingegen nach 1933 aufgrund ihres Alters nicht in die konspirative Arbeit eingebunden. Dennoch blieben viele Arbeiterjugendliche aus den Jahrgängen ab 1920 gegen die Werbungen der Hitlerjugend relativ immun. Dies hatte mehrere Gründe:

Die meisten Jugendlichen dieser Jahrgänge aus proletarischem Elternhaus konnten sich keine weiterführenden Schulen leisten, beendeten nach der 8. Klasse die Volksschule und begannen eine Lehre – ein entscheidender Punkt in deren Sozialisation. Als Lehrlinge der Erwachsenenwelt schon viel näher als gleichaltrige Oberschüler entkamen sie der Kontrolle durch die Staatsjugend an der Schule. Jugendliche in größeren Betrieben wurden auch dort von der HJ umworben bzw. zum Eintritt gedrängt. Aber die zeitlichen Belastungen am Arbeitsplatz, fehlendes Geld für die Uniform sowie die weit verbreitete Mitgliedschaft in einem Sportverein waren Mitte der 1930er-Jahre gute Gründe, sich bei der Staatsjugend zu entschuldigen.

Auch wenn die Erwerbslosenquote bei Jugendlichen in der ersten Hälfte der 1930er-Jahre zunächst relativ hoch war, verbesserten sich deren berufliche Möglichkeiten ab 1936 durch die entspanntere Wirtschaftslage zunehmend. Die materielle Basis der Arbeiterjugendlichen – wie auch ihrer Familien – war zwar bescheiden, aber nicht mehr so prekär wie um 1930.

Als Lehrlinge suchten sich diese Jugendlichen verstärkt eigene, autonome Freizeitmöglichkeiten. Geradezu zwangsläufig traf man sich mit Gleichaltrigen und Gleichgesinnten, die man seit der Schulzeit kannte, die in derselben Straße wohnten oder die man über die Lehrstelle kennengelernt hatte. Stellenweise bekamen diese Freundeskreise Kontakt zu älteren Jugendlichen aus dem eigenen Wohnviertel, die vor 1933 in einer Jugendgruppe aktiv gewesen waren und auch jetzt noch ihre Einstellung vertraten. Dies imponierte den Jüngeren und zeigte einen Weg, sich eine eigene Jugendkultur aufzubauen.

Diese zwanglosen Cliquen bekamen auch aus den Reihen der Staatsjugend Zulauf. Bei späteren Befragungen durch die Gestapo nach den Gründen des Austritts aus der HJ wurden oftmals Interesselosigkeit, fehlende Zeit aufgrund der Arbeit oder Streitereien mit den Vorgesetzten angegeben. Die Staatsjugend war Mitte der 1930er-Jahre zahlenmäßig zwar stetig im Wachsen begriffen, es gelang der HJ aber nicht, ihren »Dienst« so zu gestalten, dass er für alle Mitglieder attraktiv war. Das Niveau schien sich sogar verschlechtert zu haben, die partielle Unzufriedenheit wuchs. Mitglieder zogen daraus ihre Konsequenzen und quittierten ihren Dienst bei der HJ. Hierbei müssen nicht politische Vorbehalte gegen den Nationalsozialismus die Gründe gewesen sein, sondern auch rein emotionale Unzufriedenheit, beispielsweise, wenn ein neues Mitglied einem langjährigen bei einem Führerposten vorgezogen wurde.

Hinzu kam, dass die HJ aufgrund ihrer Strukturen nur zweimal wöchentlich eine organisierte Freizeit unterschiedlicher Qualität anbieten konnte, plus einiger Aufmärsche und Zeltlager pro Jahr. Die Freundeskreise im eigenen Wohnviertel hingegen kamen täglich zusammen, boten eine soziale Heimat und agierten ohne Zwang.

Auf der Suche nach einer neuen Freizeitgestaltung stießen unzufriedene HJ-Mitglieder auf diese Cliquen im eigenen Stadtviertel, die aufgrund ihrer Autonomie und ihrer offen zur Schau gestellten Ablehnung der Staatsjugend in Form eines eigenen Dresscodes eine große Anziehungskraft hatten. Zudem trafen sich Jungen und Mädchen gemeinsam, was die Attraktivität solcher Gruppen für viele verstärkte. Gemeinsame Fahrten aufs Land ermöglichten ein ungezwungenes Zusammensein außerhalb der Kontrolle durch Erwachsene.

Diese Gruppen wurden aufgrund ihrer oftmals einheitlichen Wanderkleidung von der Hitlerjugend schnell als »Bündische Jugend« bezeichnet. Darüber hinaus war der HJ bekannt, dass es 1934/35 in ihren eigenen Reihen eine Anzahl früherer Bündischer gegeben hatte, die weiterhin ihre Anschauungen vertraten und an andere Jugendliche weitergaben. Die Bündische Jugend lebte somit auch aufgrund des Mythos und zahlloser Gerüchte unter den Jugendlichen weiter und wurde für die verschiedensten NS-Institutionen zur dauernden Bedrohung.

Das wichtigste und auffälligste äußerliche Merkmal der neuen Cliquen war die regional unterschiedlich ausgeprägte, aber in ihren wesentlichen Teilen ähnliche »Gleichtracht«, die allgemein formuliert aus sportlicher Wanderkleidung bestand. Im Wesentlichen waren das kurze Lederhosen, karierte oder einfarbige Hemden und Wanderschuhe. Diese »Kluft« unterschied die Jugendlichen nicht nur sichtbar von der Staatsjugend, sondern auch von der Erwachsenenwelt. Sie wurde neben bestimmten Liedern, Abzeichen, Grußformeln und Treffpunkten zu einem kulturellen Bestandteil der Gruppen. Die Kleidung stellte – wie bei den modernen Jugendsubkulturen der zweiten Hälfte des 20. Jahrhunderts – ein öffentlich sichtbares Bekenntnis der eigenen Meinung und der Gruppenzugehörigkeit dar und förderte das Zusammengehörigkeitsgefühl untereinander. Die für die Cliquen oftmals verwendete Bezeichnung Bündische Jugend entsprang nur in wenigen Fällen personellen Kontinuitäten aus der Zeit vor 1933. Der Begriff Bündische Jugend wurde von den Jugendlichen um das Jahr 1937 de facto neu definiert. Die früheren Ansprüche und Ziele der Bünde der 1920er traten jetzt in den Hintergrund, da viele Arbeiterjugendliche der Jahrgänge um 1920 schon allein aus Altersgründen die Bünde, als diese noch legal waren, nicht miterleben konnten. Darüber hinaus dominierten nun regional die verschiedensten Selbst- und Fremdbezeichnungen für diese informellen Jugendgruppen wie Kittelbachpiraten, Navajos, Meuten, Mobs, Clubs, Blasen, Stenze, Edelweißpiraten …

Leipzig-Lindenau 1936 mit späteren Mitgliedern der Meute »Reeperbahn«. Solche Gruppen von Heranwachsenden bildeten Mitte der 1930er-Jahre in ihren jeweiligen Stadtvierteln häufig den Kern informeller Cliquen.

Das beliebte Wanderoutfit bekam man in Sportgeschäften oder wie hier in Leipzig im »Haus der Jugend«, in einem Geschäft, das bis 1933 vor allem Bündische Gruppen mit Bekleidung und Campingartikeln ausstattete.

Postkartenidylle: So stellten sich viele Jugendliche jenseits der NS-Staatsjugend ihre Freizeit vor: Mit einem oder mehreren Freunden zelten in der Natur, ohne Bevormundung durch Erwachsene oder HJ-Führer.

Charakteristisch für diese Gruppen waren in erster Linie die gemeinsamen Treffs, Fahrten und eine einheitliche Kleidung als Zeichen der Zusammengehörigkeit. Der Kern der Mitglieder wohnte in der unmittelbaren Umgebung des jeweiligen Treffpunktes. Dieser befand sich im öffentlichen Raum, auf einer Straße, in einer Grünanlage, teilweise auch in Gaststätten. Besonders für Cliquen, die sich in Arbeitervierteln trafen, stellte dies ihre milieubedingte »Heimat« dar. Beliebte Orte waren auch temporäre Rummelplätze. Auf Fahrten in die Natur traf man auf Gruppen aus anderen Wohnvierteln bzw. Städten.

In den Cliquen herrschte eine grundlegend ablehnende Haltung gegenüber der Hitlerjugend und ihrem schikanierenden Streifendienst. Während dem linken Arbeitermilieu bereits vor 1933 eine antifaschistische Grundhaltung immanent war, führte für andere Jugendliche die erlebte Unattraktivität des HJ-Dienstes bzw. Schikanen durch Hitlerjungen zur Ablehnung. Der Druck, den die HJ und andere NS-Institutionen auf die Jugendlichen ausübten, verstärkte in den meisten Fällen die emotionale Zugehörigkeit zur eigenen Clique.

Die Leipziger Meuten

»Seit langer Zeit mußte die Beobachtung gemacht werden, daß unter der Leipziger Jugend in bemerkenswerter Weise Unruhe herrscht. Die Meldungen von Vorkommnissen verschiedenster Art (Zusammenrottungen, Schlägereien mit der HJ und ähnliches) häuften sich in zunehmendem Maße«, schrieb die Leipziger Gestapo im Mai 1938 in einem Bericht.

Die Messestadt Leipzig war Mitte der 1930er-Jahre mit über 700 000 Einwohnern die fünftgrößte Stadt Deutschlands, die größte in Mitteldeutschland und ein bedeutendes Industrie- und Handelszentrum. Dem ansässigen selbstbewussten und konservativ geprägten Bürgertum stand eine politisch und kulturell gut organisierte Arbeiterschaft gegenüber. SPD und KPD verfügten über mitgliederstarke Ortsverbände, die Stadt galt seit Ende des 19. Jahrhunderts als »Wiege der Sozialdemokratie« und Hochburg der linken Arbeiterbewegung.

Ab 1936 tauchten im Leipziger Stadtbild Jugendcliquen auf, die sich durch ein einheitliches Wanderoutfit auszeichneten. Ein Gestapo-Bericht beschrieb sie folgendermaßen: »Die Gleichtracht besteht im Sommer aus Bundschuhen, weißen Kniestrümpfen, äußerst kurzen Lederhosen, buntkarierten Schihemden, Koppel, und im Winter aus Bundschuhen, weißen Kniestrümpfen, besonders langen Knickerbocker- bzw. Louis-Trenker-Hosen und grauen Slalom-Jacken. Daneben findet sich noch eine Übersteigerung dieser Tracht der Art, daß ohne weiteres der Eindruck erweckt wird, man habe es mit Russen zu tun. Auch Mädchen kleiden sich in entsprechender Weise, indem sie zu der übrigen Ausrüstung einen dunklen Rock tragen. In der warmen Jahreszeit konnten sie sogar stellenweise ebenfalls in kurzen Lederhosen angetroffen werden.«

Ein Großteil der Mitglieder war um 1920 geboren. Gestapo und HJ sprachen zunächst von Gruppen der Bündischen Jugend. Erst später wurden sie als

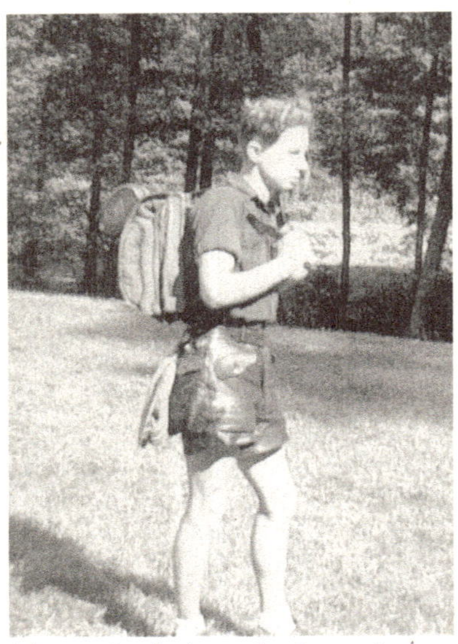

Johannes Pawlisch von der Connewitzer Meute in Sommerkluft und mit dem damals unter Jugendlichen sehr beliebten Tornister aus Beständen der früheren Reichswehr, auch »Fellaffe« genannt.

Leipziger Jugendliche einer illegalen bündischen Gruppe im »Russen«-Outfit um 1937.

Eine Leipziger Meute in der typischen Winterkluft mit Slalomjacken und Knickerbockerhosen bei einer Wanderung durch die Sächsische Schweiz.

»Meuten« bezeichnet, einem damals wie heute verbreiteten umgangssprachlichen Sammelbegriff für eine zwanglose Ansammlung von zumeist jungen Menschen – die Jugendlichen selbst benutzten den Begriff Meute jedoch nicht. Den NS-Verfolgern fielen besonders drei Gruppen auf: Im südwestlichen Stadtteil Kleinzschocher traf sich die Meute »Hundestart« an einer Grünanlage. Die Meute »Reeperbahn« im benachbarten Stadtteil Lindenau benannte sich nach ihrem Treffpunkt, der Schlageterstraße (heutige Georg-Schwarz-Straße), die im Volksmund »Reeperbahn« genannt wurde, obwohl sie kein Vergnügungs- bzw. Rotlichtviertel war. Die dritte bekannte Meute war die »Lille« am Bernhardiplatz in der Lilienstraße im Leipziger Osten. Diese drei Wohnviertel waren bis 1933 traditionelle Hochburgen der linken Arbeiterbewegung gewesen. Dementsprechend fanden sich in diesen Meuten verhältnismäßig viele frühere Mitglieder der Roten Jungpioniere sowie der Roten Falken und Kinderfreunde zusammen. Die Gruppenstärken betrugen jeweils etwa 40 Personen, bei der Reeperbahn sogar bis zu 100. Etwa ein Viertel der Mitglieder waren Mädchen.

Weitere Meuten gab es darüber hinaus in fast allen Leipziger Stadtbezirken, sie bestanden meist aus 10 bis 20 Jugendlichen. Etwa 20 Cliquen sind namentlich überliefert, es waren aber vermutlich weitaus mehr. In der Ostvorstadt gab es 1937 außerdem kurzzeitig eine Meute, die sich selbst »Bündische Antifaschistische Jugendorganisation« nannte, worin sich ihr politisches und kulturelles Selbstverständnis spiegelte. Zu den Meuten kamen auch mehrere frühere HJ-Mitglieder, die mit der Staatsjugend unzufrieden waren und sich lieber einer der zwanglosen Cliquen in ihren Stadtvierteln anschlossen.

Beliebte Treffpunkte waren außerdem die Petersstraße in der Innenstadt und die Leipziger Kleinmesse, ein großer Rummelplatz, zwischen Innenstadt und Lindenau gelegen. Die Gesamtzahl der Meutenangehörigen bezifferte die Gestapo 1938 auf etwa 1.500 Jugendliche. Zum Vergleich: Noch im Oktober 1938 waren von knapp 60 000 Leipziger Kindern und Jugendlichen im HJ- und Jungvolk-Alter gut 17 000 nicht in der Staatsjugend organisiert oder bereits wieder ausgetreten. Unter den Berufsschülern waren in Leipzig zu diesem Zeitpunkt nur etwas über die Hälfte Mitglied in der HJ.[8]

Die Meuten besetzten durch regelmäßige Treffs in ihren Wohnvierteln den öffentlichen Raum. »Natürlich haben wir uns bei Provokationen der Hitlerjugend mit Fäusten gewehrt«, erinnerte sich später das 1923 geborene Reeperbahn-Mitglied Rolf Franz, »Nein wir waren in der Beziehung keine Kinder von Traurigkeit und ich kann mich auch nicht daran erinnern, dass wir einmal den sogenannten Kürzeren gezogen hätten.«[9] Konfrontationen mit der HJ gingen sie nicht aus dem Weg und suchten sie teilweise sogar. Es kam zu

Rummelplätze waren nicht nur in Deutschland ein beliebter Treffpunkt von Jugendlichen. Auch hier zeigte sich Amerika als Sehnsuchtsort. Das abgebildete Schaugeschäft auf der Leipziger Kleinmesse um 1939 zeigt die Spitze des 1930 in New York errichteten Chrysler Building, der komplette Name des Teufelsflieger-Schaugeschäftes ist »Original American Swing Swing«.

Überfällen auf HJ-Mitglieder und zu militanten Aktionen gegen Heime der Hitlerjugend. Dazu gehörte auch, dass sich Meutenmitglieder bewaffneten. Für die Meute Lille sind Schreckschussrevolver und selbstgefertigte Schlagstöcke bekannt. Weit verbreitet waren außerdem Schlagringe. Die verschiedenen Waffen sowie die Gewaltbereitschaft der Meuten könnte man auch als jugendlichen Bandenkrieg jenseits politischer Motivationen interpretieren. Im Gegensatz zu den westdeutschen Edelweißpiraten ist jedoch nicht bekannt, dass auch nur eine Leipziger Meute sich mit anderen Cliquen wie z. B. den Swings gewalttätige Auseinandersetzungen bezüglich ihrer Einflussgebiete lieferte. Die Gewalt richtete sich stets nur gegen die Staatsjugend und entsprang dem Willen, Freiräume zu verteidigen.

Die frühere Zugehörigkeit zu den Roten Jungpionieren wurde zu dieser Zeit von einigen Mitgliedern der Meute Hundestart teilweise öffentlich gezeigt.

Rudi Langhans (Jg. 1920) führte dazu den Gruß der Roten Jungpioniere aus der Weimarer Zeit ein: »Seid bereit – immer bereit!« Dieser wurde aus »Tarnungsgründen« in der russischen Sprachvariante verwendet. Heinz Krause (Jg. 1919) trug an seiner Mütze ein rotes Band mit dem Originalwortlaut des sowjetischen Pioniergrußes – phonetisch fehlerhaft mit lateinischen Buchstaben wiedergegeben: »but cadoff – secetacedoff«. Für die Meute Reeperbahn sind gestanzte Messingmarken mit den Buchstaben »BJ« (für Bündische Jugend) überliefert. Verbreitet waren auch rote Halstücher sowie Anstecknadeln mit roten Köpfen.

Mitglieder einer Leipziger Meute 1939 auf einer Radwanderung in die Sächsische Schweiz.

Die Meuten fuhren an den Wochenenden in die nähere Umgebung Leipzigs, beispielsweise an die Lübschützer Teiche, wo sich Mitglieder aus verschiedenen Meuten trafen. Andere Gruppen gingen auf kleinere Fahrten und übernachteten in Jugendherbergen oder schliefen in Scheunen. Im Sommer unternahmen Meutenmitglieder teilweise mehrwöchige Trampfahrten bis in die Alpen oder an die Ostsee.

Mitglieder einer Leipziger Meute beim Zelten in einem Waldstück bei Frauwalde nahe Leipzig.

Gestapo und Justiz

Bereits Anfang 1937 bemerkte die Gestapo, dass sich Leipziger Jugendliche jenseits der HJ »mit einer auffälligen einheitlichen Kleidung kennzeichnen«. Daraufhin stellte die Gestapo zwei Beamte ab, die sich ausschließlich mit diesen Jugendgruppen beschäftigten. Rolf Franz erinnerte sich später: »Standen wir irgendwo am Abend auf der ›Reeperbahn‹, wussten wir, dass der gerade vorbeikommende Mann von der Gestapo ist und Pilz heißt und dass der danebengehende Walther heißt und ebenfalls zur Gestapo gehört. Nein – ernst genommen haben wir das sicher alle miteinander nicht, dazu waren wir viel zu jung, fassten das mehr oder weniger als Kraftprobe auf.«[10]

Bereits 1937 wurden in Leipzig mehr als 60 Ermittlungsverfahren »wegen Betätigung für die Bündische Jugend« eingeleitet, wobei gut die Hälfte der Betroffenen zeitweise Mitglieder der HJ waren. Einige Jugendliche mussten teilweise mehrere Monate in Untersuchungshaft verbringen.

Die Ermittlungen landeten 1937 und 1938 vorrangig beim Sondergericht für den sächsischen Oberlandesbezirk in Freiberg. Strafrelevant waren Verstöße gegen die »Verordnung des Reichspräsidenten zum Schutz von Volk und Staat vom 28. Februar 1933«, da aufgrund dieser Verordnung die meisten Jugendorganisationen verboten worden waren. Die von der Gestapo gelieferten Beweise reichten jedoch kaum für Anklagen. 1939 wurden die meisten Verfahren an das Landgericht Leipzig abgegeben. Gegen einige der Jugendlichen ermittelte die Staatsanwaltschaft bereits zum zweiten Mal. Von den fast 300 namentlich überlieferten Ermittlungsverfahren am Sondergericht Freiberg gegen Leipziger Jugendliche im Zusammenhang mit den Meuten ist nur eine einzige Verurteilung aktenkundig und zeugt von der Hilflosigkeit der NS-Justiz, solchen für sie neuen informellen Jugendgruppen zu begegnen.

Im Frühjahr 1938 führten die Ermittlungen der Gestapo jedoch zu grundlegend neuen Erkenntnissen: Die Mitglieder des Hundestarts, der Lille und der Reeperbahn würden von früheren Angehörigen linker Kinder- und Jugendverbände beeinflusst, was man vor allem an Äußerlichkeiten und den geführten Gesprächen nachzuweisen versuchte. Dazu schaltete sich im Juli 1938 die Reichsanwaltschaft beim Volksgerichtshof ein. Diese sei anhand der Meute Hundestart zum ersten Mal mit dieser »Erscheinung einer staatsfeindlichen Jugend befaßt«, weshalb für sie »ein ganz besonderes Interesse vorhanden sei«.[11] Nach Ansicht der Staatsanwaltschaft handelte es sich beim Hundestart um eine »als bündische Wandergruppe getarnte Gemeinschaft kommunistisch eingestellter junger Leute, die den Zweck verfolgte, ihre Mitglieder für den von der KPD erstrebten gewaltsamen Umsturz gesinnungsgemäß vorzubereiten«.[12]

Die NS-Justiz plante daher, ein Exempel zu statuieren, um die Ausbreitung dieser Jugendbewegung in Leipzig zu stoppen. Ende Oktober 1938 kam es zu zwei Prozessen gegen die mutmaßlichen Rädelsführer der Meuten Hundestart und Lille wegen »Vorbereitung zum Hochverrat« vor dem Leipziger Volksgerichtshof. Daran wird deutlich, welche Bedeutung man den Meuten seitens der NS-Justiz mittlerweile beimaß. Die Staatsanwaltschaft führte als Beweismittel »sichergestellte Trachtenstücke« sowie die bei einem Mitglied beschlagnahmte »marxistische Literatur« an, die Zeugen bestanden aus Meutenmitgliedern und einem Gestapobeamten. Trotz der dünnen Beweislast fällte das Gericht ungewöhnlich harte Urteile: Hundestart-Mitglied Willy Prüfer wurde zu acht Jahren Zuchthaus, Heinz Krause zu sechs Jahren und Erhard Friede zu fünf Jahren verurteilt. Friede erhängte sich daraufhin nach der Urteilsverkündung in seiner Zelle. Prüfer und Krause kamen noch vor Verbüßung ihrer Haftstrafe ins KZ Buchenwald. Helmut Heß von der Meute Lille bekam fünf Jahre Zuchthaus, Horst Lippert drei Jahre, Kurt Hoppe erhielt eine einjährige Gefängnisstrafe. Doch die erhoffte abschreckende Wirkung unter der Leipziger Jugend stellte sich nicht ein.

Das Reichsgericht in Leipzig. Hier fanden 1938 die ersten Prozesse gegen Meutenmitglieder wegen »Vorbereitung zum Hochverrat« statt.

Der »Schwarzenberg-Kreis«

Innerhalb der Meute Reeperbahn fand sich Ende 1938 um die Brüder Wolfgang und Rudolf Schieweg ein Kreis von etwa 20 Jugendlichen zusammen, der wöchentlich in der Gaststätte Stadt Schwarzenberg unweit der Schlageterstraße in einem separaten Raum zusammenkam. Neben Alltagsproblemen tauschte man sich unter dem Eindruck der kurz zuvor stattgefundenen Hochverratsprozesse gegen Mitglieder des Hundestarts und der Lille aus, »in welcher Weise man sich nach einem polizeilichen Verbot betätigen könne, ohne gegen das Verbot zu verstoßen.«[13] Man versuchte, seine Freiräume jenseits

Die Brüder Wolfgang und Rudolf Schieweg waren federführend am »Schwarzenberg-Kreis« beteiligt und zählten zu den führenden Köpfen der Meute Reeperbahn.

des NS-Alltages zu erhalten, notfalls auch unter geänderten Bedingungen. Durch die politischen Gespräche, die Auseinandersetzung mit der HJ und der Gestapo sowie der Verfolgung anderer Meuten entstand in dem Kreis der Wille, politisch aktiv zu werden. Die Gebrüder Schieweg stellten dafür mit Hilfe eines Kinderstempelkastens Streuzettel her. Das Reeperbahn-Mitglied Herbert Kleinschmager erinnerte sich später: »Auf den Zetteln standen Parolen wie ›HJ – schlagt sie zu Brei!‹ Ich würde sagen, eher primitive Sachen. Auch ›Die Bündische Jugend lebt!‹«[14] In Lindenau wurden diese Zettel in Briefkästen geworfen, außen an Schaufenster geklebt oder im Kino auf den Sitzen liegengelassen. Auch Werner Wolf erinnerte sich an Flugblattaktionen auf der Reeperbahn: »Das ging bis hin zu ›Weg mit Hitler‹ und teilweise auch Sachen, wie: ›Wir möchten keine Soldaten werden‹. Sagen wir mal so: was einem eben mit 18 Jahren in den Kopf kam, was einen beschäftigte, weil man damit nicht einverstanden war. Die Frage, ob man sich damit direkt politisch beschäftigt, hatte ja bei uns zunächst eine kleinere Rolle gespielt. Das ist erst gewachsen. So wie sich die ganze Sache entwickelte, so ist auch das politische Denken gewachsen.«[15]

Das Verteilen von Streuzetteln war bereits 1933/34 eine Aktionsform der illegalen Kommunisten, und die zu erwartenden Strafen werden den Meutenmitgliedern bekannt gewesen sein. Neben dem Ausleben der eigenen Jugendkultur wurde man mit diesen Flugschriften gegen die verhasste Staatsjugend aktiv und damit – bewusst oder unbewusst – auch gegen den NS-Staat als Ganzes. Bekannt sind außerdem mehrere Überfälle auf HJ-Heime.

Solche Streuzettel-Aktionen mit Werbung für die Bündische Jugend sind bereits 1938 auch von Mitgliedern der Meute »Arndtstraße« und der Connewitzer Meute durchgeführt worden – jedoch ohne nachweisbaren linken

Hintergrund. Werbeaktionen für die eigene Jugendkultur bedurften zu dieser Zeit nicht zwangsläufig eines politischen Backgrounds in der Weimarer Zeit, sondern der Aktionismus entwickelte sich zeitnah anhand der eigenen erlebten Widersprüche im NS-System. Zu diesem Zweck wurden in verschiedenen Meuten auch Volks- und HJ-Lieder umgedichtet und bei Zusammenkünften gesungen. Zum Repertoire gehörten ebenso Lieder aus der Arbeiterbewegung.

Kommunistische Einstellung der Meuten

»Kleinere Kreise innerhalb dieser führenden Meuten pflegen kommunistisches Gedankengut, suchen in besonderen Sitzungen den Moskauer Sender abzuhören, bereiten sich selbst auf einen staatlichen Umsturz vor und suchen weniger unterrichtete und neue Meutenangehörige im kommunistischen Sinne zu beeinflussen.«[16] Die NS-Justiz versuchte, einen Teil der Jugendlichen als Kommunisten zu überführen, allerdings muss man den tatsächlichen Grad ihrer Politisierung betrachten. Das Wissen über den Kommunismus innerhalb der Meuten bestand aus bruchstückhaften Erinnerungen aus der Zeit vor 1933, mündlichen Informationen aus Freundes- und Familienkreisen sowie deutschsprachigen Sendungen von Radio Moskau. Kontakte zu Resten des illegalen kommunistischen Widerstandes gab es nicht. Die Meutenmitglieder, die z. B. durch das Tragen von roten Halstüchern ihre Sympathie zum Kommunismus bzw. zum Sozialismus manifestierten, taten dies in erster Linie aus emotionaler Zugehörigkeit.

Das schließt nicht aus, dass eine ganze Anzahl Meutenmitglieder mit dem Kommunismus als Alternative zum NS-Regime sympathisierte. Diese Jugendlichen waren jedoch nicht zwangsläufig aktiver gegen die HJ. Beispielsweise verübte die Meute vom Horst-Wessel-Platz aus dem Leipziger Osten bereits 1935 Anschläge auf HJ-Heime. Die Connewitzer Meute beschädigte regelmäßig in ihrem Wohngebiet HJ-Schaukästen. In der Bereitschaft zum Handeln gab es kaum Unterschiede zwischen früheren HJ-Mitgliedern, ehemaligen Bündischen, zuvor unorganisierten Jugendlichen und Mitgliedern linker Gruppen. Von Letztgenannten ist allerdings bekannt, dass sie sich konkrete Gedanken über eine Zeit nach dem Nationalsozialismus in Deutschland machten. Wie nachhaltig diese Zukunftsvorstellungen waren, lässt sich beim Hundestart, bei der Lille, der Reeperbahn sowie einigen Mitgliedern der Connewitzer Meute konkret nachzeichnen. Eine ganze Reihe von ihnen trat in Leipzig unmittelbar nach 1945 in wiedergegründete linke Parteien ein. Daran wird deutlich, dass der linke Habitus keine bloße Provokation der Obrigkeit darstellte.

Die Leipziger Meuten können dennoch nicht pauschal als links bezeichnet werden, da ein zu kleiner Teil vor 1933 in dieser Richtung organisiert war. Jedoch prägten linke Gruppen und Einzelpersonen das Wesen und äußere Erscheinungsbild der Meuten nachhaltig. Dies zeigt, dass die linke Arbeiterbewegung, obwohl faktisch seit der »Machtergreifung« zerschlagen, weiter nachwirkte. Verbindendes Element aller Leipziger Meuten war die konsequente Ablehnung der Staatsjugend und damit auch der NS-Jugendpolitik. Die Gruppen mit stärkerer linker Prägung wurden von den übrigen Meuten ebenso zur gemeinsamen Bündischen Jugend gezählt. Es gab also zumindest eine hohe Akzeptanz für die offen zur Schau gestellten linken Einstellungen.

Die Verfolgung der Leipziger Meuten

Nachdem im Herbst 1938 die beabsichtigte abschreckende Wirkung der beiden Hochverratsprozesse unter Leipziger Jugendlichen nicht eingetreten war, ging man dazu über, möglichst viele Meutenmitglieder zu verhaften und abzuurteilen. Ab Januar 1939 fanden vor dem Landgericht bzw. dem Jugendgericht Leipzig weitere Prozesse gegen Mitglieder der Meuten Hundestart, Reeperbahn, Lille und Arndtstraße wegen »Neubildung von Parteien« statt. Doch erst eine im Sommer 1939 durchgeführte Großrazzia auf der Reeperbahn in Lindenau mit anschließender Massenverhaftung brachte die Meutenbewegung in Leipzig zunächst zum Stillstand. In einigen Randbezirken der Stadt blieben hingegen kleinere Meuten von Verhaftungen verschont und trafen sich auch bis zu den Wehrmachtseinberufungen Anfang der 1940er-Jahre weiter.

Im Sommer 1939 fand parallel zu den Verhaftungen eine Besprechung im Berliner Reichsjustizministerium statt, an der der Generalstaatsanwalt und der Oberstaatsanwalt beim Leipziger Landgericht, der Hochverratsreferent des Ministeriums, ein Referent für bündische Jugendsachen sowie ein Vertreter der Berliner Sonderstaatsanwaltschaft zur Bekämpfung der bündischen Jugend teilnahmen.[17] Besprochen wurde das weitere juristische Vorgehen gegen die Leipziger Meuten. Die hochkarätige Zusammensetzung der Runde verdeutlicht nochmals, wie ernst man die Problematik seitens des NS-Staates mittlerweile ansah.

In drei Prozessen vor dem Oberlandesgericht Dresden zwischen November 1939 und Januar 1940 wurden 17 Mitglieder der Reeperbahn, vor allem des Schwarzenberg-Kreises, wegen »Vorbereitung zum Hochverrat« zu Gefängnis- und Zuchthausstrafen verurteilt, u.a. auch die Schieweg-Brüder. Eine größere unbekannte Anzahl von inhaftierten Meutenmitgliedern kam durch eine im September 1939 verhängte reichsweite Amnestie ohne Prozess auf freien Fuß. Bis August 1940 gab es mindestens 15 Prozesse mit je einem bis sieben Angeklagten, insgesamt etwa 80 Jungen und 10 Mädchen. Werner Wolf von der Meute Reeperbahn beschrieb später seinen Prozess Ende Januar 1940 vor dem Oberlandesgericht Dresden wegen Vorbereitung zum Hochverrat: »Die Anklageschrift bekamen wir etwa anderthalb Stunden vor Prozessbeginn, damit niemand sagen konnte, wir hätten das nicht gelesen. Wir hatten auch den sogenannten Rechtsanwalt, aber der sprach mit uns kein Wort, weder vor noch in der Verhandlung. Seine einzige Sache war dort vor Gericht zu sagen, das, was die Jungs gemacht haben, sei war zwar verwerflich, aber man sollte doch ihre Jugend beachten. Das war alles. Bei dem Prozess hatten sie im Übrigen uns keine konkreten Handlungen nachgewiesen, die hatten noch nicht mal Zeugen. Nur das, was der Gestapobeamte Pilz geschrieben hatte, war die Grundlage für die Anklage.«[18] Werner Wolf wurde zu einem Jahr und sechs Monaten Gefängnis verurteilt.

Das »Jugendschulungslager« Mittweida

Zusätzlich beschäftigte sich ab Ende 1938 auch das Leipziger Jugendamt im Rahmen der Jugendgerichtshilfe mit den Meuten. Im stadteigenen Jugend- und Erziehungsheim Mittweida, etwa 80 Kilometer südlich von Leipzig, wurde ein »Jugendschulungslager« für bis zu 50 Jugendliche hergerichtet. »Die Jugendlichen werden dort eine Zeitlang mit volkswirtschaftlich nützlichen Arbeiten beschäftigt und dann politisch geschult«,[19] informierte das Jugendamt. Anfang Mai 1939 waren bereits 25 Jugendliche aus Leipzig dort eingewiesen worden, unter ihnen viele Mitglieder der Meute Arndtstraße nach ihren verbüßten Haftstrafen. Das Reeperbahn-Mitglied Harry Stude erinnerte sich später: »Eingekleidet wurden wir mit ausgedienten Wehrmachts-Uniformteilen und Holzpantinen. Unser Gebäude, das speziell für uns mit vergitterten Fenstern und Außentüren versehen worden war, war Teil eines großen Gelände-Komplexes mit vielen Einzelgebäuden und landwirtschaftlichen Anlagen. Es war in seiner Gesamtheit als Erziehungsheim zur Unterbringung von sogenannten Fürsorgezöglingen errichtet worden. Diese waren jedoch scharf von uns getrennt und es wurde uns

Das Reeperbahn-Mitglied Harry Stude 1937.

Dieses gestellte Gruppenfoto vom Frühsommer 1939 zeigt die im Jugendschulungslager Mittweida zwangseingewiesenen Mitglieder der Meute Reeperbahn und Meute Arndtstraße beim Sport. Links und rechts die »betreuenden« SA-Männer. Das Foto bekamen die später Entlassenen als »Erinnerung« mit nach Hause.

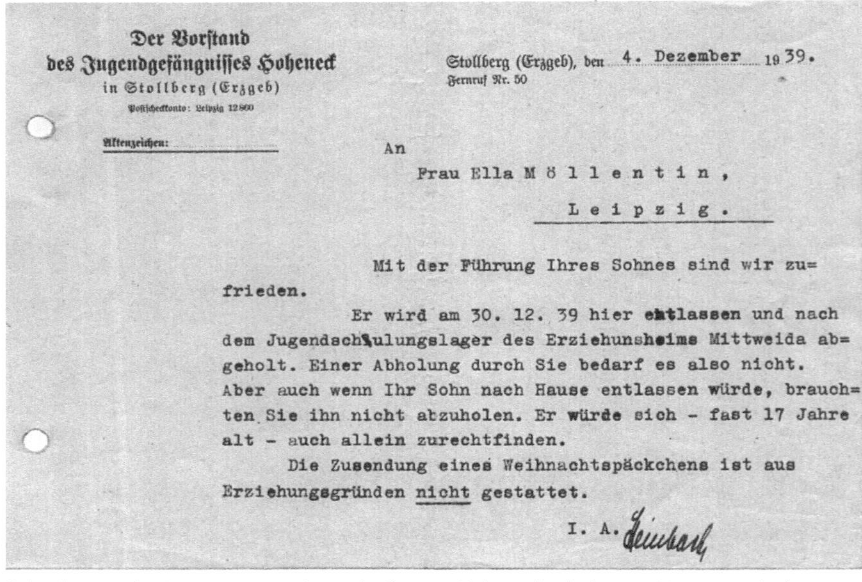

Der Vorstand
des Jugendgefängnisses Hoheneck
in Stollberg (Erzgeb)
Postscheckkonto: Leipzig 12860

Aktenzeichen:

Stollberg (Erzgeb), den 4. Dezember 1939.
Fernruf Nr. 50

An

Frau Ella M ö l l e n t i n ,

L e i p z i g .

Mit der Führung Ihres Sohnes sind wir zufrieden.

Er wird am 30. 12. 39 hier entlassen und nach dem Jugendschulungslager des Erziehunsheims Mittweida abgeholt. Einer Abholung durch Sie bedarf es also nicht. Aber auch wenn Ihr Sohn nach Hause entlassen würde, brauchten Sie ihn nicht abzuholen. Er würde sich - fast 17 Jahre alt - auch allein zurechtfinden.

Die Zusendung eines Weihnachtspäckchens ist aus Erziehungsgründen **nicht** gestattet.

I. A. Leinbach

Schreiben an die Mutter eines im Jugendgefängnis Hoheneck inhaftierten Meutenmitgliedes mit der Information, dass ihr Sohn nach verbüßter Haftstrafe in das Jugendschulungslager Mittweida zwangsüberführt wird.

ausdrücklich streng verboten, mit diesen in Kontakt zu treten. Unsere Aufgabe war tägliche Schwerarbeit (Steinbrucharbeiten, Straßenschotter-Herstellung per Hand, Straßenbau und Tiefbauarbeiten) unter ständiger Bewachung von zwei zivilen SA-Leuten. Dreimal wöchentlich war abends ›Schulung‹ im Nazigeist durch einen höheren SA-Führer, der dazu extra von Chemnitz anreiste. Ende Juli/Anfang August wurden wir wieder nach Hause entlassen.«

Mädchen in den Meuten

Vor allem größere Meuten bestanden zu mindestens einem Viertel aus Mädchen. Dies war kein Leipziger Phänomen, sondern in vielen Cliquen in ganz Deutschland der Fall. Im Gegensatz zu den vermeintlich »kommunistischen« Motiven der Jungen konzentrierten sich die NS-Verfolger bei den weiblichen Mitgliedern in Leipzig vor allem auf den Tatvorwurf der »Kuppelei«. Darunter fielen so ziemlich alle vorehelichen Körperkontakte, im Klartext war nach geltendem Gesetz das miteinander Schlafen ohne Trauschein verboten. Die NS-Justiz vertrat dabei folgende Ansicht: »Die Mädels wurden bei der Meute aufgenommen, um mit ihnen auf Fahrten zu gehen und weitere abenteuerlich veranlagte Jungen auf die Meute aufmerksam zu machen.«[20] Den NS-Verfolgern erschien es undenkbar, dass Mädchen aus politischen oder sozialen Gründen den Anschluss an eine Meute suchten und fanden. Zwar nahmen Mädchen oftmals, teils durch Zuweisung männlicher Gruppenmitglieder, eine passivere Rolle in den Meuten ein, sie zum sexuellen Lockmittel für andere Jungs zu degradieren, geht jedoch an der Realität vorbei. Die Beziehungen zwischen Mädchen und Jungen liefen laut Zeitzeugenaussagen in den Meuten nicht anders ab, als in vergleichbaren Jugendcliquen heutzutage. Es sind außerdem für die Meute Reeperbahn mehrere Beziehungen bekannt, die zu einer späteren Heirat führten. Einem Großteil der von der Gestapo ermittelten weiblichen Mitglieder konnte weder politisch noch »sittlich« etwas Stichhaltiges nachgewiesen werden, und so kamen viele Verfahren nicht bis zur Anklage. In die zeitweilige »Fürsorgeerziehung« des Jugendamtes wurden hingegen auch mehrere weibliche Meutenmitglieder genommen.

Meuten im Leipziger Umland

Die Bildung von informellen, oppositionellen Jugendgruppen aus dem Arbeitermilieu beschränkte sich in Mitteldeutschland nicht auf Leipzig und war keine rein großstädtische Erscheinung. Aus dem Umland sind zwei Gruppen analog der Leipziger Meuten aktenkundig geworden. In Pegau, einem kleinen Ort etwa 25 Kilometer südlich von Leipzig, bildete sich ab Mitte der 1930er-Jahre eine Gruppe mit bis zu 20 Jugendlichen heraus. Mehrere von ihnen waren vor 1933 in linken Verbänden aktiv gewesen. Die Gruppe kleidete sich ähnlich der Leipziger Meuten, traf sich regelmäßig in Eisdielen in Pegau und im benachbarten Zwenkau, auch unternahmen sie Fahrten in die Natur. Ein Mitglied verklebte Zettel mit der Aufschrift »Die Bündische Jugend lebt noch! Rot Front!«[21], woran die ab Mitte der 1930er-Jahre erfolgte regionale Verschmelzung von bündischen und linken Versatzstücken zur Bündischen Jugend nochmals sichtbar wird. Kontakte zu Leipziger Meuten sind ebenfalls bekannt.

Im Oktober 1939 verhaftete die Leipziger Gestapo einen Großteil der Mitglieder. Die Staatsanwaltschaft schätzte dabei später die Pegauer als eine Gruppe ein, die sich bewusst an den Leipziger Meuten orientierte.[22]

In Oschatz, einer Kleinstadt etwa 65 Kilometer östlich von Leipzig, trafen sich zeitgleich frühere Mitglieder der Roten Falken bzw. der Kinderfreunde zu Wanderungen. Ein Drittel der 15 namentlich bekannten Jugendlichen waren Mädchen. Alle trugen »die so genannte Gleichtracht der oppositionellen Jugend [...]. Es handelt sich [...] um die gleiche Erscheinungsform, wie sie in wesentlich größerem Umfange in Leipzig zutage getreten ist.«[23] Im Juni 1939 lief gegen die Gruppe ein Verfahren vor dem Sondergericht Freiberg wegen »Neubildung von Parteien«. Ob es zu einer Anklage kam, ist nicht überliefert.

Interview mit Wilhelm Endres von der Meute Hundestart

Wilhelm Endres auf einer Großfahrt in den Alpen um 1938.

Ich wurde am 17. Juli 1922 geboren. Mein Vater war Mitglied der SPD und auch in Leipzig-Großzschocher engagiert in den Arbeitersportgruppen. Aus diesem sozialdemokratischen Milieu bin ich dann in die SPD-Jugend eingetreten, die in Großzschocher aktiv war. Wir hatten unser Jugendclubhaus der Roten Falken in der Falkensteinstraße. Dort haben wir uns regelmäßig zusammengefunden. Mit den älteren Helfern, das waren Leute, die schon eigene Kinder in der Gruppe hatten, sind wir wandern gegangen nach Klinga, nach Großsteinberg ins Naturfreunde-Haus und haben dort Verbindungen gehabt mit Förstern, die uns in die Natur einführten. Wir haben also den Gedanken der Natur und des gemeinsamen Zusammenseins als Kinder anerzogen gekriegt. Nicht mit Zwang, sondern einfach aus Spaß an der Freude.

Dann hatten wir in den benachbarten Meyerschen Häusern eine Familie Parbat gehabt, die haben die Kinderfreunde-Gruppe in Kleinzschocher betreut. Dort wurden Kinderspiele gemacht, z. B. Doktor Dolittle's Reisen. Das waren also kinderbezogene Erlebnisbereiche, in die wir reingewachsen sind, und dort haben sich nach und nach, mit dem Alterwerden auch bestimmte politische Grundformen gebildet.

Wir waren in der Siedlung die Sozialdemokraten und auf der anderen Seite waren die Kommunisten, aber wenn die Kinder zusammengespielt haben, gab es keine Querelen. Die von der KJVD sind mit zu unseren Heimabenden gekommen oder wir sind zu denen mitgegangen, wenn ein Film lief über die Sowjetunion oder der Ballaleikaspieler kam.

1933 kam der große Bruch, wo alles verboten und uns unsere Heime weggenommen wurden. Als wir dann größer wurden in der Schule – ich bin nie in der HJ gewesen –, haben wir uns dann doch irgendwie immer wieder getroffen. Das hatte sich auch fortgesetzt, als wir aus der Schule kamen. Wir haben unsere gemeinsamen Dinge gemacht, uns praktisch von der ganzen Nazi-Ideologie abgesondert und unser eigenes Leben geführt. Es war eine homogene Zusammenkunft von all denen, die von der Nazi-Sache nichts wissen wollten. Wir machten auch Fahrten, Richtung Bad Düben, da haben wir beim Tischler im Heuschober übernachtet, immer außerhalb der Einflusssphäre der HJ, die uns verfolgt hatte.

Wie groß war die Gruppe, mit der Sie sich getroffen hatten?

Wir waren immer so vier bis fünf Mann, manchmal auch mehr. Wenn wir auf Fahrt gegangen sind, haben wir uns auch mit Gruppen aus dem Thüringer Raum getroffen oder im Rochsburger Gebiet mit Chemnitzer Jugendlichen. Chemnitz war auch eine Stadt mit viel Industrie und Proletariat und da waren starke Jugendgruppen. Die Zusammenkünfte waren in den Jugendherbergen. Da wir uns dort aber nie unbeobachtet fühlen konnten, sind wir dann raus ins Gelände, irgendwo hin. Mitunter haben wir in der Mulde auf großen Steinen gesessen und haben unsere Arbeiterlieder gesungen. So ist die Jugendarbeit immer im Stillen gewesen. Wir haben also Beziehungen gesucht und auch Verbindungen gehabt und uns untereinander ausgetauscht.

Es hatte sich dann auch so entwickelt, dass wir in Leipzig in den Meyerschen Häusern bei der Familie Parbat mit deren Kindern, das waren zwei Söhne und zwei Töchter, unsere illegalen Treffs abhielten. Es wurde meistens Radio BBC gehört.

Zu unserer Gruppe gehörte der Herbert Thomas, Martin Fritsche, Werner K., der uns dann nach seiner Verhaftung verraten hatte, und eben ich. Da gehörten auch noch dazu der Heinz Bosold, der ist später als Matrose auf dem deutschen Schlachtkreuzer Bismarck umgekommen, Otto Schulze ist in Afrika gefallen. Die, die später als Soldaten eingezogen wurden, da sind die meisten nicht wiedergekommen.

Nochmal zu unseren Wanderungen: Wenn wir z. B. zu Pfingsten rausgefahren sind, da waren wir noch gar nicht raus aus Leipzig, saß dort der HJ-Streifendienst mit einem Schemel und einem Tisch und hat uns notiert. Wir wurden angehalten und abgefragt, aber was wollten wir denn da machen?

Hatte die HJ diese Informationen selber gesammelt oder waren sie quasi nur der verlängerte Arm der Gestapo?

Es war ja so: Wenn wir irgendwo in eine Jugendherberge wollten, musste man in die damalige Töpfergasse, da war der HJ-Bann und dort mussten wir unseren Jugendherbergsausweis anmelden. Dort wurde man schon schikaniert mit stundenlangem Warten, bis wir den Ausweis kriegten. Denn mit dem Jugendherbergsausweis war man berechtigt, in die Herbergen reinzukommen, mit Übernachtung für 25 Pfennige. Das wollten wir nutzen, denn anders waren wir finanziell gar nicht in der Lage. Als Lehrling habe ich vier Mark die Woche verdient im ersten Lehrjahr.

Sie gehörten mit ihren Freunden zur Meute Hundestart …
Das war nebenan im Stadtteil Kleinzschocher. Wenn man nach Kleinzschocher reinfährt, da geht es links rein in die frühere Bahnhofsstraße, das ist jetzt die Rolf-Axen-Straße und dort an der Ecke war eine Litfasssäule. Daneben war der alte Friedhof und das nannte sich im Volksmund Hundestart. Wir nannten uns selber nicht so, wir haben uns nur manchmal dort getroffen, wenn wir uns sonnabends nach Arbeitsschluss 14 Uhr auf die Räder gesetzt haben und losgefahren sind. In einem Haus dort, da war eine Drogerie drin, hat oben ein Hitlerjunge gewohnt, und der hat uns jedes Mal beobachtet, wenn wir losgefahren sind, und hat wohl sofort angerufen. Da wusste die HJ Bescheid, wenn wir aus Leipzig rausgefahren sind.

Am Hundestart haben sich auch noch andere Jugendliche getroffen …
Ja, es gab noch mehr, z. B. den Gerhard Paul, den nannten wir das Bäckchen, den Werner Gast, das war der Gatter, dann der Otto Schulze, der war Fensterputzer, dann der Heinz Bosold. Dann haben sich manchmal auch welche getroffen, die von woanders her kamen und die mal mitgefahren sind. So sind dann lose Beziehungen geknüpft worden, die dann auch wieder auseinandergingen. Als wir dann nach 1940 alle Soldaten waren, wurden wir ja alle zerstreut. Wir sind lediglich mal wieder durch Zufall ab und zu zusammengekommen, wenn man Urlaub hatte.

Wir waren auch mal im Park. Martin Fritsche hatte so ein Koffergrammophon mit drei bis vier Schallplatten, da saßen wir dort und haben die abgespielt. Wir hatten z. B. die Donkosaken auf Schallplatte gehabt. Wir haben also nicht nur Arbeiterlieder gesungen, sondern auch andere Musik gehört, auch mal Tanzmusik.

Es gab auch Jugendliche, die auf Tanzsäle gegangen sind. Die nannten wir die »Tangoscheichs«. Aber die waren nicht organisiert, die gingen nur zum Tanzvergnügen, das waren eher Individualisten, die hatten mit Politik nichts am Hut, das könnten auch Hitlerjungs gewesen sein, die in »Zivil« mal irgendwo hingegangen sind. Zu denen hatten wir keine

Wilhelm Endres mit einem namentlich unbekannten Mädchen auf Faltbootfahrt um 1939.

Beziehungen. Wir sind ja nicht auf Tanzsäle gegangen. Wir waren aber auf Volksfesten.

Sie sagten, dass Sie in Leipzig Kontakt mit anderen Gruppen hatten.

Wir sind manchmal auf unserer sogenannten Reeperbahn in Lindenau gewesen. Da waren die andern Gruppen. Natürlich haben wir auch manchmal ein bisschen auf der Straße provoziert, also ein bisschen den Macho heraushängen lassen. Wir waren ja junge Menschen, wir hatten keine konkreten politischen Ziele. Klebeaktionen oder so was, das war nicht unser Bier. Wir haben uns untereinander informiert und haben uns zu denen hingezogen gefühlt, die auch unsere Neigungen hatten. Auf der Schlageterstraße gab es öfter mal eine Keilerei. Aber wir hier, die Meyersdorfer und die Zschocherschen, wir haben uns da nicht beteiligt. Wir haben uns aber mit der HJ geprügelt.

Können Sie da eine Begebenheit erzählen?

Das war z. B. beim »Tauchschern« [damals eine Art Fasching unter Kindern in Leipzig]. Da waren wir dann schon zwischen 17 und 18 und haben uns nicht mehr maskiert. Wir hatten ein paar Knaller gehabt. Bei einem Schleusendeckel nahe den Meyerschen Häusern haben wir solche Kanonenschläge reingetan und wollten sehen, ob der Deckel sich hebt. Plötzlich waren wir umstellt von Hitlerjungs, da gab es in Leipzig den Motorradsturm, die hatten solche Leichtmotorräder. Nun waren wir ja nicht die schlechtesten und schlanksten, wir waren ja trainierte Jungs. Da wollten die mit ihren HJ-Messern angeben und haben aber tüchtig ein paar auf die Fresse gekriegt und sind wieder abgezogen. Wir haben uns dann auch gleich verdünnisiert, jeder wusste, wo er hinzugehen hatte.

Sie hatten in Ihrem Freundeskreis auch Mädchen mit dabei?
Natürlich, wenn wir mit dem Faltboot unterwegs waren, sind auch Mädchen mitgefahren. Es war zu der Zeit so, dass die Jungs meistens die Boote hatten. Und wenn wir auf Fahrt gegangen sind, waren wir froh, wenn da ein Mädchen vorne saß, die auch ein bisschen einen anständigen Schlag hatte in einem Zweierboot, denn man wollte ja vorwärts kommen. Das waren aber lose Beziehungen, keine sexuellen. Eigentlich waren wir in diesem Alter noch ein bisschen mädchenscheu. Die sind mitgefahren als Sportlerinnen.

Wie lief Ihre Verhaftung ab?
Der Werner K., das war ein kleiner Angeber. Einmal waren wir im Mai 1939 auf der Reeperbahn und Werner wollte in ein Kino. Martin und ich hatten aber keine Lust. So ist der Werner alleine dorthin und kam in eine Razzia und sie hatten ihn mit geschnappt. Er hatte wohl ein bisschen die große Klappe gehabt und so haben sie ihn mitgenommen in die »Wächterburg«, ins Polizeigefängnis in der Wächterstraße.

Montags kam Martin zu mir und sagte, den Tom hatten sie abgeholt, das war der Herbert Thomas. Wir hatten ja alle Spitznamen. Ich bin dann weiter zur Arbeit gegangen. Plötzlich war Martin weg, der wurde auch an einem Montag zur Gestapo einbestellt in die Elsterstraße. Von dort ging es dann immer in die Wächterstraße zur U-Haft.

Meine Verhaftung war dann im Juni 1939. Plötzlich kriegte ich montags auf der Arbeit einen Anruf von einem Betriebsleiter, ich solle zu ihm hochkommen. Er sprach mich mit »du« an, er war kein Nazi, sondern ein alter Sozialdemokrat. »Du musst dort und dort hin.« Nun wusste ich Bescheid. Ich bin schnell nach Hause und habe noch meinen roten Falken, wir hatten vor 1933 so eine blaue Kutte mit dem roten Falken drauf gehabt, und mein altes Mitgliedsbuch mit den Marken versteckt.

Ich musste also dorthin und die haben mich auch gleich drinbehalten. Dann begannen bei der Gestapo die Vernehmungen. Man wurde befragt, aber ob man ja oder nein sagte, das spielte alles keine Rolle. Es wurde ein Text zusammengebastelt und den hatte man zu unterschreiben. Das war ein belastender Text, der hatte mit unseren Einstellungen gar nichts zu tun. Wenn man aber die Fotos vor sich hatte, die die HJ von unseren Fahrten gemacht hatte, konnte man ja nicht sagen: »Nein, das bin ich nicht und den kenne ich nicht.«

Drei Tage lang bin ich verhört worden. Der Vernehmer packte dabei seine Thermosflasche aus, goss sich seinen Kakao ein und hatte dort seine schönen belegten Brote und ich saß daneben und mir knurrte der Magen. Das war natürlich inszeniert, um mich mürbe zu machen. Dann wurde ich mal runtergeschickt zum Zigaretten holen, da guckte der am Fenster. Doch wohin sollte ich denn abhauen, als 17-Jähriger? Die hätten mich doch sofort wieder von zu Hause abgeholt. Also bin ich wieder hoch. Die Verhöre waren in der Elsterstraße 34, die Gestapo war glaube ich in der 2. Etage. Da stand nur dran »Dienststelle«.

Der Gestapobeamte Pilz hatte mich vernommen. Pilz war so ein Großer, rötlich blonde Haare. Der andere hieß Walther und war so ein kleiner rundlicher. Als wir dann rüberliefen in die Wächterstraße, ich musste mein Fahrrad schieben, sagte er: »Wenn du abhauen willst, ich habe eine Pistole.«

Nachdem wir dort mit dem Verhör und dem Protokoll fertig waren, wurde ich ins Untersuchungsgefängnis in die Elisenstraße [heute Bernhard-Göring-Straße] eingewiesen. Früher hieß die im Volksmund »Elisenburg«. Dort war ich im 4. Stock, wo die ganzen Jugendlichen saßen, auch Kriminelle. Die Wachleute waren schon alt, das war keine SS oder so. Die SS kam zu meinem Geburtstag. Von denen habe ich eine gewischt gekriegt, da bin ich von der Tür bis hinten hin geflogen. Das war so ein junger Kerl, vielleicht 19 oder 20 Jahre alt, so ein Hüne. Der rief: »Ihr Schweine, euch werden wir schon noch klein kriegen!«, und zack, hatte ich eine sitzen. Das waren also meine Erfahrungen als 17-Jähriger im Gefängnis zum Geburtstag. Weil ich zwei Geburtstagskarten bekommen hatte, war ich reif für die Prügel.

Wir vier aus unserem Freundeskreis saßen alle in Einzelhaft. Ich war in so einer Eckzelle und konnte zu einem Nebentrakt rübergucken, dort waren die Mädchen inhaftiert. Tagsüber wurden die Betten hochgeschlossen und da hatten wir einen kleinen Trick, wie man sich am Fenster hochziehen konnte. Das Fenster ging ja nur etwa eine Handbreit auf und das hatten die Mädchen drüben spitzgekriegt. Da war die Rosa Schömburg mitinhaftiert, aus den Meyerschen Häusern, und wir haben uns gewunken.

Komischerweise sind nicht alle von uns inhaftiert gewesen. Wahrscheinlich, weil wir an den Wochenenden nicht immer alle zusammen weggefahren sind. Manchmal waren wir auch nur zu zweit unterwegs, oder ich alleine.

Dann kam im Herbst 1939 vom »Führer« ein Gnadenerlass, und da wurden wir als U-Häftlinge ohne Prozess entlassen. Wir mussten uns aber regelmäßig bei der Polizei melden, waren also unter ständiger Kontrolle. Wir in unserem Freundeskreis haben uns dann gesagt, dass wir uns anderweitig orientieren müssen. Mit Martin Fritsche habe ich mir ein Faltboot gekauft und wir sind dann in das ehemalige Fichte-Bootshaus gekommen. Dort haben wir uns von den anderen abgeschirmt und eigentlich nur noch unseren Wassersport betrieben.

1937 bis 1939 war meine Lehrzeit. Der Meister in der Werkstatt 7 hatte mir damals viele Sorgen bereitet. Dort mussten der Moritz und ich, wir waren zwei Lehrlinge, die nicht in der HJ waren, uns bei ihm melden. Da hat er uns immer abverlangt mit »Heil Hitler!« zu grüßen. Er stand dort in seiner Uniform da und hat uns schikaniert bis zum Gehtnichtmehr. Als ich aus der U-Haft wiederkam, hatte er gesagt, der Endres fliegt raus. Den Mann habe ich später nach dem Krieg mal wiedergetroffen. Der war damals in Leipzig Etappenwart bei der Friedensfahrt. Da ist der vor mir weggerannt, wie ein Kaninchen, was vor der Schlange ausreißt. Der ist gerannt, wie ein Hase.[24]

Wilhelm Endres und andere Mitglieder des »Hundestart« beim Faltbootaufbau um 1939.

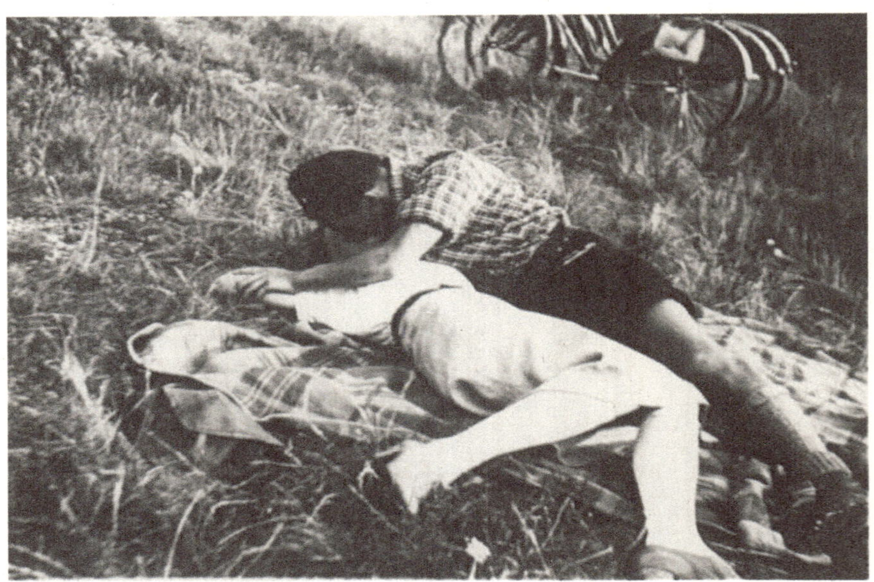

Knutschen statt marschieren.

Kittelbachpiraten und Navajos im Rhein-Ruhr-Gebiet

In den westdeutschen Industriezentren an Rhein und Ruhr entstanden zu Beginn der 1940er-Jahre mit den Edelweißpiraten die zahlenmäßig größten subkulturellen Jugendgruppen gegen die Hitlerjugend. Besonders in den Städten Köln, Essen, Duisburg, Düsseldorf, Oberhausen und Wuppertal prägten sie das Verständnis von jugendlicher Opposition in Westdeutschland und darüber hinaus. Ihre Mitglieder gingen in die Tausende.

Dabei handelte es sich jedoch nicht um eine einheitliche Jugendbewegung. Die seit Mitte der 1930er-Jahre in ihren jeweiligen Wohnvierteln aktiven Arbeiterjugendcliquen bekamen erst ab Anfang der 1940er-Jahre von HJ und Gestapo die Sammelbezeichnung Edelweißpiraten, die sie schließlich selbst übernahmen. All diesen Cliquen war zunächst gemeinsam, dass sie sich durch eine Wanderkluft als sichtbares Zeichen von der Staatsjugend absonderten. Sie trafen sich täglich auf öffentlichen Plätzen in ihren Wohngegenden und fuhren an den Wochenenden in die nähere Umgebung, um sich der Kontrolle durch HJ und Erwachsene zu entziehen. Wichtiger Bestandteil ihrer Subkultur war das vielfältige Liedgut, das sich aus teilweise umgedichteten Volks- und Wanderliedern sowie Schlagern zusammensetzte. Mehrere »Generationen« von Mädchen und Jungen gehörten ihnen zwischen 1933 und 1945 an. Besonders in den letzten Kriegsjahren nahmen Verbreitung und Aktivitäten zu. Im Folgenden geht es zunächst um die Entstehungsgeschichte bis Kriegsbeginn.

Kittelbachpiraten

Einer der stilprägenden lokalen Verbände, der schon allein dem Namen nach die späteren Edelweißpiraten beeinflusste, war der Wander-Bund Kittelbach-Piraten. Er entstand bereits Ende der 1920er-Jahre am Niederrhein mit seiner

Zentrale in Düsseldorf sowie Gruppen in umliegenden Städten, setzte sich vorwiegend aus Arbeiterjugendlichen zusammen und hatte insgesamt etwa 450 Mitglieder. Politisch zählte er bis 1933 zu den militant rechtsgerichteten Jugendverbänden und war bekannt dafür, dass er gemeinsam mit HJ und SA linke Gruppen überfiel.

Mit der Machtübernahme der Nationalsozialisten und deren angestrebter »Gleichschaltung« aller Verbände folgte im Sommer 1933 zunächst die Selbstauflösung der Kittelbachpiraten. Während ein Teil in die HJ oder SA eintrat, wollten andere ihre Unabhängigkeit bewahren und schlossen sich noch legalen Pfadfinder- oder informellen Jugendgruppen an. Die Kittelbachpiraten verstanden sich also trotz ihrer nationalistischen Ausrichtung vor 1933 nicht zwangsläufig als Teil der NS-Bewegung, viele Mitglieder zogen die Gruppenautonomie gegenüber der neuen Staatsjugend vor.

Durch ihre frühere Teilnahme an Straßenkämpfen und ihrem oftmals machohaften Gebaren in Verbindung mit dem Wunsch nach einer ungezwungenen Freizeitgestaltung genossen die neu entstandenen Gruppen unter den Arbeiterjugendlichen in der Region schnell einen legendären Ruf. Der Mythos Kittelbachpiraten wuchs und wurde bald auch unter den NS-Verfolgern am Niederrhein, in Düsseldorf und im Bergischen Land zu einem Synonym für »wilde Wanderer« bzw. »wilde Jugendbünde«.

Die Kluft der Kittelbachpiraten war ähnlich der übrigen informellen Cliquen in Deutschland. Als besondere Merkmale trugen sie Totenkopfringe und kleine Holzschühchen am Koppel. Das Edelweißabzeichen setzte sich erst gegen Ende der 1930er/Anfang der 1940er als überregionales Symbol durch.

Besonders die Hitlerjugend und ihr Streifendienst waren ab 1934 im gesamten Rhein-Ruhr-Gebiet auf der Suche nach konkurrierenden informellen Jugendgruppen. Für den Kölner Raum verwendeten sie um 1934 für alle Cliquen jenseits der HJ die Bezeichnung »Nerother«, den Namen eines früheren regional bedeutsamen bündischen Jugendverbands. Später wurden teilweise dieselben Personen als Navajos bezeichnet. In Essen verbreitete sich für Jugendcliquen zunächst die Bezeichnung »Fahrtenstenze«. Die verschiedenen Cliquen in den Städten bezeichneten sich zumeist nach ihren Treffpunkten in den jeweiligen Wohnvierteln. Sie griffen mit der Zeit aber auch die von den NS-Verfolgern gewählten Fremdbezeichnungen auf, ohne dass es eine einheitliche Definition gab, wer oder was Kittelbachpiraten oder Navajos seien. Verbindendes Merkmal war, dass es sich um Jugendgruppen handelte, deren Mitglieder nicht am HJ-Dienst teilnahmen und die damals verbreitete Wanderkluft trugen. Mitte der 1930er-Jahre wurden die Gruppen von Jungen dominiert, viele von ihnen waren Lehrlinge in Metall- und Handelsberufen. Mädchen machten zunächst nur einen kleineren Teil der Gruppen aus.

Wie überall in Deutschland kamen diese Cliquen fast täglich an ihren Treffpunkten zusammen, an den Wochenenden unternahmen sie Fahrten in die nähere Umgebung. Dabei kam es immer wieder zu Schlägereien mit Hitlerjungen und dem HJ-Streifendienst, so z. B. im Februar 1937 im Deilbachtal bei Wuppertal. Dort hatten zunächst Hitlerjungen eine Wandergruppe angehalten und zur Herausgabe der Personalien gezwungen. Zu Hilfe kommende weitere »Bündische« erzwangen anschließend unter Gewaltandrohung wiederum die Herausgabe der Notizen. Dies zeigt, wie wenig Respekt man der Hitlerjugend entgegenbrachte. Zu Himmelfahrt 1937 trafen sich 150 bis 200 Jugendliche auf der Beyenburger Kirmes nahe Wuppertal und sangen demonstrativ ihre Lieder.

Kölner Navajos

Ein weiterer Sammelbegriff für informelle Jugendcliquen, die als Vorläufer der späteren Edelweißpiraten angesehen werden können, sind die Navajos aus Köln. Der Name ist abgeleitet von einem nordamerikanischen Indianerstamm und verdeutlicht auf den ersten Blick eine Nähe zur Wild-West- und Abenteuerromantik.

Etwa 30 verschiedene Treffpunkte von Navajocliquen sind im Köln der zweiten Hälfte der 1930er-Jahre aktenkundig. Zu den bekanntesten zählten der damalige Adolf-Hitler-Platz (heutiger Ebertplatz), der Volksgarten, der im Stadtteil Sülz gelegene Nikolausplatz und der Georgsplatz. Zu den Treffs kamen in der Regel mehrere Dutzend Jugendliche zusammen. Kölner Navajos trugen neben der üblichen Wanderkluft Kraftriemen an den Armen, die mit einem Toten- oder Hirschkopf verziert waren. Mitglieder aus dem Stadtteil Köln-Kalk befestigten an ihren Mützen die Metallbuchstaben »KN« für »Kalker Navajos«, andere einen fünfzackigen Stern. Viele Jugendliche trugen außerdem schwarze Kletterwesten, Skimützen und bunte Halstücher.

»Einen eigentlichen Zweck oder politische Ziele hat der Bund nicht«, erklärte das Navajo-Mitglied Franz L. bei seiner späteren Gestapo-Vernehmung im Oktober 1937. »Wohl wollen sie alle mit der HJ nichts zu tun haben. Alle sagen, in der HJ sei nichts los, weil sie sich nicht kommandieren lassen wollen, insbesondere nicht von jüngeren als sie selbst.«[25] Waren die Navajos also zunächst hauptsächlich an einem geselligen Wander- bzw. Gruppenleben interessiert, so gerieten sie aufgrund ihrer Kleidung schnell ins Visier der HJ.

Kölner Navajos bei einer Wanderung Mitte der 1930er-Jahre. Das Foto wurde im Oktober 1937 von der Gestapo beschlagnahmt.

1935 kam es beispielsweise zu einem Überfall von 40 bis 50 Hitlerjungen im Kölner Stadtteil Ehrenfeld auf einen einzelnen Jugendlichen, weil er ein buntes Halstuch trug.[26] Solche Aktionen führten zur zunehmenden Politisierung und einer klareren jugendkulturellen Abgrenzung gegen die Staatsjugend. In der Folgezeit suchten auch die Navajos die körperliche Auseinandersetzung mit der HJ, um ihre Freiräume zu behaupten.

Viele Lieder, die sie bei ihren Treffen sangen, waren bekannte Fahrtenlieder früherer bündischer Gruppen. Auch die »Internationale« gehörte zum Repertoire, obgleich die Mitglieder nur in einigen Fällen aus linken Elternhäusern stammten. Sowohl Duisburger Kittelbachpiraten als auch Kölner Navajos sangen besonders gerne das Lied »Hohe Tannen«, das im Refrain umgedichtet wurde: »Schlagt die Bündische Jugend wieder frei« bzw. »Macht die Kittelbachpiraten wieder frei«. Auch für andere Volks- und Wanderlieder sind Umdichtungen bekannt, die die Ablehnung der HJ hervorheben. Nicht bekannt ist, ob sich Kittelbachpiraten oder Navajos für die damals aufkommende Swingmusik interessierten. Anders als in Hamburg, Berlin oder zu Beginn der 1940er-Jahre in Leipzig fand der moderne amerikanische Lifestyle kaum Anklang bei den Arbeiterjugendlichen an Rhein und Ruhr. Stattdessen erfreute man sich an Karl-May-Büchern sowie den zahlreichen Groschenheften mit Detektiv- und Wild-West-Geschichten. Auch Heftchen mit Heldentaten der Reichswehr im Ersten Weltkrieg wurden gelesen.

Aus einem Bericht des HJ-Streifendienstes über die Kölner Navajos, Juli 1936:

> »In der letzten Zeit häufen sich im Stadtbezirk Köln planmäßige Überfälle und Provokationen von den sogenannten ›Navajos‹ auf die Hitler-Jugend. Die Erstgenannten, die sich selbst von einem Indianerstamm stolz ›Navajo‹ nennen, sind ein freier Zusammenschluß der ehemalig-bündisch-marxistisch orientierten Jugendlichen beiderlei Geschlechts im Alter von 15 bis 25 Jahren. Zum Teil handelt es sich auch um ehemalige HJ-Mitglieder, die auf Grund sittlicher Verfehlungen und wegen sonstiger Vergehen aus der HJ ausgestoßen bezw. ausgeschlossen wurden. Erkenntlich sind sie an ihrer überaus bunten, aber doch in ihrer Grundform einheitlichen Kleidung, bei den männlichen Personen bestehend aus: Halbschuhen, überaus kurzen, mit Reißverschluß versehenen schwarzen Hosen, grellfarbig karierten Hemden mit silbernen Knöpfen und event. blauen Schimützen. Die weiblichen Personen, die mit den Navajos zusammen sind, treten in folgender Kostümierung auf: langer samtartiger Rock mit Reißverschluß, weiße Bluse mit bunten Tüchern, Seidenstrümpfe und Schaftstiefel.
>
> Daß eine einheitliche Organisation besteht, ist nicht mit Bestimmtheit anzugeben. Vielmehr bildet jeder Stadtteil einen Klub für sich, der von Älteren angeführt wird. Bekannt ist der Radfahrklub »Jumbo« unter der Führung von einem gewissen Sinzenich aus Zollstock. Als Rädelsführer sind die Burschen, die die Spitznamen Neger, Deutzer-Bär, Chäng (Jean) führen, anzusehen.
>
> Der ehemalige KPD-Angehörige Josef Heinen aus Kalk ist mehrmals bei den Navajos, als diese auf Fahrt waren, gesehen worden. Dadurch verstärkt sich der Verdacht, daß staatsfeindliche Kräfte sich dieser wilden und illegalen Vereinigung, die sich autonom gegenüber den Forderungen des Staates und vor allem heute seiner Volksgemeinschaft halten, annehmen und bewußt zu Staatsfeinden erziehen.
>
> Es ist schon so weit gekommen, daß ein Mann [...] am Bahnhof in Königsforst ausgelacht wurde, weil er das Parteiabzeichen trug. Fälle von unerhörten Widersetzlichkeiten und tätlichen Angriffen gegen die Staatsjugend seien besonders erwähnt.

Am Montag, den 20.7. ds. Js. trieben sich ca. 150 Navajos in der Gegend Severin und Schnurgasse herum. Zwei Hitlerjungen, die sich auf dem Wege zur Banndienststelle befanden, wurden, ohne daß überhaupt ein Grund vorhanden war, mit Luftpumpen rücksichtslos von der Menge niedergeschlagen. Feststellungen durch die Polizei konnten nur wenig erfolgen, da die Festgenommenen immer wieder durch die begleitende Menge befreit wurden.

Am 17.7. ds. Js. wurde der Gefolgschaftsführer Raeder am Horst-Wessel-Platz tätlich von Navajos angegriffen. Man versuchte sogar, ihm den Dienstrock auszuziehen. Es fielen auch die Worte: Die HJ-Führer sind alles Lumpen und Verbrecher.

Dem Führer der Gefolgschaft 17/217 ließ man bestellen: ›Wenn ihr uns was wollt, dann sind wir morgen mit 400 Mann von der Eiche hier und schlagen alles in Klumb.‹ In der ersten Juli-Woche wurde der Gefolgschaftsführer Schriedel von drei Navajos provoziert und angegriffen.

Ein besonders gemeiner, in seiner Rücksichtslosigkeit noch gesteigerter Vorfall vom 16. Juli ds. Js. sei erwähnt. An diesem Tage wurde in Köln-Deutz der Scharführer Fingerhut (FHJ, Bann 217) von Navajos angepöbelt. Fingerhut stellte diese zur Rede. Im Verlauf dieser Auseinandersetzung kam es zu Tätlichkeiten, bei denen Fingerhut mit einem sogenannten Finnmesser einen Stich unterhalb des Kinns in den Hals erhielt. Die Täter konnten unerkannt entkommen. Am 20.7. ds. Js. wurden gegen 22 Uhr sechs Angehörige des HJ-Streifendienstes, die auf dem Rummelplatz Perlengraben die durch ihre Kleidung als HJ-Mitglieder erkenntlichen Jugendlichen kontrollieren wollten, von einer 120 bis 150 Mann starken Navajos-Bande umringt und angerempelt. Nachdem einige Schimpfworte gegen die Hitlerjungen ausgestoßen wurden, kam es zu Tätlichkeiten. Es gelang den Streifendienstangehörigen, sich unter Anwendung von Gewalt zurückzuziehen. Immer wieder tauchen diese Banden auf, einmal stärker, einmal schwächer, um auf die HJ Jagd zu machen. Besonders muß hervorgehoben werden, daß die Navajos ein normales Koppel mit Koppelschlössern tragen, die einen Überzug aus den metallenen Zigarettenschachteln der Fa. Haus-Neuerburg hatten.

Zwecks Feststellung der Personalien eines unbekannten Mannes, der HJ-Kleidungsstücke trug, sollte dieser durch den Streifendienst in Verbindung mit zwei Polizeibeamten zum Polizeirevier 1 hingebracht werden. Oberhalb des Perlengrabens, Ecke Ulrichgasse, wurde derselbe von einer 100-köpfigen Navajo-Bande entrissen und befreit. Die einzelnen HJ-Streifen wurden planmäßig abgedrängt und umzingelt. Bemerkenswert ist, daß dies immer dann geschah, wenn einige dieser Burschen ihre Hand hochhheben.«[27]

Verfolgung

Die Angst der Nationalsozialisten vor illegal agierenden bündischen Gruppen erreichte Mitte der 1930er-Jahre im Rhein-Ruhr-Gebiet solche Ausmaße, dass im Herbst 1936 in Düsseldorf auf Initiative der Reichsjugendführung die »Zentralstelle West« zur Bekämpfung der bündischen Jugend beim Oberabschnitt West des Sicherheitsdienstes (SD) der SS eingerichtet wurde. Der SD hatte in erster Linie beobachtende Aufgaben, im Gegensatz zum »Sonderkommando zur Bekämpfung der Bündischen Jugend« der Staatspolizeistelle Düsseldorf, die für die Bearbeitung der einzelnen Fälle zuständig war. Ihr Aufgabengebiet erstreckte sich 1936/37 über den gesamten Westen des damaligen Deutschen Reiches. Hinzu kamen lokal von Gestapo und HJ angelegte Karteien auffälliger Jugendlicher sowie Großrazzien und Hausdurchsuchungen. Aufgegriffenen Jugendlichen wurden oftmals die Haare geschoren und die vermeintlich bündische Kluft konfisziert. Die ausgesprochenen Verwarnungen zeigten jedoch kaum Wirkung.

Ende Oktober 1937 kam es zu einer großangelegten Razzia gegen die Kölner Navajos. Grund war ein Zusammenstoß zwischen Navajos vom Georgsplatz und Mitgliedern des Nationalsozialistischen Kraftfahrerkorps (NSKK) am Abend des 12. Oktobers. Es folgten mehrere Prozesse vor dem Kölner Sondergericht gegen fast 70 Navajo-Mitglieder, die zu mehrmonatiger Haft oder Geldstrafen verurteilt wurden. Im Vergleich zu den Prozessen gegen die Leipziger Meuten 1938/39 fielen die Urteile jedoch verhältnismäßig gering aus.

In der Folgezeit wurden zunächst keine weiteren informellen Kölner Gruppen bei der Polizei aktenkundig, obgleich sich weiterhin Jugendliche trafen. Erst im Verlauf des Krieges ab 1941/42 beschäftigte sich die örtliche Gestapo wieder verstärkt mit dem Problem der wilden Jugendgruppen, die von ihnen nun unter dem Begriff Edelweißpiraten zusammengefasst wurden.

NS-Propagandafoto eines Heimabends der HJ. Der Gruppenführer liest eine Stelle aus Hitlers »Mein Kampf«.

Die Hitlerjugend ab 1939

Zumindest auf dem Papier hatte die HJ Anfang 1939 reichsweit 87 Prozent aller 10- bis 18-Jährigen in ihren Reihen organisiert und somit die seit 1933 angestrebte Totalerfassung der deutschen Jugend nahezu erreicht. Doch die immer noch bestehende freiwillige Mitgliedschaft war für die kommenden Aufgaben hinsichtlich eines bevorstehenden Krieges nicht mehr ausreichend. Für die Zukunft galt es, dem HJ-Dienst für alle Jugendlichen einen verpflichtenden Rahmen zu geben. Ende März 1939 wurden dafür die »Durchführungsverordnungen zum Gesetz über die Hitlerjugend« und die darin enthaltene »Jugenddienstpflicht« erlassen. Alle 10- bis 18-Jährigen waren von nun an zum »Ehrendienst am Deutschen Volk« verpflichtet. Um Druck auf unwillige Jugendliche ausüben zu können, wurde Mitte November 1939 festgelegt, dass die HJ für die Durchsetzung der Dienstpflicht die Organe des Staates hinzuziehen könne. Somit war es nun rechtlich möglich, alle Jugendlichen zum HJ-Dienst zu zwingen.

Dieser »Dienst« bestand zum einen aus den Heimabenden. Hier trafen sich die einzelnen HJ- und Jungvolk-Gruppen, um von ihren Führern weltanschaulich geschult zu werden. Fehlten geeignete Räume, mussten diese Veranstaltungen ausfallen. Zum anderen wurde an den Wochenenden der »Außendienst« durchgeführt, meistens Exerzierübungen und »körperliche Ertüchtigungen«, bis zum Kriegsbeginn auch die wesentlich beliebteren Wanderungen und Zeltlager, die die HJ sich bei der Bündischen Jugend abgeschaut hatte. Hinzu kamen mit den Kriegsjahren zusätzliche Hilfsdienste an anderen Tagen. Bereits in den Jahren zuvor hatten Geländespiele und Wehrertüchtigung einen immer größeren Raum bei der HJ eingenommen.

Könnte man einerseits daraus schließen, dass die HJ durch ihren von Anfang an dominierenden vormilitärischen Charakter und ihrer hierarchischen Organisationsstruktur auf einen kommenden Krieg umfassend vorbereitet war, so sah die Realität vielfach anders aus. Wie bereits ausgeführt, hatte die HJ nach 1933 aufgrund ihres explosionsartigen Wachstums sowohl mit infrastrukturellen als auch mit Führungsproblemen zu kämpfen. Diese Probleme waren bis zum Kriegsbeginn am 1. September 1939 keinesfalls gelöst. Es gab nach wie vor zu wenig Räumlichkeiten, um die vielen Gruppen unterzubringen. Der Kriegsbeginn stellte die Reichsjugendführung außerdem vor ein weiteres Problem: Viele über 18-jährige HJ-Führer wurden zur Wehrmacht eingezogen oder meldeten sich freiwillig, was die angespannte Situation auf diesem Gebiet weiter verschärfte. So war bereits im Oktober 1939 von den deutschlandweit 1100 Bann- und Jungbannführern fast die Hälfte bei der Wehrmacht. Von einem geregelten Dienstbetrieb konnte nun erst recht nicht mehr die Rede sein. Hinzu kamen weitere Umstände wie z. B. die zeitintensive Arbeit in der Rüstungsindustrie, die ältere Jugendliche vom HJ-Dienst abhielt. Die Staatsjugend war überall in Deutschland sichtbar mit der Kriegssituation überfordert. Bezug nehmend auf die Jugenddienstpflicht schrieb beispielsweise das Leipziger Jugendamt Mitte Oktober 1940, also zu einer Zeit, in der sich die militärischen Erfolge der Wehrmacht geradezu überschlugen, an das Hauptverwaltungsamt der Stadt: »Solange die Hitlerjugend durch die Einwirkung des Krieges nicht imstande ist, einen geordneten Dienstbetrieb durchzuführen, wird die Gemeindepolizei von ihr nicht in Anspruch genommen werden. Erst wenn der Führermangel und die Raumnot behoben sind, kann damit gerechnet werden, daß Jugendliche, die sich vom HJ-Dienst drücken wollen, durch die Stadtpolizei zum Dienst gebracht werden müssen.«[28] Da sich die Situation in den Folgejahren weiter verschärfte statt entspannte, fand somit nie ein geordneter Dienstbetrieb statt. Die Jugendlichen, die nicht zum HJ-Dienst gingen, hatten in der Regel schriftliche Befehle und Abmahnungen seitens der zuständigen Vorgesetzten zu erwarten, stellenweise wurden auch Geldstrafen an die Eltern verhängt. Eine zwangsweise Zuführung zum HJ-Dienst oder weitergehende Bestrafungen hat es hingegen nur punktuell gegeben.

In einem Bericht der Reichsjugendführung vom Mai 1942 über die Tätigkeit der HJ heißt es außerdem, dass »zur Zeit fast keine Jugendführer mehr zur Verfügung« stünden und man darum gezwungen sei, »ältere Führer aus anderen Gliederungen« sowie die Lehrerschaft heranzuziehen. Auch wurden immer jüngere, unerfahrene HJ-Mitglieder mit Führungsaufgaben betraut. Hinzu kam, dass bis zu diesem Zeitpunkt reichsweit 7.500 Jugendführer den »Heldentod« an der Front erlitten hatten.[29] In den Folgemonaten konnte die HJ weder den Schwund an Führern aufhalten noch neue rekrutieren. Die

Erfassung und Führung aller 10- bis 18-Jährigen war für die Staatsjugend bereits 1942/43 nur noch teilweise durchführbar. Die Hitlerjugend als Institution büßte an Bedeutung und Autorität ein – in diesem Zusammenhang kann von einem Scheitern der HJ gesprochen werden.

Der Zwangscharakter der Staatsjugend ließ sich nach Kriegsbeginn offenbar nur im Jungvolk in Verbindung mit der Schule relativ lückenlos durchsetzen. Waren die über 14-Jährigen einmal in einem Lehr- oder Arbeitsverhältnis, fehlte oftmals der permanente Druck seitens der HJ-Führer und der Dienst wurde ungewollt zu einer mehr oder weniger freiwilligen Angelegenheit. Darüber hinaus vergrößerten sich weiter die zeitlichen Belastungen am Arbeitsplatz in der Rüstung, weswegen Heimabende mit weltanschaulichen Vorträgen ihren Sinn bei den Jugendlichen einbüßten.

Alle diese Fakten können dennoch nicht darüber hinwegtäuschen, dass sich auch während der Kriegszeit eine große Anzahl Jugendlicher am (improvisierten) HJ-Dienst beteiligte. Dies taten sie nicht nur, weil sie die angedrohten Strafen fürchteten. Viele Jugendliche besonders der Jahrgänge ab 1925 waren durch die nationalsozialistische Beeinflussung in der Schule, in den Medien und vor allem beim Jungvolk in den späten 1930er-Jahren zu mehr oder weniger überzeugten Befürwortern des NS-Staates erzogen worden, was sich ab Herbst 1939 infolge der zunächst einsetzenden militärischen Erfolge fortsetzte und verstärkte. Diese Generation kannte kaum etwas anderes als den NS-Staat. Die seit 1933 stetig anwachsende Staatsjugend wurde nach Kräften nationalsozialistisch geschult und für den Krieg erzogen, was trotz der Unzulänglichkeiten im HJ-Dienst nun Früchte trug. Mit zunehmendem Kriegsverlauf bekam der HJ-Dienst außerdem durch diverse Hilfsarbeiten für den »Endsieg« eine symbolische »kriegswichtige« Aufwertung. Die zunehmenden Kriegseinwirkungen boten den Unwilligen leichtere Möglichkeiten, der HJ fernzubleiben. Bei den Mitläufern und Überzeugten änderte sich jedoch bis zum Kriegsende kaum etwas an der (partiellen) Loyalität zum NS-System oder gar ihrer Begeisterung. Dass der eigentliche HJ-Dienst in den Kriegsjahren immer weiter an Bedeutung verlor, war auch dem Umstand geschuldet, dass die HJ nach 1939 in immer größerem Umfang an der »Heimatfront« gebraucht wurde: zum Sammeln von Schrott und Altpapier oder auch zum Ernteeinsatz. Mit den zunehmenden Luftangriffen der Alliierten wurden Jugendliche außerdem zum Luftschutz (Flakhelfer), Wach- und Kurierdienst sowie bei der Brandbekämpfung dienstverpflichtet und ersetzten auf vielen Gebieten männliche Erwachsene, die an die Front mussten. Die HJ wurde zu einem Reservoir von Hilfskräften, das ab 1943, besonders bei den Älteren, beständig schrumpfte: durch Einberufungen

25. März 1943
Nummer 12 / 18. Jahrgang

Kölnische Illustrierte Zeitung

Preis 20 Pfg.
Druck und Verlag von M. DuMont Schauberg, Köln

Freude in der Führerkanzel

Die Monteurschüler blicken auf die Uhr: schnell wie noch nie haben sie den zerschossenen Motor ausgewechselt. Zu unserem Bildbericht auf der nächsten Seite

AUFNAHME: WELTBILD

So inszenierte die NS-Propaganda 1943 Jugendliche in Köln, die mit scheinbarer Begeisterung für den »Endsieg« arbeiteten. In der Realität war die Arbeitsmoral vieler Jugendlicher weitaus geringer.

zum Reichsarbeitsdienst, Luftwaffenhilfs- und Wehrdienst. Befohlene Dienste bzw. »weltanschauliche Schulungen« bei der HJ erschienen somit als »Kinderkram«. Der kriegsbedingte vorzeitige Einstieg in die Erwachsenenwelt als Flakhelfer brachte vielen Jugendlichen eine erstrebte Aufwertung ihrer Person und gleichzeitig eine Emanzipation von der Hitlerjugend. Der Dienst als Luftwaffenhelfer bediente zunächst die in den vergangenen Jahren anerzogene Begeisterung für den Krieg und in der Endphase die Erwartung an einen Einsatz an der Front zur Auslebung kindlicher Abenteuerphantasien. Dies setzte jedoch keine uneingeschränkte Begeisterung für den Nationalsozialismus voraus, sondern war auch dem Umstand geschuldet, dass diese Jugendlichen sich angesichts der Kriegssituation ganz pragmatisch als (Fast-)Soldaten verstanden, die ihre Heimat verteidigten.

»Jugendschutz« im Krieg

Mit der »Jugenddienstpflicht« hatte der NS-Staat 1939 ein Instrumentarium geschaffen, alle 10- bis 18-Jährigen erfassen zu können. Durch Heinrich Himmler, dem Reichsführer der SS und Chef der Deutschen Polizei, wurde im März 1940 ein weiteres Instrumentarium zur Kontrolle der Jugend eingeführt, das die letzten Freiräume grundlegend beschneiden sollte: die »Polizeiverordnung zum Schutz der Jugend«.

Von nun an durften sich Jugendliche unter 18 Jahren während der Dunkelheit nicht mehr auf öffentlichen Straßen und Plätzen »herumtreiben«. Der Aufenthalt in Gaststätten, Kinos und Varietés war allen unter 18-Jährigen ohne Begleitung eines Erziehungsberechtigten nach 21 Uhr verboten, Jugendliche unter 16 Jahren durften ohne einen Erwachsenen zu keiner Zeit Gaststätten aufsuchen. Auch wurde festgelegt, dass Jugendliche an »öffentlichen Tanzlustbarkeiten« ebenfalls nur in Begleitung eines Erziehungsberechtigten bzw. einer von ihm beauftragten volljährigen Person teilnehmen dürfen. Ausgenommen von dieser Regelung waren lediglich Angehörige des Reichsarbeitsdienstes. Bei Zuwiderhandlung konnten Strafen von bis zu drei Wochen Haft oder eine Geldstrafe von bis zu 50 Reichsmark ausgesprochen werden.[30] Diese Regelungen traf vor allem junge Lehrlinge, die die Volksschule nach der 8. Klasse beendet hatten und sich nun nach Feierabend in der Öffentlichkeit kaum noch frei bewegen konnten.

Mit diesem Instrumentarium glaubte das NS-Regime die Jugend im Krieg unter Kontrolle halten zu können. Verantwortlich für die Umsetzung war die Polizei bzw. als Zuträger der HJ-Streifendienst. Theoretisch mussten alle Jugendlichen ab 21 Uhr in der Öffentlichkeit kontrolliert werden, egal ob auf der Straße, in Gaststätten, Tanzsälen oder Kinos. Praktisch bedeutete dies, dass Polizisten, die Verstöße gegen die Jugendschutzverordnung feststellten, die Personalien der Betroffenen aufnahmen und zunächst »Verwarnungen« aussprachen. Doch die Polizei war zu Kriegszeiten in allen Städten unterbesetzt und konnte die Verordnungen keinesfalls flächendeckend und regelmäßig umsetzen. Das führte zu ungewollten Freiräumen für Jugendliche, die viele selbstverständlich ausnutzten und sich auch noch nach 21 Uhr in der Öffentlichkeit bzw. in Gaststätten aufhielten. Mit Razzien unter Zuhilfenahme aller verfügbaren Kräfte versuchte die Polizei wenigstens in unregelmäßigen Abständen, die unter 18-Jährigen zu vertreiben. Der HJ-Streifendienst hatte dabei keine Polizeibefugnisse und musste bei Unklarheiten bzw. Namensfeststellungen Beamte hinzuziehen. Das konnte dazu führen, dass beispielsweise ein harmloser abendlicher Abschlussball von 40 Gymnasiasten im März 1942 im Leipziger »Haus Vaterland« einen Polizeieinsatz auslöste. Man kann sich vorstellen, dass selbst »normale« HJ-Mitglieder den Sinn dieser Verordnung stellenweise angezweifelt haben werden.

Trotz dieser getroffenen und durchgeführten Maßnahmen bewegten sich in den Kriegsjahren eine ganze Anzahl von Jugendlichen nicht in dem vom NS-System geforderten Rahmen und versuchte, eigene Freiräume zu behaupten. Selbst der 1940 neu eingesetzte Reichsjugendführer Artur Axmann rechnete 1942 damit, dass allein 20 Prozent aller HJ-Mitglieder zu den kriminellen bzw. zu den politisch oppositionellen Jugendlichen zu zählen seien.[31] Die Reichsjugendführung, Abteilung Personalamt-Überwachung, erstellte dazu ausführliche Berichte über »Cliquen- und Bandenbildung unter Jugendlichen«, ohne dass man es in der Praxis schaffte, diese »abtrünnigen« Jugendlichen wieder einzugliedern.[32] Der Eigensinn vieler Jugendlicher war stärker als die Vorschriften des Staates.

Jugend in der Katastrophe

Der zunehmend für Deutschland ungünstige Kriegsverlauf, die Niederlage in Stalingrad im Februar 1943, die Ausrufung des »Totalen Krieges« nur wenige Tage später sowie die immer massiveren Luftangriffe der Alliierten auf deutsche Großstädte brachten den Krieg zunehmend in die Heimat und in die Lebenswelt aller Deutschen. Dadurch veränderten sich bislang gewohnte Alltagsstrukturen auch für Jugendliche erheblich. Die alliierten Bombenangriffe zerstörten auch Wohnungen, Schulen und Lehrbetriebe. Die Väter waren an der Front, die Mütter arbeiteten teilweise im Schichtbetrieb in der Rüstungsindustrie. War die eigene Schule noch nicht zerstört, so war oftmals die ausgebombte Nachbarschule dort mit untergebracht und dementsprechend überfüllt, Lehrer wurden zur Wehrmacht eingezogen, Unterricht fiel aus. Immer mehr Jugendliche waren daher sich selbst überlassen, verfügten über Freizeit, in der sie weder von der eigenen Familie noch von Lehrern oder anderen NS-Institutionen kontrolliert werden konnten.

Die allgemeine Verdunklung, um den Alliierten keine Bombenziele zu markieren, beförderte die Möglichkeit, unbeobachtet allerlei Unsinn anzustellen. Bekannt ist, dass in dieser Zeit die Jugendkriminalität überall in Deutschland anstieg. In vielen Städten bestimmten ab 1943 die Luftangriffe und vorherigen Alarme den Tagesablauf. Stundenlang hockte man jetzt in Luftschutzräumen statt in der Schule oder im Lehrbetrieb.

Statt arbeiten für den »Endsieg« gingen Jugendliche aus dem Rhein-Ruhr-Gebiet lieber wandern.

NS-Propagandafoto eines Hitlerjungen mit Panzerfaust, der mit bemüht entschlossenem Blick in den Reihen des Volkssturms gegen die Alliierten kämpfen soll.

Fand der eigentliche HJ-Dienst aufgrund dieser Entwicklungen kaum noch statt, so wurden gleichzeitig die 14- bis 17-Jährigen verstärkt zu Kriegshilfsdiensten herangezogen, denen man sich – im Gegensatz zum HJ-Dienst – schwerer entziehen konnte. Der permanente Hilfseinsatz an der »Heimatfront« bediente zwar die Kriegsromantik einiger Heranwachsender, für andere stellte dies hingegen keine sinnvolle Freizeitbeschäftigung nach einem langen Arbeitstag dar.

Glück hatte, wer als Brandschutzwache in einem Gebäude eingeteilt wurde, wo man sich in ruhigen Nächten auch schon mal mit Kumpels treffen und vor dem mitgebrachten Koffergrammophon »rumhotten« konnte. Wer hingegen als Luftwaffenhelfer eingezogen worden war, befand sich schon halb in der Wehrmacht. Solche Hilfsdienste verknappten die eigene Freizeit, langjährige Freundeskreise zerfielen. Ab 1942 mussten zudem alle 17-jährigen HJ-Mitglieder während ihres Jahresurlaubes ein dreiwöchiges Wehrertüchtigungslager besuchen, wo sie von Wehrmachts- bzw. SS-Ausbildern gedrillt wurden.

Auch das öffentliche Leben kam immer weiter zum Erliegen. Im Sommer 1944 wurden alle bis dahin noch offenen Varietés, Theater und Clubs geschlossen. Klassische Konzerte durften hingegen weiterhin stattfinden, ebenso waren die Kinos noch geöffnet – sofern sie nicht bereits den alliierten Bombardements zum Opfer gefallen waren.

In der Endphase des Krieges Anfang 1945 wurden viele Hitlerjungen noch in den »Volkssturm« eingegliedert, in dem hilflosen Versuch der Nationalsozialisten, die vorrückenden Alliierten aufzuhalten. Einen militärischen Nutzen entfalteten diese unerfahrenen, aber teilweise fanatisierten Hitlerjungen jedoch kaum. Viele starben noch in den letzten Tagen und Wochen des Krieges. Die in den letzten Kriegstagen ausgegebenen Aufrufe zur Bildung von sogenannten Werwolf-Gruppen, die Terror gegen die Alliierten in den befreiten Gebieten ausüben sollten, blieben glücklicherweise ohne nennenswerte Resonanz. Sie führten allerdings zu Verunsicherungen bei den Alliierten und in der unmittelbaren Nachkriegszeit zu zahlreichen Verhaftungen von Jugendlichen, denen man die Mitgliedschaft in solch einer Gruppe unterstellte.

Erfurt und Thüringen

Thüringen ist seit jeher vor allem durch seinen Wald bekannt. Erfurt als die größte Stadt in diesem Gebiet (damals rechtlich noch zu Preußen gehörend) hatte Ende der 1930er-Jahre knapp 160 000 Einwohner, Weimar, die Hauptstadt des »Gau Thüringen«, nur etwa ein Drittel so viele. Somit waren Städte in Thüringen weit von den urbanen Metropolen Deutschlands entfernt. Dennoch verfügte Thüringen frühzeitig über eine starke linke Arbeiterbewegung in den Städten. 1923 bildeten SPD und KPD sogar eine gemeinsame Landesregierung. Kurze Zeit später wurde sie jedoch durch den Einmarsch der Reichswehr wieder abgesetzt, da die Reichsregierung in Berlin ein »Sowjet-Thüringen« und das Ende der Demokratie fürchtete. 1930 konnte sich in Thüringen die NSDAP erstmalig in Deutschland an einer konservativen Landesregierung beteiligen, was hingegen keinen Einsatz der Reichswehr auslöste. 1938 zählte Erfurt zu den größten Garnisonsstädten der inzwischen in Wehrmacht umbenannten deutschen Reichswehr.

Erfurt

Im September 1938 wurden durch die Außenstelle des Sicherheitsdienstes in Erfurt erstmalig oppositionelle Jugendgruppen aktenkundig. Der Weimarer SD bemerkt in diesem Zusammenhang sogar: »Es ist verschiedentlich in letzter Zeit zur Bildung von Gruppen oppositioneller Jugend in solchem Ausmaß und in solcher Weise gekommen, daß ein Durchgreifen mit polizeilichen Maßnahmen nicht mehr möglich war.«

In Erfurt trafen sich zu dieser Zeit verschiedene Cliquen von Arbeiterjugendlichen in ihren Wohngebieten und in der Innenstadt. Eine mit dem Namen »Trenker-Bund« kam in verschiedenen Eisdielen und in der Gaststätte Kaisertrunk in der Augustinerstraße zusammen. Ihren Namen hatten sie dem damals

Der belebte Erfurter Anger im Zentrum der Stadt entwickelte sich ab 1939 zu einem Treffpunkt von oppositionellen Jugendlichen.

populären Bergsteiger Luis Trenker entliehen. Teilweise trafen sie sich auch auf einem Grundstück der Kleingartensiedlung »Salinengraben«. Zum Trenker-Bund gehörte eine Gruppe Mädchen, die sich »Die Blonden Sieben« nannte, inspiriert vom damals sehr beliebten deutschen Tanzorchester »Die Goldene Sieben«. Der Trenker-Bund zählte bis zu 50 Jugendliche im Alter zwischen 18 und 25 Jahren, andere Erfurter Gruppen hatten einen Altersdurchschnitt von 15 bis 18 Jahren. Mehrere hatten nach 1933 zunächst der HJ angehört, teilweise sogar in Führungspositionen.

Mit durchaus linken Verweisen im Namen traf sich der »Kleinmoskautrupp« im Gebiet um dem Johannesplatz im Norden Erfurts, obgleich die Mitglieder nicht zwangsläufig aus linken Familien stammten. So war der Vater eines der Jugendlichen sogar Mitglied der SS. Angehörige des Kleinmoskautrupps wohnten in einer Barackensiedlung an der Südseite des Johannesplatzes. »Kleinmoskau« war damals eine in Deutschland verbreitete umgangssprachliche Bezeichnung für Straßen und Wohngebiete, in denen vorwiegend Kommunisten wohnten.

Eine weitere Jugendgruppe waren die »Wilden Udestedter«, die sich nach der Udestedter Straße (heutige Bebelstraße), ebenfalls nördlich der Innenstadt, benannten. Treffpunkt der Wilden Udestedter war der Nordpark und in der Innenstadt das Gebiet hinter der Krämerbrücke. Namentlich bekannt ist auch die Gruppe »Texas-Club«.

Die Erfurter Gruppen legten sich einen eigenen sportlichen Dresscode zu. Überliefert sind schwarze Hemden, Schimützen und Manchesterhosen. Als Erkennungszeichen des Trenker-Bundes diente ein schwarzer Wimpel am Fahrrad, Totenkopfringe sowie Anker als Abzeichen oder Stecknadeln mit bunten Köpfen.

Die im Stadtbild präsenten Gruppen suchten auch die Konfrontation mit Hitlerjungen. Zwei HJ-Angehörige beklagten sich beispielsweise: »Uns wurde auch nachgerufen, der HJ-Streifendienst könnte uns kräftig am Hintern lecken. H. meinte, der Streifendienst kann ruhig kommen und kann uns die Wimpel ruhig abnehmen, da sagen wird noch Dankeschön. Wir könnten auch in Uniform kommen, da bekommt ihr genauso den Wanst voll wie in Zivil.« Anfang November 1938 häuften sich die Schlägereien zwischen HJ und oppositionellen Jugendlichen. Der Erfurter HJ-Oberbannführer erteilte daraufhin den Befehl, die HJ habe alle Zusammenstöße mit dem Trenker-Bund zu vermeiden.

Mit Beginn des Krieges im September 1939 nahmen die Aktivitäten oppositioneller Jugendlicher in Erfurt aufgrund der veränderten Umstände zunächst ab. Doch schon bald entwickelte sich der Erfurter Anger in der Innenstadt zu einem neuen Treffpunkt von Jugendlichen, die vorbeikommende Hitlerjungen und besonders Mitglieder des HJ-Streifendienstes anrempelten.

Um den oppositionellen Jugendgruppen entgegenzutreten, wurden mehrere dieser »disziplinlosen Jugendlichen« in einer »Strafgefolgschaft« der Hitlerjugend mit der Bezeichnung »Gef. 66/71« zusammengefasst. Dort sollten die Jugendlichen durch Drill diszipliniert werden. Doch die dadurch zusammenkommenden Gleichgesinnten entwickelten daraus schnell eine eigene Gruppenidentität und nannten sich bald »Verein 66« oder auch nur »die 66er«. In diesem Zusammenhang ist in den NS-Akten auch von der Trenker-Meute die Rede. Statt HJ-Uni-

Der Bergsportler, Schauspieler, Filmemacher und Schriftsteller Luis Trenker aus Südtirol war in den späten 1930er-Jahren für viele Jugendliche ein Idol. Mit ihm verkörperten sie die Freiheit der Berge. Auch die Nationalsozialisten schätzten seine Arbeit, obgleich der eigensinnige Trenker 1940 zeitweise in Ungnade fiel. Seiner Popularität tat dies keinen Abbruch.

form trugen sie Knickerbocker-Hosen, kurze Windblusen und einen bunten Kittel. Auch etwas längere Haare waren bei ihnen in Mode.

Ende Januar 1942 gingen Angehörige der 66er zu einer HJ-Veranstaltung im Reichshallen-Theater (heute »Stadtgarten«). Nachdem sie wegen ihrer Kleidung des Saales verwiesen worden waren, kam es zu Handgreiflichkeiten mit HJlern. Für den 4. März verabredeten sich deswegen mehrere 66er zu einem Überfall auf die HJ. In einer späteren Urteilsschrift des Landgerichtes Erfurt heißt es dazu: »An diesem Tag überfielen sie auch 2 Streifendienstangehörige und schlugen sie nieder, wobei sie Gummischläuche, Scheintotpistolen, eine Reitpeitsche, Spiralfedern eines Expanders, Kartoffelstampfer u. a. als Waffe verwendeten. Die Tat wurde während der Verdunkelung begangen.«[33]

Nach dieser Aktion kam es zu neun Verhaftungen durch die Polizei. Das Sondergericht Erfurt verurteilte im März 1942 den Klempner Horst A. und den Lagerarbeiter Werner B. (beide Jg. 1923) wegen gemeinschaftlicher, gefährlicher Körperverletzung zu 15 bzw. 9 Monaten Gefängnis. Die anderen Beteiligten erhielten ebenfalls mehrmonatige Haftstrafen.

Da die Einrichtung der Erfurter HJ-Strafgefolgschaft 66 für »disziplinlose Jugendliche« nicht die beabsichtigte Wirkung erzielt hatte sondern im Gegenteil ihre Gefährlichkeit gesteigert hatte, griff man zu einer verschärften Methode. Polizeipräsident und SS-Oberscharführer Heinrich Wicke und HJ-Oberbannführer Franz Becker ordneten für alle 66er vom 17. bis 31. März 1942 einen »polizeilichen Erziehungslehrgang« an. Durchgeführt wurde dieser in der neuen Polizeikaserne am Johannesplatz unter Leitung eines Hauptmanns der Schutzpolizei. In einem späteren Bericht der Reichsjugendführung heißt es dazu: »Behandlung und Ausbildung der Jungen war straff militärisch, wie überhaupt der Lehrgang vormilitärischen Charakter trug. Als Schutzkleidung hatte die Wehrmacht Drillichanzüge zur Verfügung gestellt. Die Jungen mußten pro Tag 1.– RM für Verpflegung bezahlen. Die restlichen Kosten wurden aus Jugendpflegemitteln gedeckt. Die Zeit der Einberufung wurde den Jugendlichen auf den Erholungsurlaub 1942 angerechnet, so daß für die Betriebe kein Ausfall an Arbeitszeit entstand. [...] Die Erfolge des Lehrgangs waren angeblich gut. Beanstandet wurde, daß der Lehrgang zu wenig HJ-mäßigen Charakter getragen habe und daß keine Rechtsgrundlage für ihn vorhanden war.«[34]

Doch das Problem mit oppositionellen Jugendlichen bekam man so in Erfurt nicht in den Griff. Im Sommer 1943 wurde eine Jugendgruppe aktiv, die die Handelsschule in der Erfurter Talstraße besuchte. Treffpunkte waren das Wiener Café am Anger sowie die Gaststätten Johannesklause und Riebeckbräu. Im Folgenden ein Interview mit einem Mitglied.

Interview mit Karl Metzner aus Erfurt

Wo und wie sind Sie aufgewachsen?

Ich bin 1927 geboren. Wir wohnten zunächst in Großbreitenbach, das liegt neben Neustadt am Rennsteig. Ich war der älteste von fünf Geschwistern. Mein Vater war oft arbeitslos, fand dann aber in Erfurt Arbeit als Schneidermeister. 1938 sind wir hierher gezogen. Meine Eltern waren von der SPD her geprägt und bis 1933 in den entsprechenden Vereinen. Sie hatten also mit der NSDAP nichts am Hut und so bin ich auch erzogen worden.

Noch in Großbreitenbach hatten wir im dritten Schuljahr einen Klassenlehrer, der kam am Mittwoch und am Sonnabend in SS-Uniform, damals war sonnabends noch Schule. Ich war damals nicht im Jungvolk und einmal fragte er mich: »Warum hast du kein Braunhemd?«, und da habe ich geantwortet: »Meine Mutti hat gesagt, dafür haben wir kein Geld.« In Erfurt musste ich ins Jungvolk, bekam aber kein Fahrtenmesser, weil ich mich geweigert hatte, das Horst-Wessel-Lied aufzusagen.

1942, nach der Volksschule, hatte ich als 14-Jähriger das Glück, dass ich an der Erfurter Handelsschule einen Freiplatz bekam. Mit meinen Klassenkameraden verstand ich mich sofort fantastisch. Wir waren eine gute Truppe und haben bereits damals den Kriegsverlauf insofern miterleben müssen, weil wir zum Luftschutzdienst in der Schule abkommandiert wurden.

Wie haben Sie die Hitlerjugend erlebt?

Wir mussten ja in die HJ eintreten. Aber es gab die Möglichkeit, dass man es ein bisschen anders machen konnte. Es gab verschiedene Sonderformationen und eine war die Reiter-HJ. Ich hatte das Glück, dass ich dorthin kam. Das war einfach nur Sport. Dort hieß es, dass wir ja nicht nur reiten lernen, sondern auch die Pferde pflegen müssten. So hatten wir zweimal in der Woche Stalldienst und dadurch entfiel die politische Berieselung durch die HJ an den Heimabenden.

Unser Direktor an der Handelsschule war ein überzeugtes NSDAP-Mitglied, er hatte sogar das goldene Parteiabzeichen. Im Dezember 1942 hat er die Schüler für acht Tage in ein Wehrertüchtigungslager verfrachtet nach Bad Berka. Das war dann für mich der Beginn, den Krieg zu hassen.

Wann haben Sie das erste Mal einen »Feindsender« im Radio gehört?

In den großen Ferien 1943 musste man als Hitlerjunge irgendwelche

Karl Metzner (vorn, dritter von rechts), Jochen Bock (hinter ihm) und Gerd Bergmann (3. v. l.) mit Freunden auf einer Wanderung um 1942.

Einsätze machen. Ich bin zu meinem Onkel nach Weißwasser gefahren, er war ein altes aufrechtes SPD-Mitglied. Durch seine Verbindungen hatte ich das Glück, dass ich mich dort an einem großen See als Bademeister verdingen konnte, denn ich war Rettungsschwimmer. In der Zeit bei meinem Onkel habe ich dann das erste Mal Radio Beromünster gehört, das war ein Schweizer Sender. Das Hören von Auslandssendern war zu dieser Zeit nicht nur verboten, sondern konnte auch mit dem Tode geahndet werden. Mein Onkel sagte: »Ich lass dich das jetzt mithören, aber wenn du gefragt wirst, dann sagst du einfach, dass das der Deutschlandsender Nr. 2 gewesen wäre.« Diese Radionachrichten haben mich so erschüttert, über das, was wirklich in der Welt vorging.

Ich kam dann aus den Ferien zurück und mein Schulfreund Jochen Bock war sehr betrübt, weil sein älterer Bruder gerade an der Front gefallen war. Da erzählte ich Jochen, was ich zuvor bei Radio Beromünster gehört hatte. Jochens Eltern wohnten nicht in Erfurt, sondern in Uhlstädt. Er wohnte darum in Erfurt zur Untermiete und hatte dort sein eigenes kleines Reich. Dort hörten wir Radio Moskau, und zwar die Nachrichten vom Nationalkomitee Freies Deutschland. Danach meinten wir, wir müssten etwas unternehmen, aber was? Darum haben wir uns noch mit drei Freunden aus der Schulklasse zusammengetan: Jochen Nerke, Helmut Emmerich und Gerd Bergmann.

Was haben Sie gemeinsam unternommen?

Wir waren manchmal im Kino und trafen uns z. B. im Wiener Kaffee. Dort konnte man Billard spielen, ohne dass man etwas bezahlen musste. Und wir waren wandern. Im Steigerwald haben wir in den Wanderschutzhütten Parolen angeschrieben. Einmal stand dort bereits: »Nieder mit dem Gefreiten-Strategen«, was eine Anspielung auf den Gefreiten aus dem Ersten Weltkrieg Adolf Hitler war, und wir haben noch »Bravo Kollege!« dazugeschrieben.

In der Handelsschule hatten wir einen ganz fantastischen Klassenlehrer, den nannten wir Schulli. Als Ende Juli 1943 in Italien Mussolini gefangengenommen wurde, das war der »Badoglio-Putsch«, da haben wir später in der Klasse gesagt, wir könnten irgendwas draus machen, nicht nur wir fünf. Und wir wollten sehen, was unser Klassenlehrer dazu sagt. Ein Mitschüler konnte sehr gut zeichnen und er hat an die Wandtafel zwei Räder gemalt und eine Achse, als Synonym der Achse Berlin-Rom. Wir schrieben drüber: »Die Achse ist zerbrochen, der Führerschein wird entzogen.« Nicht nur als jugendlicher Gag, sondern es stand schon etwas dahinter. Schulli kam herein, sah das, wurde kreidebleich und sagte dann: »Meine Herren, ich bitte darum, dass die Tafel für die nächste Unterrichtsstunde vorbereitet wird«, ging raus und kam nach fünf Minuten wieder. Seine Reaktion war für die gesamte Klasse doch ein kleiner Schock und wir fünf sind natürlich von den anderen angesprochen worden: »Das habt ihr nun davon.«

Sie stellten dann Flugblätter her. Wie kam es zu diesem Vertrauen untereinander?

Man kriegt das mit. Das ging nicht von einem Tag auf den anderen. Jochen und ich haben überlegt, wir machen zusammen eine Tageswanderung zur Burg Gleichen bei Wandersleben. Dazu hatten wir Jochen Nerke, Helmut und Gerd mit eingeladen. Wir sprachen über das Nationalkomitee Freies Deutschland und überlegten: Sollten wir irgendwelche Sabotage durchführen? Aber das lehnten wir ab, weil das nichts bringen würde, wir als 15-Jährige. Darum die Idee mit dem Flugblatt. Auf der Wanderung im August haben wir den Inhalt unseres Flugblatts besprochen.

Dann kam die Frage: Wie stellen wir das her? Ich hatte zu Hause eine Reiseschreibmaschine und hab dann fleißig getippt, mit Durchschlagpapier, knapp 100 Exemplare, DIN-A4-Format. Wir steckten anschließend die Flugblätter irgendwo in Erfurt in Briefkästen rein und warfen sie in der Straßenbahn aus'm Fenster. Inhaltlich hatten wir uns an den Radio-Meldungen orientiert. Ich würde heute sagen, es waren keine großen eigenen Gedanken, sondern das, was man vom NKFD gehört hatte.

Wie wurde die Aktion entdeckt? Wir hatten beschlossen, wenn wir die Flugblätter verteilen, dann nicht nur in Erfurt. Gerd Bergmann kam z. B. aus Großrudestedt. Wir hatten dafür auch noch einen weiteren Mitschüler aus Weimar im Auge. Den haben wir gefragt, ob er ein paar Briefe mitnehmen würde, wir sagten ihm aber zunächst nicht, dass es Flugblätter sind. Wir gaben sie ihm, damit er sie in Weimar dann in irgendwelche Briefkästen steckt. Aber er ist damit zu unserem Direktor gegangen und der hat die Sache gleich an die Gestapo weitergegeben. Das war im September 1943. Und dann ging alles ganz schnell.

Mein Freund Jochen Bock ist zwei Tage vor uns verhaftet worden, wir anderen dann an einem Tag, ich direkt von der Schulbank weg. Es ging erst mal in unsere Wohnung zur Hausdurchsuchung, da wurde gefilzt und meine Reiseschreibmaschine konfisziert. Der Mann von der Gestapo guckte sich auch meine kleine Bibliothek an und fragte: »Und warum stehen diese beiden Bücher nebeneinander?« Er zeigte auf »Mein Kampf« und »Rasputin« und ich antwortete ihm: »Das hat sich so ergeben.« Da hab ich die ersten Schläge bekommen.

Ich musste dann mit in die Gestapozentrale in der Arndtstädter Straße. Dort wurde ich verhört und auch wieder geschlagen, aber ich bin nicht schlimmer misshandelt worden. Am übernächsten Tag begegnete ich dem von der Gestapo wieder, der mich verhaftet hatte und er sagte dann nur: »Aha, das hat sich dann wohl so ergeben?« Ich war froh, dass er mich nicht weiter verhörte.

Später ging es mit der Grünen Minna ins Strafgefängnis. Wir kamen zunächst in Einzelzellen. Einmal bin ich Helmut Emmerich im Keller des Gefängnis begegnet und habe ihm nur die Hand gezeigt, was bedeuten sollte, wenn wir verhört werden: Unsere Gruppe besteht nur aus fünf Leuten. Denn in unserer Klasse waren vor einiger Zeit drei junge Ex-Soldaten dazugekommen, Kriegsversehrte, die sollten dort die Möglichkeit haben, auf der Handelsschule die Mittlere Reife zu erreichen. Wenn die als ehemalige Soldaten belangt worden wären, dann wäre das für sie möglicherweise der Todesstoß gewesen. Nachdem Jochen Bock als erster verhaftet worden war, fragten sie uns, vor allem mich: »Du bist doch mit Jochen besonders befreundet, was war denn mit euch beiden? Ihr seid doch auch nicht nur zu zweit gewesen.« Mein Banknachbar Gerhard Laue, dem hatte ich auch einige Dinge erzählt gehabt und er ist zwei Tage nach mir verhaftet worden, aber nur

Das »National-Kommitee-Freies-Deutschland« fordert das, was wir alle am nötigsten brauchen und zwar: 1.) Frieden! 2.) Freiheit! 3.) Brot! 4.) Ende des Hitler-Blutterrors! 5.) Sofortiges Ende des »Totalen Krieges«, der nur für uns Soldaten, Arbeiter und Bauern total ist! 6.) Wir fordern ferner: Die Anerkennung der Atlantik-Charta durch die Regierung in ihrem wahren Sinne. Damit das Ende des Bombenkrieges und der Blockaden, die nicht nur gegen die Nazis gerichtet sind.[35]

Auszug aus dem Flugblatt der Gruppe.

für einen Tag. Obwohl man ihm nichts nachweisen konnte, durfte er deswegen die Handelsschule nicht weiter besuchen.

Sie kamen dann in Untersuchungshaft?

Das Gefängnis war überfüllt mit Kriminellen, wir waren die einzigen politischen Häftlinge. Das habe ich später dann fast wie ein Privileg empfunden. Tagsüber mussten wir hart arbeiten, die verschiedensten Sachen. Sonntags besuchten wir die Gefängnisgottesdienste. Auf unserem Zellengang hatten wir mehrere Beamte, die sich im Dienst abwechselten. Mit der Zeit wussten wir, den einen kann man ansprechen, den anderen muss man sehr vorsichtig behandeln. Und einen, den man ansprechen konnte, fragte ich: »Es gibt doch eine Gefängnisbibliothek. Könnten Sie mir von dort ein Buch besorgen?« Und das klappte dann auch.

Nach zwei Wochen wurden vier von uns in eine Zelle mit sechs Personen verlegt, zusammen mit noch zwei Kriminellen, nur Jochen Bock hatte weiter eine Einzelzelle. Da fragte ich den einen Beamten: »Ist es vielleicht möglich, dass Sie mich mal in die Bibliothek reinschauen lassen?« Das ging und der Bibliothekar war ein ganz anderer Typ als die übrigen Insassen, sehr intelligent, von Beruf Schauspieler und er saß ein wegen Paragraph 175. Mit dem konnte ich reden, natürlich nicht lange, der Beamte war ja immer dabei. Ich erzählte ihm, dass wir fünf Häftlinge sind und ob es möglich sei, dass er den Wärter fragt, ob auch die anderen vier sich Bücher ausleihen könnten. Und das ist uns gelungen. Nach der harten Arbeit konnten wir abends und sonntags lesen. Wir haben regelmäßig Bücher bekommen und beispielsweise Gedichte auswendig gelernt. Bei Theodor Storms »Für meine Söhne« heißt es: »Wenn der Pöbel aller Sorte/ tanzet um die goldnen Kälber/ halte fest: du hast vom Leben/ doch am Ende nur dich selber«. Und da meinten wir, es müssen ja nicht nur goldene Kälber sein, es können ja auch braune sein. So haben wir uns innerlich durch solche Gags aufgebaut, dank der Bücher.

Im Gefängnis hatten wir jeden Tag eine halbe Stunde Freigang im Hof, aber man musste in Reih und Glied laufen, Hände auf dem Rücken und nicht sprechen. Während eines solchen Freigangs wurde die andere Tür am Ende des Gefängnisflügels aufgemacht, die ins Gericht führte, und man brachte einen Gefangenen heraus. Und der brüllte: »Sind hier die politischen Häftlinge dabei?« Wir machten uns ganz vorsichtig bemerkbar und da brüllte er über den Hof: »Ihr armen Schweine. Ihr seid noch so jung und müsst schon sterben!« Das war uns nicht einerlei.

Wie kam es zum Prozess?

Zunächst wollte oder konnte kein Gericht unseren Fall verhandeln. Das Erfurter Amtsgericht nicht, unsere Akten gingen hin und her und landeten schließlich beim Sondergericht am Oberlandesgericht Kassel. Im Juni 1944 war unser Prozess in Erfurt, und gleich vorweg: Nicht alle Richter waren Nazis. Der Kammergerichtsrat, der uns zu verurteilen hatte, nahm sich zwei Tage vorher Zeit und hat jeden einzelnen von uns allein befragt, und ich muss sagen, er hat unsere Sache heruntergespielt. Das hieß im Klartext: Wir waren angeklagt wegen Rundfunkverbrechen und »Vorbereitung eines hochverräterischen Unternehmens«. Im Gericht blieb man dann aber bei der Betonung der »Vorbereitung« und deshalb haben wir unsere Köpfe behalten. Der Verhandlungstag fand am 2. Juni statt. Bis auf Jochen Bock, der zu etwa zwei Jahren Haft verurteilt wurde, sind wir anderen nach der Gerichtsverhandlung wieder auf freien Fuß gekommen, da unsere Strafe mit der Untersuchungshaft abgegolten war. Ich war so überglücklich.

Was passierte danach?

Wir versuchten anschließend wieder auf die Handelsschule zu kommen, aber da war nichts drin. Ich arbeitete dann als Hilfsarbeiter bei den Olympia-Werken in Erfurt, die stellten Schreibmaschinen her. Nach drei Wochen kam der Abteilungsleiter, nachdem er meine Akte bekommen hatte, und schrie mich vor versammelter Mannschaft an: »Für solch einen, der sich gegen unseren heißgeliebten Führer versündigt hat, für den haben wir keinen Platz!« Im September 1944 musste ich zum Reichsarbeitsdienst und kam in die Nähe von Passau. Anfang 1945 wurde ich zur Wehrmacht eingezogen, nach Hanau, als Bataillonsmelder. Im Spessart kam ich in amerikanische Gefangenschaft und nach Südfrankreich in verschiedene Lager, aus denen ich 1948 wieder nach Erfurt heimkehrte.

Weida/ Ostthüringen

Aus dem Bericht »Cliquen- und Bandenbildung unter Jugendlichen« der Reichsjugendführung, Personalamt Überwachung, Berlin, September 1942:

»Am 12.11.41 berichtete das Gebiet Thüringen (17), daß in Weida eine Clique festgestellt wurde, die durch schlechten Haarschnitt und nachlässige Kleidung auffiel. Der Bund, dem 10 Jungen (sämtliche unter 18 Jahren) angehörten, nannte sich zuerst ›Geheime Rio-Polizei‹ (›GRP‹), später ›Helamupo‹ (sollte nach Meinung der Jungen ›Brüder der Weltzunft‹ oder ›Volk der Macht‹ bedeuten!). Es handelt sich dabei um einen phantasievoll ausgestalteten ›Geheimzirkel‹, mit Mitgliederfragebogen, Beitrittserklärungen, die mit Blut unterschrieben wurden, Treueversprechen, Sühnemaßnahmen usw. Die Ideen hatten die Jungen aus übelster Schund- und Kitschlektüre zusammengelesen, die sie massenweise verschlangen. Auch Schriften der Bibelforscher waren im Besitz der Clique. Mit marxistisch-kommunistischen Gedankengängen wurde geliebäugelt. So wurden Werbezettel kommunistischen Inhalts verteilt und u.a. geäußert, ›wenn es einmal wieder andersrum ginge‹, wollten sie die ersten sein, die die rote Fahne durch die Stadt trügen und aufpflanzten. Diese Haltung entsprang jedoch mehr einer kindischen Freude an Angebereien, als ernsteren politischen Absichten. Ihr Ende fand die Bande dadurch, daß mehrere Mitglieder wegen Bandendiebstahls verhaftet wurden.

Die meisten Angehörigen waren früher Angehörige der Hitler-Jugend gewesen und dann ausgeschieden oder ausgetreten. Die Bande ist ein Beispiel für die Entwicklung von der ›Gefährdetengruppe‹ zur politisch-gegnerischen und schließlich kriminellen Bande.«[36]

Edelweißpiraten in Waltershausen

Durch die Kinderlandverschickung, eine Maßnahme, bei der Schulkinder aus vom Luftkrieg bedrohten Städten in ländlichen Gegenden untergebracht wurden, kamen ab 1943 Jugendliche nach Thüringen, die zuvor in ihren rheinischen Heimatstädten Kontakt mit Edelweißpiraten gehabt hatten. Die teilweise abenteuerlichen Geschichten, die die Großstadtjungs in den thüringischen Kleinstädten darüber weitergaben, stießen auf interessierte Zuhörer. So kam z.B. der Düsseldorfer Anton »Toni« Hinkelmann (Jg. 1926) nach Waltershausen und lernte dort beim örtlichen Fußballclub Meteror einige Jugendliche kennen. Die

Gruppe traf sich außerdem in der Gaststätte Bayerischer Hof. Einige Jugendliche legten sich nach den Erzählungen Hinkelmanns Edelweiß-Abzeichen zu und es machte bald das Gerücht die Runde, dass es in Waltershausen einen »Klub der Edelweißpiraten« gäbe. Zu dieser Gruppe gehörte auch der Schriftsetzerlehring Horst Gähring (Jg. 1927), der auf seiner Arbeitsstätte in einer Druckerei heimlich verschiedene Fantasie-Schriften in kleiner Stückzahl herstellte und unter seinen Freunden verteilte. Einem Zeitungsartikel mit dem Titel »Schüsse bei der Verkehrskontrolle« fügte er hinzu: »Werdet Mitglied der Sliters-Bande«. Den Namen hatte er aus einem Wildwest-Roman entnommen.

Im März 1944 berichtete der örtliche HJ-Stammführer dem Kreisleiter der NSDAP-Waltershausen von diesen Vorfällen, der daraufhin die Schutzpolizei einschaltete. In einem Verhör gab Horst Gähring in Bezug auf ein weiteres satirisches Druckerzeugnis im Stil einer fingierten Einladung zu einer Veranstaltung der Deutschen Arbeitsfront (DAF) zu Protokoll: »Aus Scherz habe ich diese Druckschrift hergestellt. Ich habe mir bei der Herstellung dieser Druckschrift nichts besonders weiter dabei gedacht und wollte keinesfalls in versteckter Form die Einrichtungen des Staates und der Partei verunglimpfen. Von Hasler bin ich gewarnt worden, derartiges zu unterlassen. Die anderen haben darüber gelacht. Ein politisches Ziel wollte ich damit nicht verfolgen.«

Anfang April 1944 wurden weitere Jugendliche zu den Sachverhalten von der Schutzpolizei befragt. Einer gab dabei zu Protokoll: »Als wir an dem Sonntagnachmittag im Brauhaus waren, erzählte mir Anton Hinkelmann, daß sich im Rheinland innerhalb der HJ Edelweiß-Piraten gebildet hätten. Diese wollten Unruhe in die HJ bringen und es seien auch schon ein paar Anführer von den Edelweiß-Piraten erschossen worden. Dabei sollten auch ein paar Mädchen gewesen sein. Hinkelmann sagte, daß wir uns ja nicht in die Gefahr begeben sollten, einen ähnlichen Club hier aufzumachen, denn in der Kleinstadt kämen wir nicht weit damit. In Gotha oder Erfurt wäre das schon eher möglich.«

Anton Hinkelmann war zu diesem Zeitpunkt bereits zur Wehrmacht eingezogen worden und konnte somit nicht mehr belangt werden. Horst Gähring wurde aufgrund der hergestellten Druckschriften vom Amtsgericht Gotha am 21. Juni 1944 zu drei Monaten Jugendgefängnis verurteilt, wegen »Beschimpfung des Reichs und der NSDAP«.

Die Gestapo Weimar ermittelte auch gegen weitere Wuppertaler Edelweißpiraten wegen »Neubildung von Parteien«, die sich in Thüringen im Zuge der Evakuierungsmaßnahmen aufhielten. Bekannt sind außerdem Ermittlungen gegen Wuppertaler Edelweißpiraten Anfang 1944, die im thüringischen Rudolstadt eine neue Gruppe gebildet hatten.

Edelweißpiraten in Gotha

Aus einem Bericht der Gestapo-Außenstelle Gotha vom 20. Oktober 1944:

> »Seit Ende September 1944 wurde die Öffentlichkeit der Stadt Gotha dadurch beunruhigt, daß nach verlautenden Gerüchten hauptsächlich in der Erfurter Straße, Am Brühl und am Arnoldiplatz sich in den Abendstunden Jugendliche herumtreiben sollen, die Angehörige der HJ und des BdM, wie auch Schüler der Militärtechnischen Vorschule anpöbeln und schlagen. Gleichzeitig wurde weiter bekannt, daß die Dienstbeteiligung bei der HJ und dem BdM auf Grund dieser Vorkommnisse in letzter Zeit stark beeinträchtigt worden sei, weil die Eltern ihre Kinder zurückhalten. Da weder bei der Schutz- und Kriminalpolizei Gotha Anzeigen bezw. Beschwerden über Belästigungen von Jugendlichen durch Unbekannte eingegangen waren, die Gerüchte von Überfällen auf Jugendliche in Gotha sich verstärkten, die Täter von der Bevölkerung als ›Edelweißpiraten‹ bezeichnet wurden, wurden von hier aus Ermittlungen angestellt, um festzustellen, inwieweit die Gerüchte auf Wahrheit beruhen.«

Die Polizei ermittelte daraufhin zunächst drei Jungs der Geburtsjahrgänge 1927/28 sowie die kurz zuvor aus Eisenach zugezogene Irmgard Werkling (Jg. 1929), die sich selbst als Edelweißpiraten bezeichneten. Weiter heißt es in dem Gestapo-Bericht: »Die Bildung dieser sogenannten ›Edelweiß-Gruppe‹ wollen sie von sich aus getan haben, und zwar angeregt durch ein schon seit langer Zeit hier bestehendes Gerücht, daß im Rheinland ähnliche Edelweiß-Gruppen bestehen bezw. bestanden haben.« Eines der Gruppenmitglieder hatte zum Jahreswechsel 1943/44 in einem HJ-Lager bei Erfurt einen Jugendlichen aus Wuppertal kennengelernt, der ihm von den dortigen Edelweißpiraten erzählt und ein Edelweißabzeichen geschenkt hatte. Für die Gruppe in Gotha wurden mittels einer selbst gefertigten Gussform weitere Abzeichen hergestellt. Insgesamt gehörten bis zu 20 Jugendliche der Gruppe an.

Der Kreispropagandaleiter der NSDAP in Gotha sah sich aufgrund der Vorfälle sogar genötigt, Mitte Oktober 1944 an örtliche Funktionsträger sowie die Schulleiter einen beschwichtigenden Brief zu schicken:

> »In den letzten Wochen ist die Bevölkerung der Stadt Gotha in Aufregung versetzt worden, weil mehrere Jugendliche in den Abendstunden Überfälle auf Angehörige der Hitlerjugend verübt und diese angepöbelt oder auch

geschlagen haben. Nachgewiesen sind etwa 30–50 Fälle, dagegen ist von hunderten von Fällen erzählt worden. Diese Angstpsychose ist in der Erregung entstanden und ein gewisses Angebertum hat dazu geführt, daß viele Fälle gemeldet worden sind, die jeder Grundlage entbehren. Übertreibungen kommen ja bei solchen Dingen immer vor. Diesmal ist es aber besonders schlimm, so schlimm, daß viele Eltern ihre Kinder nicht mehr zum Dienst schicken wollen. Deshalb erwarte ich von den oben angegebenen Stellen, daß sie alles daran setzen, die Ruhe wieder herzustellen und aufklärend zu wirken.«

Der Oberstaatsanwalt beim Landgericht Gotha erhob Anfang Januar 1945 Anklage gegen sechs Mitglieder, »entgegen dem bestehenden Verbot, eine neue Vereinigung der bündischen Jugend zu bilden.« Es wurden Haftstrafen zwischen vier und 12 Monaten Jugendgefängnis verhängt.

Eisenach

Aus einem Bericht der Kriminalpolizeistelle Weimar, Außenstelle Eisenach vom 13. Dezember 1944:

»Im Oktober 1944 wurde in Eisenach eine jugendliche Einbrecherbande festgenommen. Dieser Bande gehörten 13 Personen im Alter von 16 bis 19 Jahren an. Bei der Vernehmung dieser Diebesbande hat sich ergeben, daß sie sich den Namen ›Schwarze Hand‹, auch ›Edelweißpiraten‹ zugelegt hatten. Einige der Bandenmitglieder haben auch als Erkennungszeichen ein ›Edelweiß‹ getragen. Es ist auch im Frühjahr 1944 öfters vorgekommen, daß Angehörige der HJ in den Straßen der Stadt überfallen und geschlagen worden sind. Dieses soll angeblich von der Bande ›Schwarze Hand‹ ausgeführt worden sein.«

Aus der Berufsschule Eisenach ist folgender Fall überliefert: Der Elektrolehrling Kurt Eberhardt (Jg. 1929) hatte in der Berufsschule ein Hitlerbild mit der Unterschrift »Das ist der größte Verbrecher der Welt« gezeichnet – und wurde damit erwischt. Es kam daraufhin Ende November 1944 zu einer Anklage »Wegen Verächtlichmachung des Führers« vor dem Amtsgericht Eisenach. Seine Tat wurde als Jugendstreich behandelt, wohl auch, da er HJ-Mitglied war und seine Eltern als Befürworter des Nationalsozialismus bekannt waren. Kurt Eberhardt erhielt als Strafe vier Wochen Jugendarrest.[37]

Dresden

Dresden als die Hauptstadt des »Gau Sachsen« hatte Mitte der 1930er-Jahre mit knapp 650 000 Einwohnern etwa 100 000 weniger als das nordwestlich gelegene Leipzig. Anders als die sächsische Handels- und Industriemetropole verfügte die frühere Residenzstadt Dresden vor 1933 über eine weitaus kleinere organisierte linke Arbeiterbewegung. Ende der 1930er-Jahre bildeten sich aber auch in den Dresdner Arbeitervierteln ähnliche Cliquen wie die Leipziger Meuten, obgleich von ihnen keine so starke Verankerung im früheren linken Milieu bekannt ist.

Die örtliche Hitlerjugend schickte folgenden Bericht über die Cliquenbildung in Dresden vom 13. September 1941 an die Reichsjugendführung in Berlin:

> »In Dresden, besonders in Arbeitervierteln, werden seit längerer Zeit Zusammenrottungen Jugendlicher festgestellt, die sich selbst den Namen ›Mob‹ zugelegt haben und meist Jungen und Mädels im Alter von 15 bis 19 Jahren erfassen (›Hechtmob‹, ›Alaunmob‹, ›Fleischermob‹ usw.). Es handelt sich um Gruppen von 20 bis 40 Jugendlichen, die sich allabendlich an bestimmten Treffpunkten, Straßenecken, Anlagen, Eisdielen usw. zusammenfinden und durch ihr disziplinloses, flegelhaftes Benehmen auffallen. Andere Mobs fahren über das Wochenende in das Elbgebirge, bzw. in das Erzgebirge und treiben dort zügellos umher.
>
> Neben sittlichen Verwahrlosungserscheinungen und haltungsmäßigen Verfehlungen ist zugleich eine *starke Kriminalität*, die sich besonders aus Diebstählen, Sittlichkeitsdelikten und vor allem auch Verfehlungen am Arbeitsplatz zusammensetzt, festzustellen. Die Pol.VO. zum Schutze der Jugend wird nicht beachtet. Führt die Polizei in einem Stadtgebiet straffe Kontrollen durch, wechselt man sofort in ein anderes über.

Dresdner Jugendliche, die ihre Freizeit nicht in der HJ verbringen wollten, schlossen sich einem der zahlreichen Bergsteigervereine an. Hier sehen wir die »Wildensteiner« am 1. Mai 1940 auf der Zackenkrone / Sächsische Schweiz.

Die Angehörigen der Mobs kennzeichnen sich durch einheitliche Kleidung, die aus Windbluse, kariertem Sporthemd, Lederhose, zweckenbeschlagenem Koppel und derben Nagelschuhen besteht. Die Mädels tragen teilweise Lederhosen und im übrigen die gleichen Kleidungsstücke.

Neben den erwähnten Mobs wird von den gleichen Jugendlichen versucht, Eingang besonders in den dem NSRL angeschlossenen ›Sächsischen Bergsteigerbund‹ bzw. dessen Vereine zu finden. In Dresden bestehen 68 einzelne Bergsteigervereine mit Namen wie ›Hansensteiner‹, ›Kraxelbrüder‹ usw. Diesen Vereinen gehören vielfach einige Jugendliche an. Wo die Führung des Vereins keinen Wert auf anständige Jugendliche legt, sondern froh ist, Nachwuchs zu haben, nützen Angehörige der Mobs die Gelegenheit aus, da sie sich dort sicherer fühlen. Wird seitens des NSRL eine Kontrolle der abendlichen Zusammenkünfte durchgeführt, dann nimmt man sich zusammen. Wie stark der Sächsische Bergsteigerbund schon durchsetzt ist, zeigten die Sonnenwendfeiern 1939 und 1940, wo es der Leitung des Bergsteigerbundes nicht möglich war, einen geordneten Verlauf der Veranstaltung zu sichern, da dies an der Disziplinlosigkeit der anwesenden Jugendlichen scheiterte, die teilweise schon betrunken zum Feierplatz kamen. Neben diesen, im Bergsteigerbund erfaßten Gruppen, über die noch eine gewisse Kontrolle besteht, arbeiten ›wilde Clubs‹, die größtenteils aus Jugendlichen bestehen, völlig unorganisiert. Sie geben sich ähnliche Namen wie z. B. ›Arndtsteiner‹, ›Löbtauer Kletterclub‹ usw. und haben vereinzelt Abzeichen und Ausweise. Diese Clubs zeichnen sich durch besondere Verwahrlosung aus und setzen sich teilweise aus kriminellen Jugendlichen zusammen. Auch in politischer Hinsicht sind sie mehrfach in Erscheinung getreten, ohne jedoch bewußt in dieser Richtung zu arbeiten. Ihnen ist ein geordneter, anständiger Dienstbetrieb zuwider. Die Angehörigen der Mobs sind sämtlich aus irgendwelchen Gründen aus der Hitler-Jugend entfernt worden, oder selbst ausgeschieden. – Bei Fahrten, die von Jungen und Mädeln gemeinsam ausgeführt werden, herrscht völlige Zügellosigkeit. Für das Auftreten der Mobs in der Öffentlichkeit zunächst ein Beispiel:

Am 15.7.41 trieb sich der ›Fleischer-Mob‹, der überwiegend aus 15–17jährigen besteht, im Palaisgarten herum und es wurde dort neben allerlei Unfug und gemeinen Redensarten ein unsittliches Lied mit dem Kehrreim: ›Und sie hob das Bein‹ usw. gesungen. In den Anlagen anwesende Frauen nahmen an diesem Verhalten Anstoß und verließen empört mit Äußerungen ›über die Jugend von heute‹ den Palaisgarten. Diese Tatsache wurde von dem Mob als Erfolg betrachtet und man grölte den Frauen Zurufe wie ›Ihr hebts Bein ja auch‹ usw. nach.

Über einen Vorfall, der eine bemerkenswerte Verwandtschaft zur norddeutschen Swingjugend erkennen läßt, findet sich folgender Vermerk:

Am 5.11.40 fand ein sogenannter Jazzabend in der Privatwohnung des Alfred Sch., geb. 2.12.22, statt, zu dem acht Angehörige des sogenannten ›Clubs der Verstoßenen‹ erschienen waren. Einige der Anwesenden griffen sich im Laufe des Abends gegenseitig an die Geschlechtsteile und führten dabei gemeinste Redensarten. Nach teilweise englischen Jazzplatten wurde Hott, Step, Black und Swing getanzt. Im Laufe des Abends schrieb man an eine Freundin einen Brief mit der Aufforderung, an einer Fahrt teilzunehmen.

[...]

Mehreren Mob-Angehörigen, darunter auch einem gewissen B. (geb. 12.1.22) konnte gleichgeschlechtliche Betätigung nachgewiesen werden. Anlässlich einer 1941 durchgeführten Pfingstfahrt verkehrte B. in Gegenwart der anderen Jungen und Mädel mit einem Mädchen geschlechtlich. Er wurde durch die Geheime Staatspolizei in Schutzhaft genommen, da sich herausgestellt hatte, dass er die Hitler-Jugend beschimpft und andere Jungen aufgefordert hatte, aus der Hitler-Jugend auszutreten. Nach 21 Tagen wurde B. unter scharfer Verwarnung entlassen. Schon eine Stunde später tauchte er beim ›Fleischer-Mob‹ auf und setzte noch am selben Tage sein bisheriges Treiben in gemeinster Weise fort.

Bei dem ›Club der Verstoßenen‹ war es fast Voraussetzung für die Aufnahme, daß der Betreffende irgendeinmal vor Polizei oder Jugendrichter standen. Man wollte untereinander aufpassen, daß keine größeren

Die »Wildensteiner« bei einer Wanderung zu Pfingsten 1940.

Vergehen oder Verbrechen von den einzelnen begangen wurden. Kleinere Verfehlungen wie Diebstähle usw. könnten allerdings noch vorkommen (!). Bei anderen Gelegenheiten unterhielt man sich darüber, wie man sich am klügsten vor Gericht herausreden könnte und wie man sich zweckmäßig bei polizeilichen Vernehmungen verhalte.

[...]

Die Jugendlichen, die sich diesen Mobs und Meuten anschlossen, stammten aus Kreisen mit ungünstigen wirtschaftlichen, häuslichen und erzieherischen Verhältnissen (Eltern geschieden, uneheliche Geburt). Aufschlußreich ist die Feststellung, daß nur in wenigen Fällen mehrere Geschwister vorhanden waren, sodaß die Jugendlichen gezwungen waren, auf der Straße Anschluß zu suchen.

Mehrere Angehörige haben sich durch Selbstbeschädigung arbeitsfreie Tage erschlichen.

Die Mobs und Meuten sind als schwere Gefahrenherde zu betrachten. Zwischen ihnen und der Hitler-Jugend hat sich eine regelrechte Feindschaft entwickelt. Pöbeleien und Überfälle auf einzelne Hitler-Jugend und -Führer sind häufig, ebenso unsittliche Belästigungen von BDM-Mädchen beim Nachhausegehen vom Dienst.

Am 14.4.42 wird gemeldet, daß die Meuten in Sachsen wieder im Zunehmen begriffen sind. Teilweise wurde auf Fahrt die ›Internationale‹ und andere kommunistische Lieder gesungen, Werbeplakate der Waffen-SS abgerissen usw.«[38]

München

München als politisches und wirtschaftliches Zentrum Bayerns entwickelte sich nach dem Ersten Weltkrieg auch zur »Hauptstadt« der aufstrebenden nationalsozialistischen Bewegung. Die Hitlerjugend allerdings nahm 1926 zunächst im sächsischen Plauen ihren Anfang und verlegte erst 1931 ihre Reichsgeschäftsstelle nach München. Mitte der 1930er-Jahre lebten in der Stadt etwa 850 000 Einwohner, sie gehörte zu den größten im damaligen deutschen Reich.

Umso interessanter ist, dass sich mit der Weißen Rose ausgerechnet in der »Hauptstadt der Bewegung« eine Widerstandsgruppe aus jungen Menschen bildete, die durch ihre Flugblätter und ihre Geschichte heute in der Öffentlichkeit als *die* Jugendwiderstandsgruppe schlechthin gilt.

Darüber hinaus gab es in München Arbeiterjugendcliquen, »Blasen« genannt, die sich den NS-Normen verweigerten. Auffallend ist, dass diese Cliquen sowohl einen eigenen subkulturellen Dresscode hatten und gegen die HJ vorgingen, als auch bei ihnen teilweise fließende Übergänge in kleinkriminelle Handlungsweisen vorlagen.

Die Münchener Blasen

Aus einem Bericht der Münchener Staatspolizei vom 19. Dezember 1940:

> »Zu diesen Banden, sogenannten ›Blasen‹, schlossen sich Jugendliche hauptsächlich im Alter von 14 bis 18 Jahren zusammen, um wohldurchdachte Verbrechen, vor allem Diebstähle und Einbrüche zu begehen. [...] Weiter wurde festgestellt, daß verschiedene Jugendliche sich chemische Einspritzungen machen ließen, um sich vor dem Wehr- oder Arbeitsdienst oder der Arbeit zu drücken. Insgesamt wurden 106 Jugendliche, unter denen sich auch Angehörige der Hitler-Jugend und des Jungvolks befanden,

festgenommen. Bis etwa Mitte November wurden von den Gerichten allein insgesamt 41 Jahre und sechs Monate Zuchthaus und 61 Jahre und neun Monate Gefängnis über Bandenangehörige verhängt.

Wenn die Tendenz der Zusammenschlüsse Jugendlicher auch in erster Linie den kriminellen Sektor berührt, so ist darüber hinaus doch auch der politische Charakter derartiger Organisationen nicht zu übersehen. Die politisch feindliche Einstellung ergibt sich in erster Linie aus der Ablehnung jeglicher staatlicher Ordnung, der Mißachtung des Verbotes einer Gründung von Jugendorganisationen außerhalb der Hitler-Jugend und unmittelbar aus der Haltung gegenüber der Hitler-Jugend selbst, die zu einzelnen Zusammenstößen und Überfällen auf Hitler-Jugend-Angehörige geführt hat. Die Tatsache schließlich, daß im wesentlichen Söhne ehemaliger Kommunisten in diesen jugendlichen Banden organisiert sind, beleuchtet die politische Grundhaltung in hinreichendem Maße.«[39]

Auch zwei Jahre später sind die Münchener Blasen noch aktiv. Im Folgenden der Auszug aus einem Bericht der Berliner Reichsjugendführung vom September 1942:

»Bündische Einflüsse machen sich in München und Oberbayern nicht bemerkbar. Konfessionelle Bestrebungen zur Schaffung eigener Jugendorganisationen sind in den letzten Jahren nicht bekannt geworden. Die Jugendarbeit der Kirche beschränkt sich auf den stärkeren Ausbau der rein seelsorgerischen Mittel der Jugendbeeinflussung (Religionsunterricht, Ministrantentätigkeit, Kommunionsbereich, besondere religiöse ›Kinderstunden‹ o.ä., die im Pfarrhaus oder in der Sakristei abgehalten werden usw.).

Dagegen ist in München in immer verstärkterem Maße die Bildung sogenannter ›Blasen‹ zu beobachten. Diese ›Blasen‹ sind in ihrer großen Masse lose Zusammenschlüsse Jugendlicher zum Zwecke gemeinsamer Unterhaltung und gemeinsamer Vergnügungen. Durch ihr geschlossenes Auftreten werden die ›Blasen‹ zu Beherrschern der Tanzböden oder Lokalen 2. Ranges oder bestimmten Plätzen und Straßenzügen. Das führt zu Anrempeleien und Schlägereien mit anderen ›Blasen‹ und gelegentlich auch mit Erwachsenen. Diese ›Blasen‹ sind in München seit Jahrzehnten vorhanden und bekannt, wenn auch früher nur in geringem Umfang. Nach Einführung der Jugenddienstpflicht wurden sie in Opposition zur Hitler-Jugend gedrängt, da sie sich deren Zucht nicht unterordnen wollen. Das führte zu vereinzelten Schlägereien und Überfällen auf Hitler-Jugend-Angehörige (besonders des Streifendienstes). Bewußte politisch-gegnerische Tendenzen ließen sich bei den ›Blasen‹ in den letzten Jahren (seit 1935) in keinem Fall mit Bestimmtheit feststellen.

Sittliche Verfehlungen – auch gleichgeschlechtlicher Art – kommen vor. Doch wurden hier keine auffälligen Vorgänge festgestellt. Seit etwa 1937 ist jedoch auch in München eine gefährliche Entwicklung festzustellen. Diese besteht darin, daß die Bandenbildung erheblich zugenommen hat und in den letzten Jahren eine ausgesprochene Modeseuche unter Münchener Jugendlichen wurde. Es werden besondere Abzeichen geführt, teilweise auch eine Art Gleichtracht nicht bündischen Charakters getragen, z.B. Pullover mit dem eingestickten Namenszug der ›Blase‹. Lange Haare und saloppe Kleidung sind weitere Kennzeichen. Da die Blasen stets Verwahrlosungsherde sind, ist ihre Ausbreitung sehr bedenklich. Die bisher ergriffenen Bekämpfungsmittel haben keinen nachhaltigen Erfolg gebracht.

Gleichzeitig ging mit der Vermehrung der Blasen eine ausgesprochene Entwicklung zur Kriminalität Hand in Hand, die besonders bei den Eigentumsdelikten teilweise eine ganz erhebliche Schwere erreichte. Die Blasen wurden zum Sammelpunkt und zum Nährboden der kriminellen Elemente unter den Jugendlichen. Diese Entwicklung hält noch an und fordert besonders energische Bekämpfung. Die Verbindung von jugendlich-romantischer ›Geheimbündelei‹ (mit äußeren Abzeichen, ›Verbrecherkellern‹ als Treffpunkt usw.) mit teilweise ausgesprochener krimineller Betätigung charakterisiert die Eigenart der Münchener Blasen, die sich insoweit deutlich von den oben geschilderten Zuständen im Düsseldorfer Bereich unterscheiden, wo eine strenge Trennung zwischen ›bündischen‹ und ›kriminellen‹ Cliquen festgestellt werden konnte.

Als Beispiel für München seien folgende Fälle erwähnt:

1. Am 12.12.41 wurden vom Jugendgericht München fünf Jugendliche wegen Diebstahl, Hehlerei und Erpressung zu Jugendarrest- und Gefängnisstrafen von 1 bis 5 Monaten verurteilt, die zusammen mit zwei 21jährigen seit 1939 einen »Freundeskreis« gebildet hatten. [...]

Die Bande bezeichnete sich als ›Dreimühlenblase‹ und ihre Angehörigen als ›Buschwölfe‹ und stellte Ausweise her. Als Abzeichen sollte ein 17zackiger Stern und ein Fisch dienen. [...]

2. Im Oktober 1941 wurde die sogenannte ›Charlie-Blase‹ aufgelöst, die im Norden der Stadt bestanden hatte. 10 Mitglieder im Alter von 15 bis 18 Jahren – größtenteils Lehrlinge – wurden festgenommen. Die Charlie-Blase war im Frühjahr 1940 gegründet worden. Ziel und Zweck soll lediglich

geselliges Beisammensein, gemeinsame Ausflüge usw. gewesen sein. Äußeres Kennzeichen war ein blauer oder roter Pullover, auf dem mit weißer Seide der Name »Charlie« (engl. Form des Vornamens »Karl« des Bandenhäuptlings) eingestickt war. Blasenlokal war im Sommer eine Eisdiele, Versammlungsraum ein Luftschutzkeller. Der Anführer, ein Malerlehrling, hatte ›10 Gebote‹ erlassen, in denen u. a. das Verbot gleichgeschlechtlicher Handlungen und Richtlinien für den Verkehr mit Mädchen aufgestellt waren. Für Beheizung und Ausgestaltung des Luftschutzkeller-Heimes hatte jeder Angehöriger Brennstoff usw. mitzubringen. Sechs Angehörige waren Mitglieder der Hitler-Jugend. [...]

Die Beschuldigten wurden durch die Kriminalpolizei beauftragt, ihre Blase sofort aufzulösen und – soweit sie der Hitler-Jugend noch nicht angehörten, dort um Aufnahme zu bitten (!).«[40]

Sowohl die Weiße Rose als auch Walter Klingenbeck mit seinen Freunden stellten zu Beginn der 1940er-Jahre keine Gruppe unter subkulturellen Gesichtspunkten dar. Dennoch wäre die Darstellung jugendlicher Opposition und Widerstand gegen den Nationalsozialismus unvollständig, würde man diese Gruppen auslassen, zeigen sie doch deutlich, wie schnell die NS-Justiz junge Menschen zum Tode verurteilte – wegen ein paar Flugblättern und Graffitis.

Walter Klingenbeck und Freunde

Walter Klingenbeck

Walter Klingenbeck (Jg. 1924) wuchs in einem christlichen Elternhaus in München auf und gehörte bis zum Verbot im Jahr 1936 der katholischen Jungschar an. Nach Beendigung der Schule erlernte er den Beruf eines Schaltmechanikers. 1941 entstand ein Freundeskreis aus ebenfalls katholisch geprägten bürgerlichen Jugendlichen, zu dem neben Klingenbeck auch der Hochfrequenztechniker Hans Haberl, Daniel von Recklinghausen sowie Erwin Eidel zählten. Gemeinsam hörten sie verbotene sowjetische und britische Rundfunksender sowie Radio Vatikan.

Im Sommer 1941 bekamen sie so den Aufruf der BBC mit, wonach alle NS-Gegner in ihren Städten in der Öffentlichkeit den Buchstaben »V« für »Victory« anbringen sollten. Zwei aus dem Freundeskreis machten sich daraufhin im Münchner Stadtteil Bogenhausen auf den Weg und malten mit schwarzer Ölfarbe etwa vierzig Mal das »V« an Häuserwände. Auch gab es Überlegungen, ein Flugblatt herzustellen mit dem Motto »Hitler kann den Krieg nicht gewinnen, sondern nur verlängern«. Parallel dazu versuchten sie, einen eigenen Radiosender zusammenzubauen, um NS-feindliche Meldungen zu verbreiten.

Die Gruppe verbreitete im Winter 1941/42 in München mehrere dieser »V«-Grafittis, angeregt durch Radio BBC. Das »V« steht für »Victory« – dem Sieg über den Nationalsozialismus.

Weil Klingenbeck die »V«-Malaktion unvorsichtigerweise weitererzählt hatte, wurde er denunziert. Die Gestapo verhaftete am 27. Januar 1942 die vier Jugendlichen. Nach acht Monaten Untersuchungshaft kam es am 24. September vor dem Volksgerichtshof zum Prozess wegen »landesverräterischer Feindbegünstigung, Vorbereitung zum Hochverrat und Schwarzsenden«. Klingenbeck, Haberl und von Recklinghausen wurden vom Gericht zum Tode verurteilt, wobei man die beiden letzteren Anfang August 1943 zu einer Zuchthausstrafe begnadigte. Der 19-jährige Walter Klingenbeck hingegen wurde am 5. August in München-Stadelheim hingerichtet.

Die Weiße Rose

Keine andere Widerstandsgruppe junger Menschen in Deutschland ist bis heute medial so stark aufgearbeitet wie die Münchener Weiße Rose. Es gibt Bücher, Filme, Straßennamen – die Gruppe wurde und wird auch als das Gewissen der guten Deutschen, als Legitimation und Vorbildfunktion für das Nachkriegsdeutschland bezeichnet – sowohl in Ost- als auch in Westdeutschland. Die seit 1945 anhaltende mediale Dauerpräsenz ihrer unbestreitbar mutigen Taten, die die Mitglieder der Gruppe letztlich mit dem Leben bezahlen mussten, führte jedoch dazu, dass viele andere Widerstandsgruppen in ihrem Schatten blieben. Der Kreis um Walter Klingenbeck ist so ein Beispiel.

Die Weiße Rose aus München war eine der wenigen Gruppen von Studenten, die sich während der NS-Zeit im Widerstand betätigten, was ein bezeichnendes Licht auf die Studierenden der damaligen Zeit in Deutschland wirft. Die Mitglieder stammten vorwiegend aus christlich-konservativen Familien, Willi Graf und Hans Scholl kamen darüber hinaus aus der bündischen Jugendbewegung. Scholl bildete mit dem Medizinstudenten Alexander Schmorell den usprünglichen Kern der Weißen Rose. Zum engeren Kreis gehörten außerdem Hans Schwester Sophie Scholl, Christoph Probst sowie der Universitätsprofessor Kurt Huber. Die Gruppe verstand sich nicht nur als politischer Zusammenschluss, sondern auch als Freundeskreis. Mit der Zeit stießen weitere Personen hinzu.

Im Sommer 1942 tauchten innerhalb weniger Wochen insgesamt vier verschiedene Schreiben in München auf, die mit »Flugblätter der Weißen Rose« überschrieben waren, verfasst von Alexander Schmorell und Hans Scholl. Sie appellierten inhaltlich an christliche Wertvorstellungen. Nachdem Willi Graf Ende 1942 von seinem Wehrmachtseinsatz in der Sowjetunion zurückgekehrt war, wurde die Arbeit intensiviert. Das fünfte Flugblatt war mit »Flugblätter der Widerstandsbewegung in Deutschland. Aufruf an alle Deutsche« überschrieben. Es sprach konkret alle Bevölkerungsschichten an und stellte Pläne für ein Nachkriegsdeutschland vor.

Darüber hinaus arbeitete die Gruppe an einem Netzwerk zu Widerstandskreisen in anderen Hochschulstädten. Kontakte gab es beispielsweise nach Saarbrücken, der Heimatstadt von Willi Graf, sowie nach Ulm, wo die Geschwister Scholl herkamen.

Nach der deutschen Niederlage in Stalingrad hatten Graf, Schmorell und Hans Scholl noch im Februar 1943 im Schutz der Dunkelheit mittels Teerfarbe Freiheitsparolen an Hauswände im Universitätsviertel angebracht. Am 18. Februar fand die nächste Flugblattaktion in der Münchener Universität statt, wobei die Gruppe beim Verteilen beobachtet und denunziert wurde. Es folgten Verhaftungen. Bereits vier Tage später wurde in München ein erster Prozess vor dem Volksgerichtshof unter Vorsitz des berüchtigten Richters Roland Freisler eröffnet. Nach nur dreieinhalb Stunden verurteilte er die Geschwister Scholl und Christoph Probst zum Tode. Das Urteil wurde noch am selben Tag vollstreckt. Die juristische Eile zeugt von der Nervosität des NS-Regimes, nach dem Desaster von Stalingrad ein Exempel statuieren zu müssen, um möglichen weiteren Widerstand zu unterbinden.

EIN DEUTSCHES FLUGBLATT

DIES ist der Text eines deutschen Flugblatts, von dem ein Exemplar nach England gelangt ist. Studenten der Universität München haben es im Februar dieses Jahres verfasst und in der Universität verteilt. Sechs von ihnen sind dafür hingerichtet worden, andere wurden eingesperrt, andere strafweise an die Front geschickt. Seither werden auch an allen anderen deutschen Universitäten die Studenten „ausgesiebt". Das Flugblatt drückt also offenbar die Gesinnungen eines beträchtlichen Teils der deutschen Studenten aus.

Aber es sind nicht nur die Studenten. In allen Schichten gibt es Deutsche, die Deutschlands wirkliche Lage erkannt haben; Goebbels schimpft sie „die Objektiven". Ob Deutschland noch selber sein Schicksal wenden kann, hängt davon ab, dass diese Menschen sich zusammenfinden und handeln. Das weiss Goebbels, und deswegen beteuert er krampfhaft, „dass diese Sorte Mensch zahlenmässig nicht ins Gewicht fällt". Sie sollen nicht wissen, wie viele sie sind.

Wir werden den Krieg sowieso gewinnen. Aber wir sehen nicht ein, warum die Vernünftigen und Anständigen in Deutschland nicht zu Worte kommen sollen. Deswegen werfen die Flieger der RAF zugleich mit ihren Bomben jetzt dieses Flugblatt, für das sechs junge Deutsche gestorben sind, und das die Gestapo natürlich sofort konfisziert hat, in Millionen von Exemplaren über Deutschland ab.

Manifest der Münchner Studenten

Erschüttert steht unser Volk vor dem Untergang der Männer von Stalingrad. 330.000 deutsche Männer hat die geniale Strategie des Weltkriegsgefreiten sinn- und verantwortungslos in Tod und Verderben gehetzt. Führer, wir danken Dir!

Es gärt im deutschen Volk. Wollen wir weiter einem Dilettanten das Schicksal unserer Armeen anvertrauen? Wollen wir den niedrigsten Machtinstinkten einer Parteiclique den Rest der deutschen Jugend opfern? Nimmermehr!

Der Tag der Abrechnung ist gekommen, der Abrechnung unserer deutschen Jugend mit der verabscheuungswürdigsten Tyrannei, die unser Volk je erduldet hat. Im Namen des ganzen deutschen Volkes fordern wir von dem Staat Adolf Hitlers die persönliche Freiheit, das kostbarste Gut der Deutschen zurück, um das er uns in der erbärmlichsten Weise betrogen hat.

In einem Staat rücksichtsloser Knebelung jeder freien Meinungsäußerung sind wir aufgewachsen.

G.39

Das letzte Flugblatt der Weißen Rose gelangte über Umwege nach Großbritannien, wo es vervielfältigt und im Sommer 1943 von Flugzeugen aus über Teilen von Deutschland abgeworfen wurde.

Manifest der Münchner Studenten

Fortsetzung

HJ, SA und SS haben uns in den fruchtbarsten Bildungsjahren unseres Lebens zu uniformieren, zu revolutionieren, zu narkotisieren versucht. Weltanschauliche Schulung hieß die verächtliche Methode, das aufkeimende Selbstdenken und Selbstwerten in einem Nebel leerer Phrasen zu ersticken. Eine Führerauslese, wie sie teuflischer und zugleich bornierter nicht gedacht werden kann, zieht ihre künftigen Parteibonzen auf Ordensburgen zu gottlosen, schamlosen und gewissenlosen Ausbeutern und Mordbuben heran, zur blinden, stupiden Führergefolgschaft. Wir „Arbeiter des Geistes" wären gerade recht, dieser neuen Herrenschicht den Knüppel zu machen.

Frontkämpfer werden von Studentenführern und Gauleiteraspiranten wie Schulbuben gemaßregelt, Gauleiter greifen mit geilen Späßen den Studentinnen an ihre Ehre. Deutsche Studentinnen haben an der Münchner Hochschule auf die Besudelung ihrer Ehre eine würdige Antwort gegeben, deutsche Studenten haben sich für ihre Kameradinnen eingesetzt und standgehalten. Das ist ein Anfang zur Erkämpfung unserer freien Selbstbestimmung, ohne die geistige Werte nicht geschaffen werden können. Unser Dank gilt den tapferen Kameradinnen und Kameraden, die mit leuchtendem Beispiel vorangegangen sind.

Es gibt für uns nur eine Parole: **Kampf gegen die Partei! Heraus aus den Parteigliederungen,** in denen man uns politisch weiter mundtot machen will! Heraus aus den Hörsälen der SS-Unter- und Oberführer und Parteikriecher! Es geht uns um wahre Wissenschaft und echte Geistesfreiheit! Kein Drohmittel kann uns schrecken, auch nicht die Schließung unserer Hochschulen. Es gilt den Kampf jedes einzelnen von uns um unsere Zukunft, unsere Freiheit und Ehre in einem seiner sittlichen Verantwortung bewußten Staatswesen.

Freiheit und Ehre! Zehn Jahre lang haben Hitler und seine Genossen die beiden herrlichen deutschen Worte bis zum Ekel ausgequetscht, abgedroschen, verdreht, wie es nur Dilettanten vermögen, die die höchsten Werte einer Nation vor die Säue werfen. Was ihnen Freiheit und Ehre gilt, das haben sie in zehn Jahren der Zerstörung aller materiellen und geistigen Freiheit, aller sittlichen Substanz im deutschen Volk genugsam gezeigt. Auch dem dümmsten Deutschen hat das furchtbare Blutbad die Augen geöffnet, das sie im Namen von Freiheit und Ehre der deutschen Nation in ganz Europa angerichtet haben und täglich neu anrichten. Der deutsche Name bleibt für immer geschändet, wenn nicht die deutsche Jugend endlich aufsteht, rächt und sühnt zugleich, seine Peiniger zerschmettert und ein neues, geistiges Europa aufrichtet.

Studentinnen! Studenten! Auf uns sieht das deutsche Volk. Von uns erwartet es, so wie in 1813 die Brechung des napoleonischen, so 1943 des nationalsozialistischen Terrors aus der Macht des Geistes. Beresina und Stalingrad flammen im Osten auf, die Toten von Stalingrad beschwören uns: Frisch auf, mein Volk, die Flammenzeichen rauchen!

Unser Volk steht im Aufbruch gegen die Verknechtung Europas durch den Nationalsozialismus, im neuen gläubigen Durchbruch von Freiheit und Ehre!

Mitte April kam es zum zweiten Prozess gegen 14 Mitglieder der Gruppe. Willi Graf, Andreas Schmorell und Kurt Huber wurden ebenfalls zum Tode verurteilt und hingerichtet, die übrigen erhielten Gefängnisstrafen zwischen sechs Monaten und zehn Jahren. Mitte Juli folgte der dritte Prozess in München gegen vier Personen aus dem Umfeld der Weißen Rose, wo jedoch nur Joseph Söhngen eine sechsmonatige Haftstrafe erhielt, die übrigen wurden freigesprochen.

Zu dieser Zeit waren die Aktionen der Weißen Rose bereits im Ausland bekannt. Der im Exil lebende deutsche Schriftsteller Thomas Mann würdigte die Gruppe im Juni 1943 in einer Ansprache in der BBC. Über diesen Umweg erfuhren die heimlichen Hörer in Deutschland von der Weißen Rose in München. Ein Exemplar des letzten Flugblatts gelangte außerdem über Helmuth James Graf von Moltke, ein Widerstandsmitglied des »Kreisauer Kreises«, zum norwegischen Bischof Eivind Berggrav und über ihn nach Großbritannien. Dort wurde es unter dem Titel »Ein deutsches Flugblatt. Manifest der Münchener Studenten« tausendfach vervielfältigt und im Sommer 1943 von der britischen Luftwaffe über Deutschland abgeworfen.

Nach der Verhaftung und Verurteilung der Weißen Rose hatten oppositionelle Studenten aus dem Umfeld der Gruppe zusammen mit dem aus Hamburg stammenden Studenten Hans Leipelt das letzte Flugblatt mit dem Zusatz »Ihr Geist lebt weiter« verbreitet. Auch gab es aus diesem Kreis eine Spendensammlung für die Witwe Kurt Hubers. Durch Verrat bekam die Gestapo von diesen Aktionen Kenntnis, was zu einem Prozess vor dem Volksgerichtshof in Donauwörth am 13. Oktober 1944 führte. Hans Leipelt wurde wegen »bolschewistischer Propaganda« sowie »Wehrkraftzersetzung und Feindbegünstigung« zum Tode verurteilt und Ende Januar 1945 in München hingerichtet. Erschwerend kam für ihn hinzu, dass er nach den »Nürnberger Rassegesetzen« als »Halb-Jude« galt. Die Aktivitäten des Hamburger Ablegers der Weißen Rose werden im Hamburg-Kapitel beschrieben.

Hamburger Swings

Swing in Deutschland ab 1936

Die linke Arbeiterbewegung war 1933 zerschlagen, alle Jugendverbände jenseits der HJ aufgelöst worden, Antisemitismus war Staatsdoktrin. Und auch auf kulturellem Gebiet beabsichtigten die Nationalsozialisten jegliche ihnen nicht genehme »undeutschen« Kultureinflüsse auszumerzen.

Doch zwischen ideologischem Anspruch einerseits und wirtschaftlichen Interessen andererseits klaffte eine gewaltige Lücke. Amerikanische Musik und Filme kamen nach 1933 weiterhin nahezu unzensiert nach Deutschland. Ein Grund waren die langfristigen Lizenzverträge zwischen Firmen aus beiden Staaten. Bis 1939 hielten sich die deutsche Außen- und Wirtschaftspolitik die Türen nach Großbritannien noch weit offen, nach Amerika sogar noch bis 1941. Daher gab es Jazzplatten zu kaufen, liefen amerikanische Filme in den Kinos und spielten zunächst die deutschen Rundfunksender noch Jazzmusik in ihren Programmen.

Für die zunehmende nationalsozialistische Beeinflussung des Kulturbetriebes in Deutschland wurde hingegen bereits im Herbst 1933 ein Kontrollorgan für Musik gegründet: die Reichsmusikkammer, die wiederum Teil der Reichskulturkammer war, geleitet vom Propagandaministerium. Jeder Musiker in Deutschland musste dort Mitglied sein und durfte nur mit der »Braunen Karte« als Spielerlaubnis öffentlich auftreten. Somit bestand ein zentralistisch geführter Verwaltungs- und Kontrollapparat für den gesamten Kulturbetrieb in Deutschland. Künstler jüdischer Herkunft wurden spätestens ab 1935 systematisch ausgeschlossen, was einem Berufsverbot gleichkam.

Doch die Überwachung aller Programme der vielen Tanzorchester sowie der zahllosen Neuerscheinungen von Notenblättern aktueller englischsprachiger Songs auf der Suche nach »nichtarischen« Künstlern bzw. »undeutscher« Musik war schon aus personellen Gründen durch die Reichsmusikkammer nicht zu leisten. Die regelmäßig veröffentlichten schwarzen Listen mit unerwünschten Musiktiteln hinkten den Neuerscheinungen beständig monatelang hinterher.

Einen ersten ernsthaften Versuch der Zurückdrängung englisch-amerikanischer Musik gab es im Oktober 1935, als festgelegt wurde, dass der »Nigger-Jazz« nicht mehr im deutschen Rundfunk gespielt werden durfte. Reichssendeleiter Eugen Hadamovsky verkündete in markigen Worten: »Nachdem wir heute zwei Jahre mit dem Kulturbolschewismus aufgeräumt haben und Stein an Stein fügten, um in unserem Volk das verschüttete Bewußtsein für die deutschen Kulturwerte wieder zu wecken, wollen wir auch mit den noch in unserer Unterhaltungs- und Tanzmusik verbliebenen zersetzenden Elementen Schluß machen. Mit dem heutigen Tag spreche ich ein endgültiges Verbot des Niggerjazz für den gesamten deutschen Rundfunk aus. [...] Zwischen dem Präsidenten der Reichsmusikkammer und dem Leiter des Berufsstandes deutscher Komponisten, der Hitler-Jugend, dem Reichsverband deutscher Rundfunkteilnehmer, der Rundfunkfachpresse, der Parteipresse und der Reichssendeleitung wurde die Schaffung eines Prüfungsausschusses für deutsche Tanzmusik bei der Reichssendeleitung vereinbart. Dieser Ausschuß entscheidet für den Rundfunk endgültig über Aufführungsgenehmigung oder das Aufführungsverbot eines Werkes.«[41]

Doch kulturelle Einflüsse zurückzudrängen war wesentlich komplizierter als eine Partei oder Organisation zu verbieten. Denn Verbote bedurften klarer Definitionen und natürlich auch dem konkreten Wissen über den Sachverhalt, und daran scheiterte das NS-Regime: Bei der Vielzahl amerikanischer Komponisten behielten selbst die Vertreter der Reichsmusikkammer nicht den Überblick, wer nun »schwarz« war, wer Jude, welcher Titel Jazzmusik war und welcher nicht.

Sollte künftig im deutschen Rundfunk de facto kein Jazz mehr zu hören sein, gab es für die Musikaufführungen auf den zahllosen Tanzveranstaltungen in ganz Deutschland noch keine so klaren Verbote. Viele Tanzorchester umgingen mögliche Programmzensuren der Reichskulturkammer, indem sie Jazztitel als unverfänglichen Foxtrott deklarierten, denn natürlich wollte das Publikum ab 1933 nicht schlagartig keine moderne englischsprachige Tanzmusik mehr hören – im Gegenteil.

Hinzu kam, dass der Jazz in den USA sich weiterentwickelte und ab Mitte der 1930er-Jahre unter dem neuen Sammelbegriff »Swing« als Tanzmusik musikalisch gefälliger und somit noch populärer wurde. Katalysator dafür waren amerikanische Musikfilme. »Broadway Melodie«, der 1936 (und in

Links: Programmheft für den amerikanischen Musikfilm »Broadway Melodie 1936«.

Rechts: Handzettel für »Broadway Melodie 1938«.

seiner Fortsetzung 1938) in die deutschen Kinos kam, bot dem Publikum reichlich Swingmusik und Lifestyle und sprach vor allem junge Menschen an. Den Filmsoundtrack gab es als Schellackplatte zu kaufen und einzelne Songs, wie z. B. »You're My Lucky Star« wurden zu regelrechten Hits und von zahlreichen deutschen Tanzorchestern als Coverversionen in deutsch und englisch gespielt. Swing sprach sofort eine Vielzahl von Menschen an – ohne dass sie damit eine politische Aussage verbanden. Swingmusik war moderne Unterhaltungsmusik und Mitte der 1930er-Jahre wollten viele Menschen in Deutschland einfach nur unterhalten werden. Auch in anderen europäischen Ländern begeisterte Swing junge Menschen und Musiker, Swing hatte etwas kosmopolitisches.

Nahezu jedes deutsche Tanzorchester führte daher Swingtitel im Programm. Auch die heimische Musikindustrie ging auf die steigende Nachfrage umgehend ein und veröffentlichte eine Vielzahl an englischsprachigen Swingplatten oder deutschsprachigen Coverversionen. Brunswick, Electrola, Odeon und Telefunken waren die wichtigsten Labels, die amerikanische Titel in die deutschen Geschäfte brachten. Amerikanische Jazz- und Swingmusiker wie Louis Armstrong, Paul Whiteman, Jack Hylton, Duke Ellington oder Sam Wooding waren darum Mitte der 1930er-Jahre in Deutschland den Musikinteressierten ein Begriff.

Teddy Stauffer Telefunkenwerbung.

Autogrammkarte von Teddy Stauffer.

Teddy Stauffer veröffentlichte ab 1936 auf dem Label Telefunken zahlreiche Swingplatten. Zu dieser Zeit hatten Schallplatten noch kein eigenes Cover und waren somit in erster Linie Werbefläche des jeweiligen Labels.

Zu einem der wichtigsten Künstler in Deutschland entwickelte sich ab 1935 der Schweizer Bandleader Teddy Stauffer, der mit seinen »Original Teddys« sehr erfolgreich durch die renommiertesten deutschen Tanzsäle tourte und zahlreiche Schallplatten bei Telefunken veröffentlichte. Teddy Stauffer verkörperte allein mit seiner Coolness, Kleidung und Frisur den amerikanischen Lifestyle in Reinkultur und kann als das erste große Jugendidol im Bereich moderner Musik in Deutschland angesehen werden. Jeder, der während der NS-Zeit mit Swingmusik in Kontakt kam, kannte ihn.

Anzeige eines Teddy Stauffer-Gastpiels in Berlin.

Diese amerikanischen Einflüsse trafen Ende der 1930er-/Anfang der 1940er-Jahre auf eine Generation von Jugendlichen in Deutschland, die zwischen 1920 und 1929 geboren worden war. Aufgrund ihres Alters hatten sie kaum kulturelle Bezüge zu Jugendverbänden der Weimarer Zeit. Besonders Jugendliche der Geburtsjahrgänge ab 1925 konnten weder eine bündische Gruppe noch eine linke Arbeiterorganisation besucht haben, da 1933 die Nationalsozialisten diese verboten hatten. Jugendliche in größeren Städten, die sich aus den verschiedensten Gründen nicht für den Dienst in der HJ begeistern konnten, stießen auf der Suche nach einem Freundeskreis, einer kulturellen Identität bzw. auch einfach nur ansprechenden Freizeitgestaltungen zwangsläufig auf moderne amerikanische Kultur, die in den unterschiedlichsten Formen im NS-Deutschland bis 1941 noch präsent war: ob musikalisch in Form von Swingmusik, visuell in Form von Spielfilmen oder vielfach als Sammelbilder von Wolkenkratzern. Viele fanden bereits als Kinder die Geschichten der amerikanischen Cowboys und Indianer spannend, lasen Karl May und andere Abenteuerbücher, später Detektivgeschichten. Nun bot Amerika wieder eine – durch die Hochhäuser mittlerweile geradezu futuristisch anmutende – Projektionsfläche für Jugendliche, die an der verordneten Freizeitgestaltung der HJ kein Interesse hatten.

Bei Jazz und Swing ging es für viele Jugendliche auch außerhalb Deutschlands nicht allein um die Musik. Swing vermittelte ein neues Lebensgefühl – modern, hedonistisch und ein wenig elitär. Man hob sich von der Masse ab, fühlte sich kulturell auf der Höhe der Zeit – im weltweiten Maßstab. Es gab

Mystischer Sehnsuchtsort für immer mehr Jugendliche – der New Yorker Broadway.

nichts aktuelleres, nichts moderneres als Swing. Kein Verharren in vergangenen Zeiten, keine alten Volkslieder und Volkstänze. Leben im Hier und Jetzt. Die Großstadt wurde zum willkommenen Lebensraum, zur Spielwiese. Auch beim Tanzen grenzte man sich von Althergebrachtem ab. Man wollte auf der Tanzfläche ausflippen, die Sau rauslassen. Swing bestand aus Musik, Tanz und Kleidung und stellte so die weltweit erste moderne Jugendkultur dar. Es ging den Jugendlichen, die sich für Swing interessierten, nicht mehr um die wöchentliche Flucht aus den überfüllten Großstädten der Moderne zurück in die Natur, oder die Sammlung möglichst vieler Gleichgesinnter in einem Verband. Die Großstadt wurde zur individuellen Erlebniswelt, gerade an den Wochenenden. Kinobesuche, Tanzveranstaltungen, Privatpartys – damals noch Hausbälle genannt – wurden zum bestimmenden Freizeitfaktor. Mädchen und Jungen verbrachten gemeinsam ihre Abende, ohne die Kontrolle durch Erwachsene. Dieses neue Freizeitverhalten zeigte man auch durch seine Kleidung, um sich optisch von der Erwachsenenwelt, der Hitlerjugend bzw. anderen Gruppierungen wie den Arbeiterjugendlichen in Wanderkluft abzugrenzen. Das Outfit war den männlichen und weiblichen Filmstars aus Amerika, aber auch aus Deutschland sowie den Swingmusikern nachempfunden, angereichert mit angloamerikanischen Versatzstücken, wie z. B. dem weit verbreiteten Regenschirm, einem Synonym für gepflegten britischen Lifestyle.

Diese jugendlichen Freundeskreise, die sich in den 1930er-Jahren in deutschen Großstädten zusammenfanden, entstammten vorwiegend dem Bürgertum – im Gegensatz zu Arbeiterjugendlichen, die sich schon aus finanziellen Gründen diese Freizeitvergnügen und Kleidung kaum leisten konnten oder mit amerikanischem Lifestyle gar nicht erst in Kontakt kamen. Doch auch unter jungen Arbeitern wurde spätestens ab 1940 an immer mehr Orten die Swingmusik und die entsprechende Kleidung populär und verdrängte in vielen Städten Wanderklampfe und kurze Lederhose.

Das Hören von Swingmusik beschränkte sich dabei nicht nur auf die Tanzvergnügungen an den Wochenenden. Viele Jugendliche legten sich ein mechanisches Koffergrammophon zu, mit dem man überall Musik hören konnte, ob nun zu Hause oder im Freibad. Nicht einmal ein Stromanschluss war notwendig, damit der »Hotkoffer« die »Hotmusic« aus Amerika abspielte – zum Zuhören, Angeben oder Rumhotten. Die ersten Plattensammler traten auf den Plan. Zu einem ihrer Urväter avancierte der Leipziger Kurt Michaelis, genannt »Hot-Geyer«, der sich in den 1930er-Jahren darauf spezialisiert hatte, den Song »Tiger Rag« in den unterschiedlichsten Originalen und Coverversionen auf Schellack zu sammeln. Seine Sammlung umfasste für damalige Verhältnisse beachtliche 100 Stück und war unter Insidern in Deutschland bekannt und bewundert.

Koffergrammophone gab es bereits seit den 1920er-Jahren, waren dementsprechend weit verbreitet und auch immer mehr Arbeiterjugendliche konnten Ende der 1930er-Jahre zumindest auf ein Gebrauchtgerät sparen. Die Schellackplatten gab es in den Musikalienhandlungen, Geschäften, in denen es sowohl Noten als auch Musik zu kaufen gab. Mitte der 1930er-Jahre fanden sich selbst im deutschen Rundfunk Swingtitel, die durch die Maschen der Zensur geschlüpft waren. Wer zu Hause ein leistungsstarkes Radiogerät hatte, mit dem man auch

Vorläufer des Ghettoblasters und Traum vieler Jugendlicher der 1920er und 1930er: das Koffergrammophon.

ausländische Rundfunksender empfangen konnte, hörte Radio Luxemburg und BBC aus England, wo reichlich Swing über den Äther ging. Selbst in manchen Arbeiterfamilien wurde auf eines der teueren Radios gespart, damit man sich jenseits der NS-Propaganda bei BBC und Radio Moskau über die politische Lage informieren konnte. Der Rundfunk in Deutschland war 1937 mit acht Millionen Hörern bereits zu einem Massenmedium geworden. Auch wenn die meisten Radiobesitzer mit ihrem »Volksempfänger« nur deutsche Sender empfangen konnten, mit Kriegsbeginn 1939 das Hören ausländischer Radiostationen verboten wurde und ab 1941 sogar die Todesstrafe verhängt werden konnte, wuchs die Zahl der Radiobesitzer in Deutschland bis 1943 auf etwa 16 Millionen – und damit auch die Möglichkeit des Hörens verbotener ausländischer Sender.

Als Informationsquellen über Jazz- und Swingmusiker konnte man bis Kriegsbeginn 1939 ausländische Musikzeitschriften in Deutschland kaufen und sogar abonnieren. Zu nennen sind der britische »Melody Maker« und die Zeitschrift »Tempo« aus den USA, die bei deutschen Swingfans hoch im Kurs standen, da sie über die neuesten Platten und angesagtesten Künstler informierten.

Als ein Höhepunkt der Swingkultur in Deutschland gilt die Zeit der Olympischen Sommerspiele 1936 in Berlin. Um sich als weltoffene Metropole zu präsentieren, fanden in den Berliner Tanzetablissements und Bars zahlreiche Gastspiele ausländischer Kapellen statt, überall war Swingmusik präsent. Die antisemitischen Hetzblätter hatte man für die Zeit der Olympiade unter den Ladentisch verbannt, alles sollte so normal wie möglich aussehen.

Nach dem Ende der Olympiade wollten die NS-Machthaber die Swingwelle wieder zurückdrängen, doch das einmal entfachte Interesse ließ sich nicht so einfach eindämmen. Ab 1937 setzte darum die Reichsmusikkammer verstärkt Swingtitel auf ihre schwarzen Listen, selbst der Begriff »Swingmusik« sollte verschwinden. Ein weiterer Schlag erfolgte 1938 durch das Propagandaministerium. Ab April war es verboten, Schallplatten, an denen »nichtarische« Autoren und Künstler mitgewirkt hatten, zu verkaufen – egal ob ausländische Importe oder deutsche Lizenz- bzw. Coverversionen.

Wie populär Swingmusik dennoch in Deutschland war, zeigt beispielhaft der Katalog der damals namhaften Plattenfirma Telefunken von 1939, in dem Tanzmusik mit den meisten Platten vertreten war. Allein von Teddy Stauffer sind mehr als 30 aufgelistet, größtenteils englischsprachige Coverversionen amerikanischer Swinghits, ebenso die Soundtracks der Filme »Broadway Melodie« von 1936 und 1938. Die konkrete Bezeichnung »Swing« für diese Musik

Werbung der Plattenfirma Telefunken für Heinz Wehner und sein Swingorchester um 1937.

Mitglieder des »Hot Club Leipzig« stehen Modell für eine Anzeige des Plattenlabels Brunswick um 1937.

findet man hingegen nicht mehr im Programm, dafür wieder »Foxtrott«. Inzwischen verbotene Platten bestellten viele Swing- und Jazzfans im Ausland, denn die deutschen Zollbeamten waren nicht unbedingt Musikkenner.

Dabei spielten die deutschen Tanzorchester nur in Ausnahmefällen ausschließlich amerikanischen Swing. In ihren Programmen befanden sich neben klassischen Tänzen wie Tango oder Walzer auch deutsche Schlager, die teilweise »angeswingt« interpretiert wurden.

Swing wurde während der NS-Zeit trotz aller Erfolge noch nicht zu einer dominierenden Massenkultur in Deutschland. Gründe sind seine zunehmenden öffentlichen Beschränkungen Ende der 1930er-Jahre, seine Vermischung mit anderen Musikstilen bei Tanzorchesteraufführungen, dass er kulturell aus dem Ausland nach Deutschland importiert wurde sowie das Verhaftetsein vieler Deutscher in altmodischer Musik wie Oper, Klassik, Volksliedern oder trivialem Schlager. Für Menschen, die sich aus den gesellschaftlichen Konventionen jedoch ausklinken wollten, wurde der von den Nationalsozialisten öffentlich angefeindete Swing genau die elitäre Nische, die erste moderne Jugendsubkultur, in der sie ihre kulturelle Heimat fanden.

Swing im Krieg

Der Beginn des Zweiten Weltkrieges am 1. September 1939 brachte erste Beschränkungen für öffentliche Tanzveranstaltungen in Form eines Tanzverbots, da man sich nicht zu Hause amüsieren sollte, während die Wehrmacht fremde Länder eroberte. Gleichzeitig war es dem Propagandaministerium wichtig, der zunächst nicht gerade kriegsbegeisterten Bevölkerung in Deutschland weiterhin Normalität vorzugaukeln, wozu auch der Besuch von kulturellen Veranstaltungen aller Art gehörte. Die Tanzverbote wurden darum je nach militärischer Lage, vor allem nach den erfolgreichen »Blitzkriegen« von 1939 und 1940, immer wieder gelockert.

Die Mitglieder der Tanzorchester blieben jedoch nicht vor Einberufungen zur Wehrmacht verschont. Zu Beginn der 1940er-Jahre kamen daher verstärkt ausländische Kapellen nach Deutschland, vor allem aus Italien und den Niederlanden, die in Cafés und Tanzlokalen spielten. In ihrem Repertoire befanden sich neben klassischer Tanzmusik nach wie vor amerikanische Swingnummern sowie deutsche Schlager.

Einschränkungen gab es auch bei neuen Tonträgern: Mit Kriegsbeginn wurde Naturharz, der Grundstoff für die Herstellung von Schellackplatten, rationiert. Dies hatte zur Folge, dass man beim Kauf einer neuen Platte zwei gebrauchte im Laden abgeben musste, die dann recycelt wurde. Hatte man einen guten Draht zum Plattenverkäufer, konnte man die eingesammelte Gebrauchtware nach musikalischen Schätzen durchforsten. Auch gab es erste technische Möglichkeiten, Schallplatten zu kopieren, was ebenfalls genutzt wurde. Junge Swingfans, die im Zuge der Eroberung westeuropäischer Staaten als Wehrmachtsangehörige dort stationiert wurden, versorgten sich außerdem in Frankreich und Belgien mit in Deutschland nicht mehr erhältlichen Swingplatten und schickten diese nach Hause.

Ende 1941 griffen die USA infolge des japanischen Angriffs auf Pearl Harbour in das Kriegsgeschehen ein, Deutschland erklärte den USA im Dezember 1941 den Krieg, amerikanische Filme und Platten landeten umgehend auf den Verbotslisten. Aber weiterhin spielten Tanzorchester die beim Publikum beliebten amerikanischen Swingnummern. Diese tarnten sie, indem sie z. B. den englischsprachigen Titel eindeutschten, um eventuell im Saal anwesende

Gestapospitzel nicht auf sich aufmerksam zu machen. So wurde der Klassiker »Tiger Rag« oftmals als »Tigerjagd« angekündigt.

Nach der deutschen Niederlage in Stalingrad im Februar 1943 verbot man endgültig alle öffentlichen Tanzveranstaltungen, in einigen Lokalen spielten jedoch kleinere Orchester weiter zur Unterhaltung der Gäste. Tanzmusik war nach wie vor präsent. Wollte man selbst tanzen, musste man Hausbälle veranstalten. Für Jugendliche boten auch die Tanzschulen einen kleinen Freiraum, wo man die üblichen Gesellschaftstänze erlernte. Je nachdem wie tolerant die Tanzlehrer eingestellt waren, ergaben sich dort Möglichkeiten, zu den heißen Swingrhythmen zu tanzen. Mutige Jugendliche hörten zu Hause die verbotenen Sendungen von BBC London und anderen ausländischen Sendern, die Swingmusik spielten.

Die Swing-Cliquen übernahmen eine Reihe von Anglizismen in ihren täglichen Sprachgebrauch, die in direktem Zusammenhang mit ihrer Lieblingsmusik standen und zu einem wichtigen Bestandteil ihrer Jugendkultur wurden. Ähnlich dem Hotkoffer, der die Hotmusik spielte, traf man sich zu privaten Hotfesten bei einzelnen Mitgliedern zu Hause. Auch bildeten Freundeskreise in verschiedenen Städten informelle »Hot-Clubs«. Männliche Mitglieder solcher Cliquen wurden in Briefen auch schon mal als »Swing-Boy« angeredet, neue Mitglieder als »Youngsters« bezeichnet. Für die Hamburger ist als Gruß auch »Swing Heil« überliefert, eine Adaption des amerikanischen Songs »Swing High« von Tommy Dorsey und eine Parodie des »Sieg Heil«-Rufes der Nationalsozialisten.

Obgleich – und vielleicht auch gerade weil – Swingmusik aus den deutschen Medien weitgehend verdrängt worden war, bekam sie für Jugendliche spätestens zu Beginn der 1940er-Jahre etwas Exklusives – je verbotener, desto interessanter. Swing wurde auch bedeutsam, um sich zumindest zeitweise mental aus dem Alltag und dem Krieg auszuklinken. Mit einem Koffergrammophon zu Hause oder in einem Freibad zusammen mit Freunden Swingmusik zu hören, war ein Stück Freiheit – ohne damit zwangsläufig eine politische Aussage zu verbinden.

Die Zeit rannte davon. Männliche Jugendliche wussten, dass sie spätestens mit 18 Jahren zur Wehrmacht eingezogen werden würden. Davor kam noch der sechsmonatige Reichsarbeitsdienst. Auch wenn die NS-Propaganda den Kriegsdienst als Heldentat für Deutschland schönredete, hatten doch nicht wenige über die Berichte älterer Brüder oder Väter weitaus weniger romantische Kriegserlebnisse erfahren. Auch mehrten sich die Meldungen über gefallene Soldaten in den Familien, im Freundeskreis, im Wohngebiet. Sinn und Zweck der wenigen Freizeit war darum für viele Jugendliche, in der verbliebenen Zeit bis zur Einberufung das Leben in vollen Zügen zu genießen, sich zu verlieben, zu feiern und zu tanzen. Swingmusik war dafür perfekt. Und sie war zugleich Soundtrack für Jugendcliquen, die aus den unterschiedlichsten Gründen dem NS-Regime und der Hitlerjugend reserviert bis ablehnend gegenüberstanden. Swing bot einen kulturellen Gegenentwurf zur Staatsjugend und zu dem, was die Nationalsozialisten unter Musik als »deutsche Kultur« verstanden. Swing war ungezwungen und entsprach genau dem Lebensgefühl pubertierender Jugendlicher. Die Übernahme des Styles ermöglichte den Zugang in einen elitären Kreis von Musikfans, von Gleichgesinnten, die mit der Jugenddefinition der HJ nichts anfangen konnten. Swingfan zu sein bedeutete, mit der Mode zu gehen, up to date zu sein. Es gab kulturell nichts Moderneres und nichts war weiter von den HJ-Marschübungen entfernt. Und nicht nur in Deutschland fand Swing zahllose Anhänger. Selbst die Reichsjugendführung musste 1942 zugeben: »Die ›Swing-Jugend‹ z. B. ist heute zu einer fast über ganz Europa verbreiteten Modeseuche geworden.«[42]

Hamburg zwischen Swingjugend und Weisser Rose

Die Freie Hansestadt Hamburg hat als zweitgrößte Stadt Deutschlands aufgrund ihres wichtigen Hafens seit jeher eine Sonderstellung. Bis das Flugzeug die Personenschifffahrt nach Übersee und in andere Kontinente in den 1950er-/1960er-Jahren ablöste, galt Hamburg für viele als das Tor zur Welt. Hier legten die großen Ozeandampfer über den Atlantik nach Amerika ab, hier kamen Schiffe an, die Menschen und Waren aus fernen Ländern brachten. Hamburg war auch eine der Großstädte in Deutschland, wo mit zunehmender Industrialisierung zu Beginn des 20. Jahrhunderts die gesellschaftlichen Widersprüche am deutlichsten zu Tage traten. Auf der einen Seite die Reedereien und Handelsfirmen, die den Hafenstandort Hamburg reich und das Bürgertum selbstbewusst gemacht hatten, auf der anderen Seite ein Heer von schlecht bezahlten Arbeitern.

Anhand der Wahlergebnisse zum Reichstag vom 5. März 1933 werden die politischen Kräfteverhältnisse der damaligen Zeit in Hamburg deutlich. Rein zahlenmäßig gab es nur drei relevante Parteien: Stärkste Kraft wurde die NSDAP mit fast 39 Prozent der Wählerstimmen. Die SPD kommt auf fast 27 Prozent, die KPD auf 17 Prozent. SPD und KPD lagen zusammen sogar noch vor den Nationalsozialisten. Ähnliche Ergebnisse gab es auch in anderen Großstädten wie z. B. in Leipzig. Doch ändern konnte dies nichts mehr an der Festigung des NS-Regimes.

Egal wie die politische Lage in Deutschland auch war, Hamburg hatte durch die zahlreichen internationalen Handelsverbindungen und vielen ausländischen Matrosen, die ihre Heuer gerne auf der Reeperbahn versoffen, eine kosmopolitischere Prägung als andere deutsche Städte. Auch sorgten Matrosen und Passagiere für einen regen interkulturellen Austausch, wie z. B. die neueste Musik aus den USA. Die Linienschifffahrt zwischen Hamburg und Amerika

Anzeige für die Schifffahrtslinie Hamburg – New York aus einer deutschen Zeitung.

beförderte zahlreiche internationale Tanzorchester, die auch in der Hansestadt Gastspiele gaben. Aufgrund der geografischen Lage war es für die Hamburger zudem einfacher, britische, holländische und dänische Radiosender zu empfangen, wo regelmäßig Jazz- und Swing-Sendungen ausgestrahlt wurden. Hamburg lag von allen deutschen Großstädten am nächsten an Großbritannien, und in Teilen des Hamburger Bürgertums gab es aufgrund der langjährigen Handelsbeziehungen mit dem britischen Empire durchaus eine gewisse Anglophilie, die sich ebenso auf deren Kinder übertrug.

In der zweiten Hälfte der 1930er-Jahre standen bürgerliche wie proletarische Jugendliche in Hamburg, wie überall in Deutschland, vor der Frage, ob sie in die HJ eintreten und die dortigen Freizeitangebote wahrnehmen sollten, oder ob sie selbstbestimmt ihre Wochenenden verleben wollten. Für letzteres gab es seit jeher in Hafennähe vielfältige Möglichkeiten durch die zahlreichen Lokale, Tanzsäle und Kinos, die sich auf der Reeperbahn, auf St. Pauli und in der Innenstadt befanden. Die moderne großstädtische Massenkultur hatte auf Jugendliche in Hamburg eine stärkere Anziehung als die andernorts noch verbreitete Wanderlust aus der Weimarer Zeit. Diese besonderen Voraussetzungen für Hamburg führten dazu, dass sich die Swing-Subkultur hier früher als in anderen deutschen Städten und auch quantitativ stärker ausprägte.

Die ersten Cliquen, die sich mit Swingmusik beschäftigten, entstanden ab 1935/36 unabhängig voneinander in verschiedenen Stadtteilen Hamburgs, sowohl unter Arbeiterjugendlichen als auch in der bürgerlichen Mittel- und Oberschicht. Die einzelnen Freundeskreise waren zunächst in ihren jeweiligen Wohngebieten beheimatet und hatten dort Stammlokale, die sie regelmäßig frequentierten, die gut Betuchten trafen sich auch in exklusiven Segelclubs. Ein beliebter zentraler Treffpunkt war der Alsterpavillon in der Innenstadt, wohin die verschiedenen Swing-Cliquen regelmäßig zu Konzerten strömten. In dieser Zeit gastierte z.B. Teddy Stauffer mit seinem Orchester im Café Heinze und

Oben: Café Heinze in Hamburg St. Pauli. Unten: Wenn auch über dem Alsterpavillion demonstrativ die Hakenkreuzflagge wehte, spielten hier während der NS-Zeit die angesagtesten internationalen Swingorchester und trafen sich Hamburger Swings.

im Trocadero, dessen Auftritte viele Jugendliche nachhaltig beeindruckten, so auch den Teenager Axel Springer, der im Nachkriegswestdeutschland als Zeitungsverleger bekannt werden sollte. Eine Vermischung der bürgerlichen und proletarischen Swing-Cliquen gab es jedoch nicht, der »Standesunterschied« überwog. 1939/40 soll es in Hamburg mindestens 1000 aktive Swingjugend-

Hamburger Swings 1940.

liche, bzw. Swings gegeben haben, zusammen mit den etwas unauffälligeren Sympathisanten waren es möglicherweise sogar mehr als doppelt so viele.[43] Dabei setzten die Jugendlichen aus der Hamburger Oberschicht in ihrem gepflegten anglophilen Outfit und Auftreten kulturelle Maßstäbe. Die maßgeschneiderten Anzüge der Jungen sollten nach Möglichkeit Nadelstreifen oder karierte Schottenmuster haben, die Hemden enganliegende Kragen. Darüber trug man einen hellen Staubmantel, aus dessen Tasche sichtbar eine britische Tageszeitung schaute. Wichtig waren außerdem ein weißer Seidenschal, Hut und Schuhe mit Kreppsohle. Die Haare wurden teilweise nach hinten gegeelt und erreichten – nach Messungen durch die Polizei – eine für Männer ungehörige Länge von bis zu 27 Zentimetern. Die Mädchen kleideten sich selbstbewusst in eleganten, modernen Kleidern, stellenweise trugen sie – für die damalige Zeit geradezu verpönt – Hosen mit Weste und Krawatte. Obligatorisch war das Schminken: auffälliger Lippenstift und angemalte Fingernägel – was dem weiblichen »Schönheitsideal« der Nationalsozialisten ebenfalls völlig entgegenstand. Wem aus finanziellen Gründen diese Kleidung nicht zur Verfügung stand, der versuchte, sich die begehrten Kleidungsstücke schneidern zu lassen oder selbst zu nähen. Von keiner anderen Swingszene in einer deutschen Stadt ist während der NS-Zeit eine so herausragende, stilvolle Kleidung als äußeres Merkmal ihrer Subkultur und der Kult darum bekannt, obgleich ähnliche Outfits auch in anderen Städten getragen wurden.

Erstmalig fiel der Hamburger Gestapo im Winter 1937/38 eine Gruppe Swings auf, die sich am Dammtor und auf einer Eisbahn traf und darum als »Eisbahn-Clique« bekannt wurde. Mangels Handhabe schritt man zunächst nicht ein. Zur Jahreswende 1939/40 gründete eine Flottenbecker Clique, unter ihnen der junge Student Heinz Beckmann, ein eigenes kleines Swing-Tanzorchester, das bei mehreren privaten Tanzveranstaltungen vor Gymnasiasten und Mitgliedern »bester Hamburger Sportclubs« auftrat. Zur ersten selbstorganisierten Veranstaltung am 6. Februar 1940 im Kaiserhof in Altona strömten hunderte Jugendliche. Ein Mitglied des HJ-Streifendienstes war aufgrund eines Hinweises gemeinsam mit einem Gestapo-Beamten gegen Mitternacht auf der Veranstaltung und berichtete später darüber:

> »Der Anblick, der sich uns hier offenbarte, war ein erschütternder. Es waren ca. 500 Personen anwesend, wovon nicht eine einzige über 22 oder 23 Jahre alt gewesen sein mag. Auf dem Flügel der Kapelle sah ich bei meinem Eintritt ein Schild mit der Aufschrift ›Swing erbeten!‹. Ein vor dem ›Erbeten‹ stehendes Kreuz ließ darauf schließen, dass das Schild einmal ›Swing verbeten‹ hieß. Nach 5 Minuten wurde das Schild entfernt, da sich inzwischen im ganzen Raum herumgesprochen hatte, daß jemand von der Gestapo anwesend sei. Der Anblick der etwa 300 tanzenden Personen war verheerend. Kein Paar tanzte so, daß man das Tanzen noch als einigermaßen normal bezeichnen konnte. Es wurde in übelster und vollendetster Form geswingt. Teilweise tanzten zwei Jünglinge mit einem Mädel, teilweise bildeten mehrere Paare einen Kreis, wobei man sich einhakte und in dieser Weise dann weiter gehüpft wurde. Viele Paare hüpften so, indem sie sich an den Händen anfaßten und dann in gebückter Stellung, den Oberkörper schlaff nach unten hängend, die langen Haare wild im Gesicht, halb in den Knien mit den Beinen herumschleuderten. Bei manchen konnte man ernsthaft an deren Geisteszustand zweifeln, derartige Szenen spielten sich auf der Swingfläche ab. In Hysterie geratene Neger bei Kriegstänzen sind mit dem zu vergleichen, was sich dort abspielte. Als von der Kapelle einmal eine Rumba gespielt wurde, geriet die ganze Tanzfläche in eine wilde Ekstase. Alles sprang wild umher und lallte irgendeinen englischen Refrain mit. Bezeichnend ist, dass fast ausschließlich ausländische Tanzmusik gespielt

wurde. Durch das Mikrofon wurde von dem ›Kapellmeister‹, der ebenfalls höchstens 21 Jahre alt ist und einen regelrechten Bubikopf trägt, oder von einer Chanson-Sängerin nur englisch gesungen.

Obwohl, wie schon erwähnt, sich innerhalb weniger Minuten herumgesprochen hatte, daß die Gestapo anwesend war, wurde hiervon kaum Kenntnis genommen. Hieraus kann man ersehen, wie frech und sicher sich diese Elemente fühlen. Es wurde in tollster Weise weiter geswingt. [...]

Der äußerliche Eindruck, den sämtliche anwesenden männlichen Personen machten, war denkbar schlecht. Es waren ausschließlich vollendete ›Tangoboys‹ anwesend mit dem berüchtigten langen Haarschnitt. Von einigen Leuten wurde ein Bubikopf getragen, der an der Seite allerdings nach hinten zurückgekämmt wurde. Während des Swings wurden die Haare dann nach vorn geworfen, so daß sie ins Gesicht hingen. Es wurden keine Zeichen der Gliederungen getragen, dagegen diverse Abzeichen von Clubs und Vereinen. Für die charakterliche Bewertung der Anwesenden ist typisch, daß englische Musik mit englischem Gesang gespielt wurde, wo unsere Soldaten gegen England im Felde stehen. Es wurde sich vorwiegend auf englisch, manchmal auch französisch unterhalten.«[44]

Eine Neuauflage der erfolgreichen Tanzveranstaltung fand einen Monat später am 2. März im dafür eigens angemieteten Weißen Saal des Curio-Hauses statt. Doch bereits um 23 Uhr endete der Abend mit einer Razzia durch Gestapo, Polizei und HJ-Streifendienst, bei der alle Anwesenden namentlich erfasst wurden. Von den 408 Jugendlichen waren nach Angaben der HJ gut 40 Prozent Mädchen, die Hälfte aller Anwesenden verfügte über keine Mitgliedschaft in einer NS-Organisation.[45] Eine weitere halböffentliche Swingtanzveranstaltung in einem Hamburger Hockeyclub wurde ebenfalls polizeilich aufgelöst.

In der Folgezeit verlegten die Jugendlichen sich auf kleinere Hausfeste im privaten Rahmen, um so von der Polizei nicht so leicht entdeckt zu werden. Die verschiedenen Freundeskreise, in der Regel zwischen 20 bis 30 Jugendliche, besuchten auch kleinere Bars, trafen sich in Freibädern oder unternahmen gemeinsame Ausflüge, z. B. an den Elbstrand. Oft führten sie einen Hotkoffer mit sich und hörten ihre Swingplatten in der Öffentlichkeit.

Neben den ersten Polizei-Razzien gegen Hamburger Swings wetterte auch die lokale NS-Presse gegen die Jugendlichen. Die »Hamburger Gaunachrichten« drohten im August 1940 stellvertretend für die Volksgemeinschaft: »Es geht auch anders! Wo Ihr Euch breit macht da seid Ihr geduldet. Ihr kleines Häuf-

NS-Karikatur von Swings aus den »Hamburger Gaunachrichten«, Ausgabe August 1940.

Polizeifoto eines verhafteten Hamburger Swings aus dem Jahr 1940. Seine längeren ursprünglich nach hinten liegenden Haare wurden für die Aufnahme extra nach vorn gekämmt, um die »undeutsche« Haarlänge zu dokumentieren.

lein – wenn es nach Euch ginge, dann müßten wir am Sieg zweifeln. [...] Es geht nicht um Hut und Jacke. Die Haltung – Aufzug und Gebaren – von Euch paar hundert Engelsmännern paßt uns nicht. Wir wollen Euch nun nicht mehr sehen. So nicht. Das bitten wir zu merken.«[46] Eine einschüchternde Wirkung erzielte der Zeitungsartikel nicht, jedoch wurde er unter den Jugendlichen von Hand zu Hand weitergereicht. Er führte dazu, dass sich die Swings über die Rolle ihrer Jugendkultur klarer wurden: Swing und Nationalsozialismus passten nicht zueinander und man musste sich demzufolge vom NS-Regime noch stärker abgrenzen.

Im Oktober 1940 folgte eine größere Polizeiaktion gegen die Swingjugend in Hamburg, in deren Verlauf 63 Jugendliche im Alter zwischen 14 und 18 Jahren verhaftet wurden. Von den Verhafteten gehörten lediglich 15 zumindest auf dem Papier der HJ bzw. dem BdM an. »Die vorzeitig Ausgetretenen führten als Begründung meist ›Arbeitsüberlastung‹ an; andere gaben an, [...] daß die Heimabende zu langweilig gewesen seien, daß keine Disziplin geherrscht habe, daß im BDM die Führerinnen jünger und kleiner gewesen seien, als sie selbst, daß die im Dienst Aufsätze schreiben mußten und daß im Winter 1939/40 ohnehin der Hitlerjugend-Dienst meist ausgefallen sei.«[47] Ende Dezember verhaftete die Polizei außerdem eine Gruppe von sechs Jugendlichen, die in Musikaliengeschäften eingebrochen war und Instrumente gestohlen hatte. Ihnen wurde unterstellt, dies getan zu haben, um selbst Jazzmusik zu spielen.

Das Besorgen neuer Musik auf Schellack spielte unter den Jugendlichen eine große Rolle. Das bemerkten auch die NS-Überwacher: »Die Schallplatte spielt die Rolle des Buches. Sie wurde von Hand zu Hand verliehen, bzw. zu teuren Preisen untereinander verkauft. Je toller und lauter die Platte, je bizarrer und verrückter der Rhythmus, desto größer war die Nachfrage.«[48]

Die NS-Verfolgungsorgane interessierten sich neben den anglophilen Neigungen auch sehr für die »sittlich-charakterliche Verwahrlosung« der Jugendlichen. Vor allem den Mädchen wurde vorgeworfen, dass sie bereits vor der Ehe mit Jungen geschlechtlich verkehren würden. Geradezu voyeuristisch-penibel listeten die Behörden die Einzelheiten der »gröbsten Ausschweifungen« von geschlechtlichen Kontakten untereinander auf. In diesem Zusammenhang kam es auch zu mehreren Ermittlungen wegen vermeintlicher und tatsächlicher Homosexualität. Darüber hinaus ermittelte die Gestapo, dass in den Hamburger Swing-Kreisen »ungefähr 10 Halbjuden und -jüdinnen den Swing-Cliquen angehörten. Männliche Cliquen-Angehörige unterhielten sogar freundschaftliche und teilweise intime Beziehungen zu fünf Volljüdinnen.«[49] Dies verdeutlicht, dass trotz des seit 1933 staatlich geförderten Antisemitismus Jugendliche auf diese Hetze nicht zwangsläufig hereinfielen.

In den einschlägigen Tanzetablissements wurden nun regelmäßig Razzien durchgeführt, vor allem zur Einhaltung der Jugendschutzverordnung. Jugendliche, die der Polizei bereits bekannt waren, landeten immer öfter im Polizeigefängnis im Stadtteil Fuhlsbüttel, im Volksmund auch »Florida« genannt. Dort waren sie Verhören der Gestapo ausgesetzt, mit dem Zweck, sie weiter einzuschüchtern bzw. strafrelevante Aussagen zu bekommen.

Selbst in der Reichshauptstadt Berlin beschäftigten sich Mitte August 1941 bereits NS-Vertreter mit der Hamburger Swingjugend. »Nunmehr muß ich ergänzend mitteilen, daß gemäß Bericht des RPA Hamburg vom 4. August 1941 und Bericht des SD vom 16. August 1941 die hot- und swing-Demonstrationen jugendlicher anglophiler Kreise in Hamburg inzwischen staatsfeindliche und reaktionär zersetzende Formen angenommen haben.«[50] Man forderte Sofortaktionen gegen die Swingjugend, um die Lage wieder zu beruhigen und eine Ausweitung zu verhindern.

Im August 1941 gastierte das holländische Orchester John Kristel im Alsterpavillon vor bis zu 300 Jugendlichen und verzückte die unter 18-jährigen Hamburger Swings bereits bei den Nachmittagsvorstellungen. Ursprünglich für vier Wochen gebucht, zwang die Gestapo das Orchester bereits nach drei Wochen mit einer Razzia wieder zur Abreise, weil das begeisterte jugendliche Publikum bei den Auftritten regelmäßig in Hot-Ekstasen verfiel.

Daraufhin bildete die Gestapo in Hamburg ein eigenes Dezernat zur Verfolgung der Swingjugend und sammelte auch an den Oberschulen Informationen. Nach weiteren Verhaftungen wurden einige Swings in Wehrertüchtigungslager der HJ überstellt. Andere, die gegen die Polizeiverordnung zum Schutze der Jugend verstoßen hatten, mussten Arreststrafen in Form von »Wochenendkarzern« in der Jugendarrestanstalt Bergedorf, im Gerichtsgefängnis Wandsbeck und im Gefängnis Fuhlsbüttel absitzen.

Eine der spektakulärsten Aktionen im öffentlichen Raum veranstalteten Hamburger Swings im Spätsommer 1941. Knapp 60 Schüler verschiedener Gymnasien trafen sich an einem Nachmittag am Hauptbahnhof, um die Ankunft des »Reichsstatisten-Führers« zu feiern. Als der Fernzug aus Paris eintraf, entrollten einige einen roten Teppich und begrüßten mit Beifallsstürmen, Bravo-Rufen und Blitzlichtgewitter zwei junge Männer, die dem Waggon in feinem Nadelstreifenanzug mit Bowler-Hut und Schirm entstiegen. Die beiden waren Ernst Jürgensen und Günter Hoh, die für dieses inszenierte Spektakel erst kurz zuvor in Hamburg-Harburg den Zug bestiegen hatten. Mit einer angemieteten Kutsche ging es anschließend zum Alsterpavillon. Die Aktion sprach sich in der Folgezeit unter der Jugend Hamburgs herum. Die Gestapo ermittelte, Ernst Jürgensen wurde daraufhin zur Wehrmacht eingezogen und fiel noch im selben Jahr an der Front.

Öffentliche Aktion der Hamburger Swings: der »Reichsstatisten-Führer« auf dem Weg zur wartenden Kutsche, Spätsommer 1941.

KZ-Haft für Swings

Bis Ende 1941 häuften sich die Klagen der Hamburger HJ über die Swingjugend bei der Reichsjugendführung in Berlin. Daraufhin wandte sich Reichsjugendführer Artur Axmann am 8. Januar 1942 persönlich in einem Brief an Heinrich Himmler, den Reichsführer der SS, in seiner Eigenschaft als oberster Dienstherr der Polizei. In dem Schreiben heißt es u. a., dass sich an den Hamburger Oberschulen bzw. unter den Kaufmannslehrlingen eine Swingjugend gebildet hätte, die »in der Heimat eine Schädigung der deutschen Volkskraft bedeutet«. Axmann bat um die sofortige Unterbringung dieser Menschen in einem Arbeitslager. Himmler leitete die Angelegenheit etwa 14 Tage später an Reinhard Heydrich mit der Anordnung weiter, alle männlichen und weiblichen Rädelsführer seien in ein Konzentrationslager einzuweisen. »Dort muß die Jugend zunächst einmal Prügel bekommen und dann in schärfster Form exerziert und zur Arbeit angehalten werden. Irgendein Arbeitslager oder Jugendlager halte ich bei diesen Burschen und diesen nichtsnutzigen Mädchen für verfehlt.«[51]

Neben den Ermittlungen der Gestapo erwiesen sich bei der Suche nach Mitgliedern der Swingjugend auch einige Lehrer und Schüler an den Hamburger Gymnasien als Denunzianten. In der Folgezeit wurden mehr als 300 Jugendliche verhaftet und im Sitz der Hamburger Gestapo, dem Stadthaus, sowie im Gefängnis Fuhlsbüttel festgehalten. Bei Hausdurchsuchungen beschlagnahmten die Beamten vor allem Briefe und Schallplatten. Einige Beschuldigte kamen schon nach kurzer Zeit wieder frei, andere mussten länger bleiben. Es sind auch Misshandlungen durch die Gestapo bekannt. Zwischen 40 und 70 Jugendliche wurden anschließend in das Jugend-KZ Morningen bzw. ins KZ Neuengamme überstellt, die inhaftierten Mädchen mussten ins KZ Ravensbrück.

Besonders tragisch ist das Schicksal des Gymnasiasten Dirk Dubber (Jg. 1925) aus einer Kaufmannsfamilie. Ab Herbst 1940 traf er sich mit Gleichgesinnten in einer Clique, die sich den Namen »Churchill Club« gegeben hatte, und sich als Teil der Hamburger Swingjugend verstand. Im April 1942 wurde er von der Gestapo verhaftet und kam für einige Wochen ins KZ Neuengamme. Nach seiner Entlassung musste er sich regelmäßig bei der Gestapo melden und es wurde ihm unter Androhung lebenslanger KZ-Haft verboten, sich wieder mit seinem früheren Freundeskreis zu treffen. Als er Ende September 1942 dennoch mit einem ehemaligen Clubmitglied zusammen den Nienstedtener Jahrmarkt besuchte, wurde er dort zufällig von dem Gestapo-Beamten gesehen und angesprochen, der ihn während seiner Haft misshandelt hatte, und Dubber fürchtete eine erneute Inhaftierung. Einen Tag später nahm Dirk Dubber sich das Leben.

Hans Peter Viau (Jg. 1925) aus einer Hamburger Kaufmannsfamilie erinnerte sich später an seine Einweisung ins KZ Neuengamme im Herbst 1942: »Nach Ankunft im KZ Neuengamme wurden uns Neuankömmlingen die privaten Kleider bis auf doppelte Stücke (mein zweiter Pullover) abgenommen und gegen dünnes gestreiftes Häftlingszeug mit Nummer und einem roten Winkel sowie Holzpantinen ausgewechselt. Dann ging es zum Erkennungsdienst. Der Fotograf, ein SS-Mann, hatte seine sadistische Freude daran, die Neuen zu schlagen und mit Füßen zu treten. Vorher wurden uns allen die Köpfe kahlgeschoren. Da die Holzpantinen ganz roh geschnitzt waren und es auch keine Strümpfe oder ähnliches gab, gingen die meisten von uns barfuß, bei dem Geröll und der Kälte ab sieben Uhr morgens mit zerschundenen Füßen eine üble Tortur. Die Arbeit war Tiefbau im Morast, bis zu den Knien versackte man.«[52] Nach zehn Tagen wurde er wieder entlassen.

Doch weiterhin waren Swing-Cliquen in Hamburg unterwegs. Uwe Storjohann aus Hamburg-Eimsbüttel erinnerte sich später: »Eines Abends im Februar 1942, als wir laut Jugendgesetz längst von der Straße sein müssten, reitet uns auf dem Nachhauseweg vom Alsterpavillon der Teufel. ›Ohne Tritt im Lotterschritt!‹ kräht ›Eton-Jackie‹ und hopst im Swingtrott voran, mit dem linken Fuß auf dem Kantstein und dem rechten auf der Fahrbahn, den Regenschirm mal als Krückstock, mal nach Slapstickart als geschultertes Gewehr benutzend. Wir in Hinkeformation, den ›Flat Foot Floogie‹ auf den Lippen, hinterher. ›Treu deutsch, treu deutsch, treu deutsch.‹ Passanten bleiben stehen. Empörte Kommentare.«[53]

Selbst die Einweisung von Jugendlichen in KZs konnte die übrigen Swing-Kids nicht davon abhalten, ihre Musik zu hören. In einem Bericht des Sicherheitsdienstes der SS vom 27. August 1942 über Swing-Konzerte in Hamburg heißt es: »Kapelle Willi Artelt: Der Kapellmeister arbeitet anscheinend in Ekstase. Mit krummen Rücken und verdrehten Augen dirigiert er, begleitet von dem Gebrüll der Zuhörer. Orkanartig prasselnden Beifall gäbe es bei den Mißakkorden. Der Alster-Pavillon war bis auf den letzten Platz vorwiegend mit Jugendlichen im Swing-Jugend-Stil besetzt. Im April 42 gastierte die Kapelle Wolff in Hamburg in der Caricata-Bar. Darüber wird gemeldet: Wolff trug einen fast bis an die Knie reichenden englischen Sakko. Er hielt sich mit seinen Verrenkungen, Grimassen und der häufigen Aufeinanderfolge vom Pralltrillern eng an das englische Vorbild der ausgefallensten amerikanischen Negersänger. [...] Die Kapelle spielte in erster Linie deutsche Schlager, die sie stark verhottete […]. Wolff sagte verschiedentlich andere Schlager an, als in Wirklichkeit gespielt wurden […]. Der Swing-Jugend-Schlager ›Tiger Rag‹ wurde angesagt, als das Lied ›Wo ist der Papa‹ gespielt wurde. Der Beifall nach diesen englischen Schlagern war außerordentlich stark und hob sich deutlich von dem den deutschen Schlagern gezollten Beifall ab. Weiter wurde u. a. der englische Schlager ›Sweet Sue‹ gespielt und dazu gesungen: ›Lest das Mittagsblatt, les das Tageblatt‹. Da dieser Text in der abgewandelten Form ›Lest das Mittagsblatt, les das Tageblatt, alles Lüge, alles Dreck‹ von jeher in der ›Swing-Jugend‹ gesungen wurde und überall bekannt ist, erntete dieses Stück einen besonders starken Beifall.«[54]

Ernüchtert resümiert die Reichsjugendführung darum 1942: »Die Annahme, durch die durchgeführten staatspolizeilichen Maßnahmen die fraglichen jugendlichen Kreise zur Vernunft gebracht zu haben, hat sich als irrig erwiesen.«[55]

Zwischen Herbst 1940 und Dezember 1942 wurden von der Polizei 383 Swings verhaftet, gut ein Drittel von ihnen war weiblich, ein Großteil entstammte aus der bürgerlichen Mittelschicht.[56] Anfang 1943 erklärte die Hamburger Gestapo die Swingjugend für erledigt. Doch es trafen sich weiterhin Freundeskreise, auch nach den schweren Bombenangriffen der Alliierten auf Hamburg im Sommer 1943. Selbst 1944 sind noch Verhaftungen von Hamburger Swings aktenkundig.

Hamburger »Banden«

Neben den in Hamburg besonders aktiven Swing-Cliquen sind für die Hansestadt weitere Jugendgruppen aktenkundig geworden, die sich außerhalb der von den Nationalsozialisten geforderten Normen bewegten. Im Folgenden eine Dokumentation über die »Totenkopfbande«:

> »Die Staatsanwaltschaft bei dem Landgericht Hamburg hat am 22. Mai 1942 gegen 28 Minderjährige, zumeist im Alter von 17 bis 18 Jahren, Anklage erhoben, weil sie sich zusammengerottet hatten, um insbesondere Angehörige des Streifendienstes der Hitler-Jugend zu überfallen. Teilweise haben die Angeschuldigten sich dabei der Körperverletzung, des Diebstahls und auch anderer Delikte schuldig gemacht. Seit Beginn des Winters 1941/42 hatten sich in bestimmten Hmbg. Stadtteilen Überfälle auf Hitler-Jugend-Angehörige – vornehmlich des Streifendienstes – gehäuft. Diese wurden bei Ausübung ihres Dienstes während der Dunkelheit überfallen und mißhan-

delt. Sie sollten durch Drohungen zur Unterlassung ihrer Dienstpflichten genötigt werden. Die Täter waren eine Bande von 30–40 Jugendlichen bis zu 18 Jahren, die sich ›Totenkopfbande‹ nannten. Ihnen fallen etwa 20 planmäßig durchgeführte Überfälle zur Last. Außerdem sind zahlreiche Diebstähle, besonders zum Nachteil von Angehörigen der Hitler-Jugend, verübt worden. Kommunistische Tendenzen liegen nicht vor. Eine ›Neubildung von Parteien‹ war nicht beabsichtigt. Die Tätigkeit der Bande entsprang ausschließlich gegnerischer Einstellung gegen die Hitler-Jugend und besonders den Streifendienst.«

Im gleichen Bericht wird auch die Existenz einer »Bismarckbande« für Hamburg erwähnt, bei der es sich wahrscheinlich um eine Gruppe handelte, die sich regelmäßig im Bismarck-Bad traf:

»Anfang 1942 wurde berichtet, daß die Hamburger ›Tangojünglinge‹ und ›Nichtorganisierten‹, die offiziell in der Pflicht-Hitler-Jugend zusammengefaßt sind, einen Bund gegründet hätten, mit der Bezeichnung ›Bismarck-Bande‹. Angeblich vertritt diese Bande den Wahlspruch ›Hamburg bleibt rot!‹ Die Angehörigen dieser Bande haben planmäßig Überfälle auf Hitler-Jugend-Angehörige ausgeführt, wenn diese bei Dunkelheit vom Dienst nach Hause gehen. Die Ermittlungen sind noch nicht abgeschlossen und erstrecken sich bis nach Schwerin und Stralsund.«[57]

Überliefert sind auch Aktivitäten der »Ultra-Bande«, die es seit 1937 gegeben haben soll. 1942 erhielt diese Zulauf durch den »Anti-Hitler-Jugend-Club«. Die Gruppe sammelte unter ihren Mitgliedern Beiträge ein und es wurden verschiedene Posten vergeben. Geplant waren Flugblätter gegen die HJ und Überfälle auf den HJ-Streifendienst. Aufgrund mehrerer Diebstähle zur Finanzierung ihrer Aktionen wurde ein Großteil der Gruppe Mitte November 1942 verhaftet, insgesamt 23 Jugendliche. Die Gruppe hatte in verschiedenen Hamburger Stadtteilen, nach Eilbeck, Barmbek und Wandsbeck Kontakte zu kleineren Cliquen, so zur »Zetka-Bande« und »SÜFLON«.[58]

Helmuth Hübener und Freunde

Neben den jugendkulturell geprägten oppositionellen Gruppen in Hamburg gab es noch zwei weitere Jugendgruppen, die im engeren Sinne Widerstand geleistet hatten.

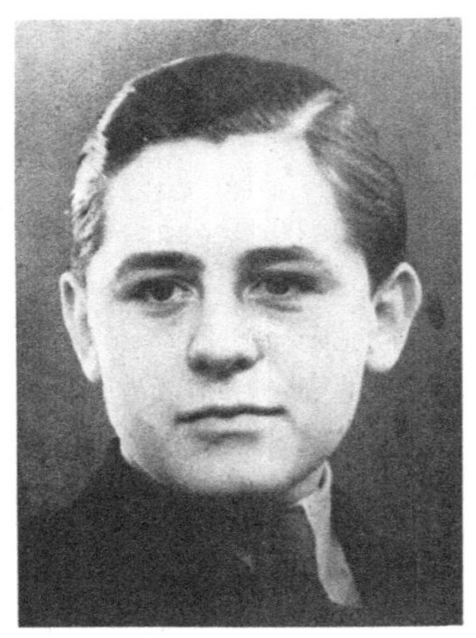
Helmut Hübener

Helmuth Hübener (Jg. 1925) aus Hamburg-Hammerbrook war Verwaltungslehrling und wie seine Eltern Mitglied der christlichen Sekte der »Kirche Jesu Christi der Heiligen der Letzten Tage«, auch bekannt als Mormonen. 1940/41 bekam er im Stadtteil Altona Kontakt zu Jugendlichen im Bismarck-Bad, unter ihnen auch der frühere Rote Jungpionier Josef Wieczorek aus kommunistischem Elternhaus. Gemeinsam trafen sie sich zum Abhören deutschsprachiger Sendungen der BBC, um sich über die aktuelle politische Lage zu informieren. Die zahlreichen neuen Informationen und Zusammenhänge, die sich ihm nun erschlossen, beeindruckten Hübener nachhaltig. Nachdem der Kontakt zur Bismarck-Bad-Gruppe abbrach, weil Wieczorek zur Wehrmacht musste, kaufte Hübener sich Ende April 1941 ein eigenes Radio. Im August lud er seine Freunde Karl-Heinz Schnibbe und Rudi Wobbe aus der Mormonengemeinde zum Hören von BBC ein. Alle drei waren bis zum Verbot 1934 in der Jugendgruppe ihrer Kirchgemeinde aktiv gewesen. Der durch die Radiosendungen und durch die vorangegangenen Gespräche mit den Jugendlichen im Bismarck-Bad ausgelöste Denkprozess über die Verhältnisse in Deutschland veranlasste Hübener und die anderen beiden, gegen das NS-Regime aktiv zu werden. Hübener stenografierte bei einzelnen Radiosendungen den Inhalt, was ihn dazu anregte, die Inhalte in Streuzetteln zu verarbeiten. Dafür nutzte er heimlich die Schreibmaschine seiner Mormonengemeinde. Auf Zettel im Postkartenformat schrieb er Nachrichten wie: »Nieder mit Hitler – Volksverführer, Volksverderber, Volksverräter – Nieder mit Hitler!« Anfang August 1941 verteilten die drei in den Stadtteilen Rothenburgsort und Hammerbrook in Hauseingängen, Telefonzellen und Briefkästen mehrere der selbst gefertigten Flugblätter. Zu Beginn des Jahres 1942 gewann Hübener außerdem seinen jugendlichen Arbeitskollegen Gerhard Düwer für weitere Verteilaktionen. Zweiwöchig schrieb Helmuth Hübener auch längere Flugblätter, insgesamt sollen es 60 verschiedene gewesen sein. Inhaltlich beschäftigten sich die Schreiben unter anderem mit Nachrichten der BBC, die im Widerspruch zu den amtlichen Wehrmachtsmeldungen über den Kriegsverlauf standen sowie dem »Wochenendkarzer«, einer Strafmaßnahme gegen Jugendliche. Interessant ist, dass die Gruppe die Flugblätter in einer Zeit verfasste, als die Eroberungsfeldzüge der Wehrmacht noch nicht ins Stocken gerieten und eine Wende des Krieges zu Ungunsten Deutschlands noch nicht absehbar war.

Die Flugblattverteilungen blieben der Gestapo zwar nicht verborgen, doch hatte sie lange Zeit keine Ermittlungsergebnisse bezüglich der Urheber. Entdeckt wurde die Gruppe schließlich durch eine Denunziation. Anfang Februar 1942 beobachtete ein Angestellter auf der Arbeitsstelle Hübeners in der Hamburger Sozialverwaltung, wie Hübener erfolglos einen Mitlehrling um die Übersetzung eines Flugblattes ins Französische bat. Es folgte seine Verhaftung und die der übrigen Gruppenmitglieder. Bereits am 11. August 1942 wurde Helmuth Hübener vor dem Berliner Volksgerichtshof wegen »Abhörens eines Auslandssenders und Verbreitung der abgehörten Nachrichten in Verbindung mit Vorbereitung zum Hochverrat und landesverräterischer Feindbegünstigung« zum Tode verurteilt. Formal war Hübener zu diesem Zeitpunkt übrigens noch HJ-Mitglied. Das Gericht ging bei der Strafbemessung sogar über den Antrag der Staatsanwaltschaft hinaus, die eine lebenslange Zuchthausstrafe gefordert hatte. Schnibbe, Wobbe und Düwer bekamen Gefängnisstrafen zwischen vier und zehn Jahren. Karl-Heinz Schnibbe erinnerte sich später an die letzten Worte von Helmuth Hübener vor Gericht. Auf die Frage, ob er noch etwas zu sagen hätte, antwortete Hübener: »Ich muss jetzt sterben und habe kein Verbrechen begangen. Jetzt bin ich dran, aber Sie kommen auch noch dran!« Die folgenden Gnadengesuche der Familie blieben erfolglos. Am 27. Oktober 1942 wurde der 17-jährige Helmuth Hübener in Berlin-Plötzensee hingerichtet.

Die Weiße Rose in Hamburg

Der Hamburger Ableger der Weißen Rose bestand – im Gegensatz zur Münchener Gruppe – nicht aus einem einzelnen größeren Freundeskreis, sondern setzte sich aus einem Netzwerk verschiedener Studenten und Intellektueller zusammen. Bis zu 50 Personen sollen zeitweise dazugehört haben. Einer der Ausgangspunkte waren die ab 1936 stattfindenden Leseabende früherer Schüler der Hamburger Lichtwark-Schule. Die übrigen Gruppen waren nur teilweise untereinander bekannt und schon länger gegen das NS-Regime aktiv, ohne nach außen in Erscheinung zu treten. Den Kontakt zur Weißen Rose in München stellte die Hamburgerin Traufe Lafrenz her, die im Herbst 1942 Flugblätter nach Hamburg brachte. Ihr Schulfreund Heinz Kucharski (Jg. 1919), der mit dem Kommunismus sympathisierte, verteilte sie im Freundeskreis weiter. Kucharski war durch sein Studium in Hamburg auch mit Hans Leipelt bekannt, der in München später Kontakt mit Studenten aus dem Umfeld der Weißen Rose hatte. In der Folgezeit fand sich in Hamburg ein Kreis um Greta Rothe,

Hans Leipelt und Heinz Kucharski zusammen, der leidenschaftlich über die Flugblätter sprach und sich als Hamburger Ableger der Weißen Rose verstand. Ihre wesentliche Arbeit bestand in Diskussionen über die politische Lage, die Möglichkeiten praktischen Widerstandes und dem Knüpfen von Kontakten zu Gleichgesinnten auch über die Grenzen Hamburgs hinaus. Das letzte Flugblatt der Münchener Weißen Rose wurde abgeschrieben und weitergegeben.

Durch die Verhaftung Leipelts im Zusammenhang mit der Weißen Rose in München erhielt die Gestapo Kenntnis von den Hamburger Mitgliedern. Ab Herbst 1943 kam es zu Verhaftungen, insgesamt 24 Personen bis März 1944. Kucharski wurde noch am 17. April 1945 – zu einer Zeit, als große Teile Deutschlands bereits von den Alliierten befreit worden waren und die Rote Armee vor Berlin stand – in Hamburg vom Volksgerichtshof zum Tode verurteilt. Glücklicherweise konnte er auf dem Weg zu seiner Hinrichtung fliehen und bis Kriegsende untertauchen. Andere Mitglieder der Hamburger Weißen Rose – Gretha Rothe, Reinhold Meyer und Friedrich Geussenhainer – überlebten hingegen ihre Gefängnis- bzw. KZ-Haft nicht.

Bereits im Mai 1943 verhaftete die Hamburger Polizei außerdem die Swings Bruno Himpkamp (Jg. 1925), Gerd Spitzbach und Thorsten Müller. Wenige Wochen zuvor hatte Himpkamp über seinen früheren Nachhilfelehrer Hans Leipelt Kontakt zum Umfeld der Hamburger Weißen Rose erhalten. Es kam zu Gesprächen über mögliche Widerstandsaktionen, die aufgrund der baldigen Verhaftungen nicht konkretisiert werden konnten. Dennoch wurden die drei Jugendlichen im Zusammenhang mit der Zerschlagung der Hamburger Weißen Rose noch am 19. April 1945 vor dem Volksgerichtshof angeklagt. Bruno Himpkamp konnte allerdings nicht mehr am Prozess teilnehmen, er war bereits eine Woche zuvor in Stendal von amerikanischen Truppen befreit worden.

Erinnerungsbericht von Charlotte Heile aus Hamburg

Die Rolle

Also ich wurde im Mai 1942 verhaftet. Ich war damals 16 Jahre alt und seit einem Jahr an der Hansischen Hochschule für bildende Künste. Papa war ein anerkannter Journalist gewesen, bevor ihn die Nazis als Chefredakteur beim Norddeutschen Rundfunk NORAG 1934 rauswarfen, weil er Freimaurer war. Er arbeitete jetzt für Hinrich Springers »Altonaer Nachrichten«. Die Springers waren keine Nazis, und es lag ihnen daran, für ihr beliebtes Familienblatt einen liberalen Mann einzustellen. Mama verdiente nach Papas Berufsverbot als kaufmännische Angestellte und zeitweise sogar als Straßenbahnschaffnerin dazu. Vermutlich ist auch die Loge zum Ölzweig in Bremen hilfreich gewesen.

Und eines Morgens in aller Herrgottsfrühe standen diese zwei Gestapo-Beamten vor der Tür, in ihren Mänteln aus falschem Leder, das Lederol genannt wurde und grässlich nach Desinfektionsmittel roch. Mama blickte mit ihren einsachtundsiebzig auf die etwas kürzer geratenen Männer herunter. In solchen Augenblicken war sie unvergleichlich, rauschte in ihrem wallenden Morgenrock durch die

Die Zeichnung von Charlotte Heile war eine Antwort auf die NS-Karrikatur in den »Hamburger Gaunachrichten«, unter den Swings stadtbekannt, weswegen sich auch die Gestapo dafür interessierte.

Wohnung, beschimpfte mich: »Stell dich nich so an«, schimpfte über die Störung.

»Wo ist die Rolle, wo ist das Ding?« schrien die beiden von der Gestapo.

Meine »Rolle« war vor einigen Wochen das Gesprächsthema im Alsterpavillon gewesen. Und alle amüsierten sich köstlich darüber, wie lächerlich ich die Gestapo gemacht hatte. So etwas rächt sich. Die »Rolle« war ein Plakat von Reißbrettgröße, das zusammengerollt unter dem Arm irgendwohin getragen wurde, um es möglichst oft auszurollen und ansehen zu lassen. Die Idee dazu entstand, als jener Artikel aus den »Hamburger Gaunachrichten« in der Hansischen Hochschule kursierte: »Das gesunde Volksempfinden ist gegen Dad und Jo«. Er handelte von abartig aussehenden und sich ebenso gebärdenden Jugendlichen, die auf dem Bahnsteig Kellinghusenstraße ihr Koffergrammophon in Betrieb gesetzt und »zu den Misstönen eines englischen Foxtrotts« mit den Armen geschlenkert und mit den Füßen gezuckt hatten. Am Ende hieß es ganz offen, dass »das Volk« gegen solche »verbogenen Figuren mit ihrer krummen Haltung« zur Selbsthilfe greifen müsse. Solch ein übles Pamphlet war eine Herausforderung. Zuerst hatte ich die Idee, dann eine Skizze, und schließlich wurde in der Hochschule ein Plakat daraus.

»Wo ist die Rolle?« schrien die Männer. Ständig stellte sich Mama zwischen die Möbelstücke und die Gestapo-Leute, weil sie überzeugt war, dass kein Fremder die Sachen der Familie anfassen dürfe. Dabei hatte sie selbst die »Rolle« zwischen den Sofakissen versteckt.

Zu dieser Zeit war ich jemand in der Szene. Man kannte mich, spätestens seit der »Rolle«. Bei uns zu Hause hat es nie Swing gegeben. Zu Hause bin ich ausschließlich mit Opern- und Ballettmusik gefüttert worden. Papa saß zu oft und zu gern am Klavier und spielte und sang. Manchmal stand Mama daneben und stieß zu einer Melodie schrille Töne aus. Jazz-Klänge gab es nur gelegentlich bei Tante Hilde, die gar nicht dem entsprach, was sich Großmutter unter einer Tochter vorstellte, oder – solange das noch erlaubt war – vom Koffergrammophon in Nachbars Garten. Erst 1941 erwachte meine Liebe zum Swing. Eine Kommilitonin an der Hochschule wurde meine Freundin. Ich war groß und hatte eine unbändige Lockenmähne, sie war von winziger Gestalt. Man nannte uns Pat und Patachon. Und Patachons Schwester kannte einen Marinefähnrich, der ihr die schönsten Jazz-Platten aus Frankreich mitbrachte – sehr seltene Stücke. Wir schaukelten an so manchem Nachmittag im idyllischen Garten von Patachons Eltern unsere Hängematten zum Swing.

Wer den Swing liebte, landete irgendwann im Alsterpavillon. Was nicht heißen soll, dass man die »Clique«, so hießen wir, dort gern gesehen hätte. Denn aus Geldmangel verzehrte unsereins gerade mal eine Limonade für RM 0,45, und die wurde den ganzen Nachmittag gestreckt. Die Kellner machten oft lange Gesichter. Wir aber fanden, dass der Alsterpavillon gerade die richtige Umgebung für uns war, mit seinen schauderhaften roten

Plüschsesseln, dem roten Teppich, dem Glitzerkram an den Säulen und Lüstern und natürlich mit den Swingbands. An die John-Kristel-Band aus Holland erinnere ich mich besonders gut. Mindestens ebenso wichtig war aber unser Styling, würde man heute sagen: Kleider aus den ersten Häusern der Stadt, wenn man es sich leisten konnte; auffälliges Make-up, cyclam-lila Lippenstift, Marke Kasana, ein absolut krasser Gegensatz zu Hitlers Frauenideal, das für unsere Begriffe etwas kernseifig wirkte. Die Swingboys hielten das ganz genauso: wie lang das Jackett des Sowieso ist, ob es Schlitze an den Seiten hat, ob dieser oder jener Schuhe mit Kreppsohlen trägt, konnte man da erfahren. Garderobengespräche, unwahrscheinlicher Tiefgang.

Die Gestapo wusste ziemlich genau, wer dazugehörte. Wenn wir geahnt hätten, wie bierernst sie unsere Spinnereien nahmen, hätten wir vermutlich manches unterlassen, hätte ich wahrscheinlich meine »Rolle« nicht gemalt, hätte sie zumindest nicht überall mitgeschleppt. Weil ich es doch getan hatte, musste ich nun mit zum Gestapo-Hauptquartier ins Stadthaus kommen. Mama bestand darauf, dass sie mich begleiten müsse. Sie zwang die Gestapo-Männer, auf sie zu warten. Ziemlich lange und ausgiebig machte sie sich fein, inklusive Make-up. Und am Ende noch der kleine Schleierhut, wie er damals modern war. Ich durfte vom Gestapo-Hauptquartier nicht wieder mit zurück nach Hause. Stattdessen jeden Tag Verhöre. Zwei Beamte im Wechsel; für mich hießen sie »der Liebe« und »der Böse«. Nach den Verhören Abtransport mit der Grünen Minna ins Gefängnis Fuhlsbüttel. Zelle 67. Das war ein Schreck: Nicht, dass ich die Zelle mit zwei anderen Mädchen teilen musste, aber dass auch das Klo in der Zelle drin war; keine Trennwand, kein Vorhang. Ich traute mich nur nachts im Finstern, und selbst da zog ich mir noch meine Decke über. Andere waren weniger empfindlich. Nach drei Wochen war der Spuk Gott sei Dank zu Ende. Vermutlich habe ich meinen Part als Naive und Beschränkte so glaubhaft gespielt, dass sie mich laufenließen. Bald darauf kam ein Schreiben. Mein Bleiben auf der Hansischen Hochschule war nicht mehr erwünscht. Ich galt als »verwahrlost«.[59]

Günter Discher »... wird in Schutzhaft genommen«

Es gehörte zum guten Ton, dass man vier Wochen inhaftiert war. Dann war man sozusagen erst ein richtiger Swingboy und gehörte praktisch zur Elite. Das ist uns natürlich nachher ganz schnell vergangen.

Man warf mir vor, ich hätte halb Hamburg mit Schallplatten versorgt und einen schwunghaften Handel mit diesen verbotenen englischen Platten betrieben.

Die Tür geht auf.

Herein kommt der Gestapobeamte Küchler.

Er ruft meinen Namen.

Ich stehe von meiner Holzbank auf.

Mir schlottern die Knie.

Ich muss zum Verhör.

Ich weiß nicht, was ein Gestapoverhör überhaupt bedeutet.

Er fragt mich, warum wir alle gerade englische und amerikanische Musik lieben, warum wir gekleidet gehen wie die Engländer, warum wir Regenschirme tragen, warum wir überhaupt gegen die Nazis Opposition machen.

Beim Verhör muss man immer sofort antworten. Tut man das nicht, kriegt man eine mit der flachen Hand ins Gesicht geschlagen.

Ich werde gefragt, warum ich nicht in der Hitlerjugend bin.

Daraufhin antworte ich: »Ich möchte ein freier Mensch sein.«

Diese Aussage hat mir die unbestimmte Haft und die Einweisung in das Jugendkonzentrationslager Morningen eingebracht.

Mit zwei Justizbeamten zum Altonaer Bahnhof. Von dort mit der Eisenbahn nach Nordheim. Um das Handgelenk eine Kette, die reicht hinunter bis zum Fußgelenk, durch die Hosentasche durch und innen im Hosenbein hinunter. Und von Nordheim dann zu Fuß nach Morningen. Das sind 12 km. An Flucht ist nicht zu denken. Die Kette ist knapp bemessen. Die Handgelenke sind bald blau und angeschwollen und ebenso die Fußgelenke.

Immerhin muss ich die Strecke nur einmal bewältigen, die Beamten hingegen zweimal.

Mein Freund Heiner Fey ist schon im Lager. Mit seiner hohen, nasalen, hanseatisch-aristokratischen Stimme ist er für die lettischen Wachmannschaften ein rotes Tuch.

Da kam das Unterste zuerst, das war ja das, was die Nazis Revolution genannt hatten, die Revolution des Primitiven gegen das Moderne.

Wir sind 18 Swingboys im Lager Morningen.

Keine »kriminalbiologische Eingangsuntersuchung« wie bei den anderen. Nur »Die Nase hoch« und »Im Laufschritt Marsch«, alles im Laufschritt, und ab in den »Stapo-Block«.

Um 5.15 Uhr werden wir geweckt.

Dann geht es von unserer Baracke rüber zur Waschbaracke, immer im Laufschritt.

Kaltes Wasser.

Um 5.45 Uhr eine Scheibe Brot, ein Stück Margarine und Marmelade und ein Getränk, das man nicht Kaffee nennen sollte. Aber wenigstens warm.

Günter Discher

Um 6 Uhr Arbeitseinteilung.

Wir besteigen einen LKW, der uns zur Munitionsfabrik (»Heeresmunitionsanstalt«) Volpriehausen bringt.

Dort fahren wir mit dem Förderkorb unter Tage, in die unterirdischen Hallen eines ehemaligen Salzbergwerks. Kein Tageslicht, keine Schutzkleider. Aber wenigstens lässt uns die SS dort allein.

Wir fertigen Granaten und stapeln Kartuschen. 10 oder sogar 12 Stunden jeden Tag, auch am Sonnabend. Das ist eine einzige Quälerei, vor allem, wenn man halb verhungert ist. Sonntags mussten wir dann oft noch bei den Bauern in der Morninger Umgebung zum Arbeitseinsatz antreten.

[...]

Der Swing hält uns über Wasser.

Das Salzbergwerk hat eine phantastische Akustik.

Auf den Kartuschen, solchen Holzkartons, spielen wir Schlagzeug, und mit den Stimmen wird improvisiert:

»Jeepers Creepers« oder »A Tisket A Tasket«, was wir alle kennen, weil es das noch bis 1939 von Teddy Stauffer auf Telefunken gegeben hat.[60]

Bremer Swings Anfang der 1940er-Jahre.

Swingjugend in Norddeutschland

Bremen

Ohne Frage war Hamburg die Hauptstadt der Swingjugendsubkultur während der NS-Zeit. Doch Swing-Cliquen gab es auch in vielen anderen Städten, besonders in Norddeutschland. Bremen mit seinen gut 400 000 Einwohnern Ende der 1930er-Jahre verfügte ebenfalls über einen wichtigen Überseehafen, obgleich Bremen nicht an die Bedeutung Hamburgs heranreichen konnte. Ab Mitte der 1930er-Jahre bildeten sich in Bremen verschiedene Swing-Cliquen, die zum Großteil aus gutbürgerlichen Kreisen und teilweise auch aus höheren Beamtenfamilien stammten. Etwa 150 Jugendliche können zur lokalen Swingjugend gezählt werden. Rudolf Engeln war einer von ihnen. Später erinnerte er sich an seinen ersten Kontakt mit Swingmusik: »Ich hatte einen Freund, dessen Vater war Baumwollkaufmann. Der wurde, als Frankreich besetzt wurde, nach Paris versetzt. Ich hatte das Gefühl, dass er mit Koffern voll Geld dahinfuhr und Sachen aufkaufte. Und der brachte seinem Sohn, obwohl ich ihm das nie zugetraut hätte, Platten des ›Hot Club de France‹ mit. Das ist ja das Orchester, mit dem der französische Jazzgitarrist Django Reinhard großgeworden ist. Und das war ein Rhythmus, der war ja nun völlig anders als alles, was ich vorher gehört hatte, da flogen mir fast die Ohren weg.«[61]

Ihre bevorzugten Treffpunkte waren das Europa-Café am Hauptbahnhof, das Varieté Astoria oder das Atlantic-Café in der Knochenhauerstraße, die seinerzeit in Anlehnung an Hamburg als die »kleine Reeperbahn« galt. Da Bremen, genauer gesagt Bremerhaven, auch Start- und Zielpunkt verschiedener Passagierschiffe war, gastierten dort ebenfalls zahlreiche internationale Tanzorchester, wie z. B. John Kristel aus Holland, Jack Hylton aus England und Arne Hülphers aus Schweden. Diese Veranstaltungen zogen viele Jugendliche an.

Das Atlantic Café in Bremen war ein beliebter Treffpunkt der örtlichen Swingjugend.

Bremer Swings fuhren darüber hinaus an den Wochenenden mit ihren Hotkoffern und Swingplatten in Paddelbooten auf den Kanälen rund um die Weser oder trafen sich im Stadionbad. Eine massive Verfolgung dieser Cliquen analog zur Hamburger Swingjugend fand hingegen nicht statt. Einer der Hauptgründe war, dass die wesentlich kleineren Bremer Gruppen in der Öffentlichkeit weniger auffielen und daher von den NS-Verfolgern nicht als Bedrohung der »Volksgemeinschaft« wahrgenommen wurden, der man ähnlich massiv wie in Hamburg entgegentreten müsste. Bekannt ist, dass der HJ-Streifendienst auch Bremer Swings die in seinen Augen zu langen Haare kurzschor.

Robert Kusserow, der als Lehrling für einen Tabak-Kontor arbeitete, erinnerte sich später über die Besuche im Atlantic: »Eigentlich durfte man unter 16 auch nachmittags nicht in die Lokale rein. Aber das wurde nicht zu ernst genommen. Ich konnte den Portier vom Atlantic zum Beispiel mit Zigaretten bestechen, die ich ja immer hatte. Das hatte was Großstädtisches, die Orchester zu erleben. Aber wir

Rudolf Engeln (rechts) und ein weiterer Swing bei einem Spaziergang in der Bremer Innenstadt am »Tag der deutschen Wehrmacht« 1942.

Bremer Swings beim privaten Hausball, auch Tanztee genannt.

benahmen uns auch unauffällig, wir waren ja froh, dass wir da heil reinkamen und große Welt spielen konnten.«[62] Bei den obligatorischen Razzien in Tanzlokalen warnten stellenweise die Garderobenfrauen oder die Portiers Swings vor dem Streifendienst und diese konnten sich rechtzeitig über Nebenausgänge verdrücken.[63]

Kiel

Die Kieler Gestapo meldete am 11. September 1941: »Im Zuge durchgeführter Ermittlungen wegen politischer, geistiger und sittlicher Entartungserscheinungen jugendlicher Kreise wurde die Aufmerksamkeit auf eine Gruppe ehemaliger Schüler der ›Kieler-Privat-Realschule‹, kurz ›Häfner-Schule‹ genannt, gelenkt. Es handelte sich um männliche Jugendliche, die sich unter bewußter Ablehnung jeder vaterländischen Gesinnung zu einer Clique zusammengeschlossen und Anschluß an die zu Anfang des Jahres 1941 in Hamburg aufgetretene Swing-Jugend gesucht hatten.«[64] Als Gruß verwendeten die Kieler Swings ebenfalls »Swing Heil« und es soll auch die Parole ausgegeben worden sein: »Swing-boys aller Länder vereinigt euch!« Die Clique gab sich den Namen »CdP« (Club der Plutokraten).[65]

In einem Polizeiverhör gab der Kieler Swing Karl-Heinz R. im September 1941 zu Protokoll: »Unsere Auffassung ging dahin, daß wir durch den HJ-Dienst in unserer Freizeit zu sehr beschnitten wurden; wir sahen ihn als Zwang an und etwas Gezwungenes tut man nicht gerne. Auch der kommenden Arbeitsdienstzeit sahen wir ungern entgegen. Die dann folgende Militärzeit sahen wir als ein notwendiges Übel an. Mir persönlich schwebte als Ideal ein Leben voller Freiheit ohne Zwang mit viel Abwechslung und Vergnügen vor [...]. Um meiner Gedankenwelt entsprechend auftreten zu können, war ich bestrebt, mir Manieren englischer Art anzugewöhnen. Sie sollten mir für später den nötigen Schliff verleihen. Die übrigen zur Clique zählenden Jungen hatten wohl die gleichen Gedankengänge.«[66]

Frankfurt am Main

Frankfurt am Main war und ist aufgrund seiner geografischen Lage seit Jahrhunderten ein wichtiges Handels- und Verkehrszentrum. Die Stadt hatte Anfang der 1930er-Jahre etwa 550 000 Einwohner, war eine traditionsreiche Universitäts- und Messestadt.

Im Frühjahr 1939 gründeten etwa 30 männliche und weibliche Frankfurter Swings aus vorwiegend bürgerlichem Elternhaus den »Harlem Club«. Als Erkennungszeichen trugen sie eine Anstecknadel, die aus einem auf der Spitze stehendem Viereck bestand, worin das Wort »Harlem« eingraviert war. Die Jugendlichen trafen sich zumeist in Cafés, an den Wochenenden in Tanzlokalen. Im Café am Goetheplatz wurden sie schnell zu Stammgästen und konnten mit Einverständnis des Cafébesitzers sogar amerikanische Swingplatten über das dortige Grammophon abspielen. Besonders beliebt war in der Innenstadt die Rokoko-Diele, ein etwas versteckt gelegenes Etablissement im Hotel Kyffhäuser. Zum Kern des Harlem-Clubs gehörten u. a. Carlo Bohländer, Hans-Otto Jung und der später sehr berühmte Jazzmusiker Emil Mangelsdorff. Einige der Frankfurter Swings gründeten mit Horst Lippmann, Karl »Charlie« Petry und Hanns Podehl eine Amateurjazzband, die regelmäßig in der Rokoko-Diele Jam Sessions abhielt. Bis zu 150 junge Menschen besuchten diese Veranstaltungen, Cliquen aus verschiedenen Frankfurter Stadtteilen kamen.

Gelegentlich veranstalteten die Jugendlichen Hausbälle, um der Kontrolle durch HJ und Polizei zu entgehen. Weit verbreitet war das heimliche Hören der BBC. Einige unternahmen in den wärmeren Jahreszeiten Wanderungen in eine Skihütte in Oberreifenberg im Taunus. Bei den Fahrten in den Taunus trafen die Frankfurter Swings manchmal auf Edelweißpiraten, die dort an den Wochenenden ebenfalls wanderten. Albert, der jüngere Bruder von Emil Mangelsdorff, war mit einigen Freunden ebenfalls oft dabei. Bezüglich seiner Liebe zum Jazz erinnerte er sich später: »Jazz stand ja für uns nicht nur als Symbol für

In der Rokoko-Diele, die zum Hotel Kyffhäuser mitgehörte, trafen sich regelmäßig Frankfurter Swings, auch zum Musik machen.

Lebensfreude. Jazz stand für Freiheit und damit im Gegensatz zu dem, was da oben war. Leute, die mit den Nazis nichts zu tun haben wollten, haben sich im Jazz – sagen wir mal – abstrakt artikuliert.«[67]

Die Frankfurter Gestapo und die Kriminalpolizei ermittelten relativ schnell gegen diese Jugendlichen in den Cafés und Tanzetablissements. Beispielsweise wurde Emil Mangelsdorff mehrmals in die Gestapozentrale mitgenommen, wo man ihm die langen Haare abschnitt. Doch diese Einschüchterungsversuche konnten seine Begeisterung für Jazz und Swing nicht eindämmen.

Im Herbst 1939 gründeten andere Frankfurter Swings zudem die »O.K. Gang«, die aus etwa 20 Personen bestand und sich vor allem aus Schülern der Westend-Privatschule zusammensetzte. Mehrere von ihnen waren HJ-Mitglieder, teilweise sogar in der Funktion als Unterführer. Auch diese Gruppe ließ sich ein eigenes Abzeichen anfertigen: ein kleines rundes Metallplättchen, auf dem in dunkler Schrift »O.K. Gang« stand. Einer ihrer Treffpunkte war ebenfalls das Café am Goetheplatz. Anfang 1940 kam es durch die Gestapo zu mehreren Verhaftungen. Die Beamten verboten schließlich beide Clubs und untersagten außerdem den Mitgliedern, sich weiterhin zu treffen – ohne Erfolg.

Aus einem Frankfurter Gestapo-Bericht vom 25. Januar 1940:

> »So war der ›Harlem-Club‹ also ein Tanzverein, der anständige deutsche Tanzmusik verachtete und ausschließlich für die Verrenkungen und nervösen Zuckungen des Niggertanzes schwärmte und den Swingtanz pflegte. Durch ihre widerlichen Manieren und äußerliches Aussehen (lange Haare, Hornbrille und Jimmy-Jimmy-Hosen) fielen sie sofort auf den ersten Blick in öffentlichen Lokalen unangenehm auf. Auf jeden paßte der Ausdruck ›Jimmy-Junge‹. Weiterhin war verweichtliches Aussehen und mädchenhaftes Benehmen bei einem Teil der Mitglieder festzustellen. Auch die Mädels [...] standen in ihrem Aussehen und Benehmen dem der Jimmy-Jungen nicht nach. Durch Schminke, Puder und besondere Haarfrisur gaben sich die 13-, 14- und 15-jährigen Mädchen berechnend ein älteres Aussehen. Zigarettenrauchend mit übergeschlagenen Beinen, kniefreiem Rock, saßen sie als mondäne Damen in den Lokalen.«[68]

Die Gestapo ermittelte 1940 gegen eine größere Anzahl Frankfurter Swings, hauptsächlich wegen »Kuppelei«, »Verführung Minderjähriger« und »Homosexualität«. Aufgrund der ungenügenden bis haltlosen Beweislage leitete die Staatsanwaltschaft lediglich zehn Verfahren ein, wovon es nur drei bis zum Prozess schafften. Das höchste bekannte Urteil sind acht Monate Gefängnis, wegen des Verhältnisses zu einer unter 18-Jährigen. Stellenweise wurden Mädchen aus den Swing-Cliquen durch das Jugendamt in Heime eingewiesen. Konnte man den über 18-jährigen Jungen nichts Strafrelevantes nachweisen, berief man sie oftmals kurzfristig zur Wehrmacht ein, um sie aus ihren sozialen Zusammenhängen zu reißen.

Ungeachtet dieser Polizeimaßnahmen blieben die Tanzlokale der Innenstadt bevorzugte Treffpunkte. Ab dem Sommer 1941 führten die Frankfurter Kripo, das Jugendamt und der HJ-Streifendienst mehrmals sogenannte »Groß-Streifen« in den Gaststätten und Tanzsälen durch, auf der Suche nach unter 18-Jährigen, die gegen die Jugendschutzverordnung verstießen. So wurden bis zum Juli 1941 mehr als 1000 Jugendliche erfasst, weil sie sich nach 21 Uhr in der Öffentlichkeit aufhielten.[69] Der HJ-Streifendienst hatte zu diesem Zweck einen Stützpunkt im Café Milani in der zentrumsnahen Seilerstraße, in dessen Keller die Gestapo verhaftete Swings verhörte und misshandelte. Außerdem wurden hier zwangsweise deren Haare geschnitten.[70]

Gegen die immer noch aktiven Swings ermittelte man 1942 erneut, nachdem der Harlem Club wieder gegründet worden war. Ein Frankfurter Gestapo-Beamter hielt sich zeitweise an den bevorzugten Treffpunkten auf und beobachtete die äußerlich gut erkennbaren Swinganhänger auf der Suche nach strafbaren Handlungen. Weil der Besitzer des Café Goetheplatz das jugendliche Treiben in seinem Lokal duldete, wurde er bereits Mitte Dezember 1941 verhaftet und sein Lokal wenige Monate später polizeilich geschlossen. Auch seine seit 1931 bestehende NSDAP-Mitgliedschaft bewahrte ihn nicht vor einer zehnmonatigen Gefängnishaft wegen angeblicher Verstöße gegen die Verbrauchsregelungsordnung.[71] Andere Café-Besitzer schreckte dies jedoch nicht ab, in ihren Geschäften Tanzkapellen auftreten zu lassen, um das zumeist jugendliche Publikum an sich zu binden. Im Verlauf des Krieges gastierten in Frankfurt vor allem holländische und belgische Bands, die Swingmusik spielten. Besonders beliebt war in der Innenstadt, neben dem 1942 geschlossenen Café am Goetheplatz, das Café Regina in der Nähe der Hauptwache, das Café Wien und das Schumanncafé. Die kommerziellen Interessen der Besitzer überwogen nicht selten die ideologischen Vorgaben der Nationalsozialisten. Als ab 1943 die alliierten Bombenangriffe auf Frankfurt einige der Stamm-Cafés zerstörten, wichen die Jugendlichen kurzerhand in andere Läden aus, beispielsweise in den Wappenhof, ein eher verrufenes Lokal in der Altstadt. Im Vergleich zu den Industriestädten im Ruhrgebiet wurde Frankfurt jedoch nicht so massiv zerstört, sodass sich auch gegen Ende des Krieges – solange die Cafés noch offen hatten – Jugendliche dort treffen konnten. Durch die verstärkten Einberufungen zur Wehrmacht lichteten sich dann zunehmend die Reihen der Frankfurter Swingszene. Doch selbst noch im Januar 1945 wurden auf der Suche nach Mitgliedern der Swingjugend noch Jugendliche verhaftet.

Während die Hamburger Swingjugend ihre Subkultur vor allem als Lifestyle zelebrierte, beschäftigte man sich in den Frankfurter Kreisen hingegen stärker mit der Musik an sich und tauchte, wie die Brüder Mangelsdorff, in die Tiefen des Jazz ab. Aus diesen Grund wurde Frankfurt im Nachkriegsdeutschland auch zu einer der wichtigsten Jazz-Hochburgen Deutschlands.

Hot Club Wiesbaden

Das knapp 40 Kilometer von Frankfurt entfernt gelegene Wiesbaden verfügte spätestens ab 1937 über eine jugendliche Jazz- und Swingszene, die sich 1939 den Namen »Hot Club Wiesbaden« gab. Maßgeblich initiiert wurde die Gründung dieses informellen Freundeskreises durch den Italiener John Abriani, der damals mit seiner Band im Park-Café gastierte und die beliebte amerikanische Musik spielte. Zum benachbarten »Hot Club Mainz« sowie zum »Hot Club

Hoechst« gab es Kontakte und gegenseitige Besuche. Neue Jazz- und Swingmusik hörten die Jugendlichen oftmals auf Radio Luxemburg, das sie aufgrund der geografischen Lage gut empfangen konnten.

Der NSDAP-Ortsgruppenleiter beschwerte sich mehrmals beim Betreiber des Park-Cafés über die »Niggermusik«, ohne dass die Konzerte aufhörten. Bei einer Razzia durch die Wiesbadener Gestapo wurden eines Tages alle jugendlichen Café-Besucher auf einen LKW verladen und in die Gestapo-Zentrale gebracht, wo man ihnen die langen Haare abschnitt. Doch im Sommer 1941 spielten weiterhin italienische Tanzorchester im Park-Café, von denen die einheimischen Swings nach wie vor in großer Zahl angezogen wurden.

Neben dem Hot Club gab es noch eine weitere Gruppe swingbegeisterter Jugendlicher in Wiesbaden, die sich regelmäßig auf dem Mauritiusplatz traf. Arthur Kremer erinnerte sich später: »Von der HJ unterschieden wir uns ganz bewusst durch lange Haare, Matrosenhosen und weiße Schals. Am Wochenende fuhren wir des öfteren zum Zelten nach Schierstein an den Altrhein, wo wir ungestört unsere Musik machen konnten. Wenn es unsere bescheidenen finanziellen Mittel erlaubten, besuchten wir manchmal auch das ›Park-Café‹, besonders wenn holländische Kapellen Swing spielten. [...] Es war 1940, Frankreich war bereits besetzt. Daher wurden uns immer wieder einmal von Freunden, die inzwischen zur Wehrmacht eingezogen worden waren und in Paris oder anders-

Das im Stil der Moderne eingerichtete Park-Café war Treffpunkt der Wiesbadener Swings.

wo stationiert waren, Schallplatten-Raritäten mitgebracht, wie z. B. englische Titel oder auch Scheiben von Django Reinhardt und seinem ›Quintette du Hot Club de France‹.«[72]

Auszug aus dem Lagebericht des Generalstaatsanwalts Frankfurt am Main vom 3. Oktober 1942:

> »Aus früheren Berichten ist bekannt, daß in Frankfurt/M. ebenso wie in anderen Großstädten des Reiches die ›Swing-Jugend‹ ein Bild besonderer Verwahrlosung darbot. Die verschiedenen Vereinigungen im ›Harlem-Club‹, ›Ohio-Club‹, ›Cotton-Club‹ u. a. setzten sich aus Jugendlichen beiderlei Geschlechts zusammen, die ein in jeder Beziehung undeutsches Verhalten an den Tag legten. Sexuell zügellos, gaben sie sich anglophil, indem sie nach englischen Tanzplatten Swing tanzten und sich auch in Tracht und Haltung nach englischem oder amerikanischem Vorbild gefielen. Diese Klubbildungen, die im Jahre 1941 bis zu Anfang 1942 auch nach Wiesbaden übergriffen, können in letzter Zeit durch das unnachsichtige Einschreiten der Staats- und Kriminalpolizei, vor allem durch Herbeiführung von Fürsorgeerziehungsmaßnahmen, in schweren Fällen auch durch lagermäßige Verwahrung, als vorläufig überwunden angesehen werden, wenn auch nach Erfahrungen in früheren Jahren mit einem Aufleben – vielleicht in anderer Form – gerechnet werden muß.
>
> So machten sich bereits seit dem Frühjahr 1942 hier in wachsendem Maße Jugendliche, meist männlichen Geschlechts, am Wochenende unliebsam bemerkbar. Sie schlossen sich in Gruppen zusammen, brachten durch auffallende Haartracht und Kleidung ihre Zusammengehörigkeit zum äußeren Ausdruck und unternahmen in die nähere Umgebung, vor allem das nahe Taunusgebirge, Fahrten, bei denen sie sich frech und anmaßend aufführten. Um das Erholungsbedürfnis von Wanderern, denen sie begegneten, kümmerten sie sich ebensowenig wie um HJ-Einheiten und Streifendienst, gefielen sich vielmehr diesen gegenüber in herausforderndem Verhalten. Auch diesem Rowdytum ist die Staatspolizei, die darin eine besondere Gefahr für die heranwachsende Jugend erblickt, mit Erfolg entgegengetreten. Sie hat durch Verhängung von Wochenendausgehsperren, die durch polizeiliche Meldepflichten des Sonnabends und Sonntags überwacht wurden, das Treiben zurückgedämmt. Politische Strömungen haben sich nicht feststellen lassen. Offenbar ist unbändiger Freiheitsdrang als Triebfeder anzusehen.«[73]

Stuttgart und Freiburg

Stuttgart

Obgleich Stuttgart die wichtigste Metropole im Südwesten des damaligen Deutschen Reiches war, ist über lokale subkulturelle Jugendgruppen bislang nur sehr wenig bekannt. Sicher ist, dass sich bereits 1933 Stuttgarter Jugendliche aus dem linken Arbeitermilieu zusammenfanden und die »Gruppe G« gründeten, getarnt als Wandergruppe um den 1920 geborenen Hans Gasparitsch und den früheren KJVD-Funktionär Fritz »Kolka« Brütsch. Die Gruppe stellte u.a. Flugblätter her und verteilte diese. Mitte März 1935 wurde Gasparitsch verhaftet, nachdem er auf den Sockel eines Denkmals im Unteren Schlossgarten in roter Farbe »Hitler = Krieg« und »Rot Front« geschrieben hatte. Es folgten insgesamt 25 Verhaftungen und im März 1936 ein Prozess gegen 22 Jugendliche wegen »Vorbereitung zum Hochverrat«. Gasparitsch wurde zu zweieinhalb Jahren Gefängnis verurteilt und wie mehrere Gruppenmitglieder anschließend in verschiedene Konzentrationslager überstellt. Das Kriegsende erlebte er im KZ Buchenwald.

1942 bildete sich im Stuttgarter Stadtteil Bad Cannstatt ein »Swing-Klub« aus etwa 20 Jugendlichen, darunter auch einige Mädchen. Sie trugen im wesentlichen Frisuren und Outfits, wie sie bei Swingjugendlichen in Deutschland üblich waren, darüber hinaus als Erkennungszeichen kleine Abzeichen, in die das Wort »Swings« eingeprägt war. Im Konzertcafé Hindenburgbau in der Schubartstraße trafen sie sich regelmäßig am Sonntagnachmittag, um den Tanzorchestern zuzuhören. Besonders die Gastspiele des Niederländers Ernst van't Hoff mit seiner Jazzkapelle waren sehr beliebt. Ein weiterer Treffpunkt Stuttgarter Swings war die Gaststätte Zum Bären.

1943 gab es seitens der Stuttgarter Gestapo Ermittlungen gegen mehrere Jugendgruppen außerhalb der HJ. Namentlich bekannt sind der »Rio-Grande-

Das Café im Hindenburgbau war ein beliebter Treffpunkt für Swings in Stuttgart. Hier spielten auch Tanzorchester die beliebte Musik.

klub« und der Klub »Urachplatz«, deren Mitglieder sich neben den üblichen Zusammenkünften auch zum Fußballspielen trafen.

Die Gestapo ermittelte Anfang 1943 außerdem gegen die Clique aus Bad Cannstatt. In diesem Zusammenhang wurde am 1. März der 17-jährige Reichsbahn-Beamtenanwärter Helmut B. als »Rädelsführer« verhaftet. Weitere 15 Verhaftungen von Jugendlichen aus Bad Cannstatt folgten. Die Gestapo ermittelte in dieser Zeit gegen fast 200 Stuttgarter Jugendliche aus verschiedenen Cliquen, wobei unklar ist, ob es ausschließlich Swings waren oder auch andere lokale Stadtteilcliquen jenseits der HJ. Als einziger haltbarer Vorwurf gegen sie blieb letztlich nur die Übertretung der »Polizeiverordnung zum Schutze der Jugend«. Mehrere Mitglieder wurden durch die Gestapo verwarnt, einige saßen bis zu drei Wochen in Polizeihaft.[74]

Freiburg

In Freiburg im Breisgau entwickelte sich um 1940 eine lokale Swingjugendszene, deren Mitglieder von Außenstehenden auch »Jazzbrüder« genannt wurden. Die einzelnen Cliquen waren über verschiedene Stadtteile verstreut und sollen insgesamt etwa 100 Jugendliche umfasst haben, zum Großteil Gymnasiasten.

Teilweise gaben sich die Gruppen auch eigene Namen, wie z. B. die »Stenze von Herdern« aus dem Freiburger Stadtteil Herdern, die etwa ein Dutzend Jugendliche umfasste. Neben den obligatorischen etwas längeren Haaren trugen sie als Erkennungsmerkmal einen weißen Seidenschal.

Gastspiele ausländischer Tanzkapellen fanden im beschaulichen Freiburg nicht sehr häufig statt und wenn, dann im Wiener Café, im Casino oder im Café Museum. Bei den Auftritten wurde die unterschiedlichste Tanzmusik gespielt, nur teilweise waren auch Swingtitel darunter, die das jugendliche Publikum um so mehr erfreuten. Um bei den Besuchen als Jugendlicher nicht sofort aufzufallen, versuchte man sich so zu kleiden, dass man dem Aussehen nach bei einer möglichen Kontrolle als 18-Jähriger durchging.

Aufgrund der wenigen Livemusik versuchte man verstärkt über die verbotenen ausländischen Rundfunksender Swing und Jazz zu hören. Auch wurden auf Hausbällen Schellackplatten von Swingorchestern gespielt. Der Freiburger Rudi Schmaltz und sein Freund Gérard versuchten darüber hinaus, am Klavier und Schlagzeug populäre Swingnummern nachzuspielen, und gaben bei privaten Hausbällen der eigenen Clique kleine Konzerte.

Im Gegensatz zu vielen anderen Städten blieben die Freiburger Swings von Repressalien und Verfolgung weitgehend verschont. Obgleich der lokalen HJ die sich eher unauffällig verhaltenden Swing-Cliquen aufgefallen waren, sind Ermittlungen seitens der Polizei nicht bekannt.[75]

Berlin-Friedrichstraße mit dem Café Imperator, einem bekannten Tanzlokal.

Berlin – Zwischen Delphi, Broadway und »Sowjet-Paradies«

Berlin als die größte deutsche und seinerzeit – nach London und New York – drittgrößte Stadt der Welt, war in den späten 1930er-Jahren mit etwa 4,3 Millionen Einwohnern eine vielschichtige Metropole. Einerseits war Berlin die repräsentative und administrative Reichshauptstadt der Nationalsozialisten mit ihren Funktionären, Aufmärschen und Prunkbauten. Andererseits war Berlin Ort zahlloser Vergnügungsetablissements, Kinos, Tanzlokale, Gastspiele internationaler Orchester, der ein hauptsächlich bürgerliches Publikum auch von außerhalb anzog. Und dann war Berlin ein bedeutender Industriestandort mit vielen vormals politisch aktiven Arbeiterfamilien, die in bescheidenen bis ärmlichen Verhältnissen lebten. Man fand diese verschiedenen Schichten auch in anderen Großstädten Deutschlands, aber in Berlin traten sie aufgrund seiner Größe und Bevölkerungsdichte besonders hervor, waren besonders vielfältig und unübersichtlich. Daraus entwickelten sich regelrechte Parallelwelten – auch unter Jugendlichen.

In den zahlreichen Vergnügungslokalen im Westen der Stadt, die sich rund um die Gedächtniskirche vom Kurfürstendamm bis hin zum Wittenbergplatz erstreckten, trafen sich Mitte der 1930er-Jahre neben den »normalen« Gästen auch die einheimischen »Swingheinis«. Beliebt waren das Café Uhland am Kurfürstendamm, die Femina-Betriebe in der Nürnberger Straße und auch das Mokka Efti in Berlin-Mitte – die Liste könnte endlos fortgeführt werden. Diese Lokalitäten waren in erster Linie für ein gut situiertes erwachsenes Publikum, doch auch weniger vermögende Jugendliche mischten sich zunehmend unter die Gäste, um zu ihrer Lieblingsmusik zu tanzen.

Das Delphi in der Kantstraße galt spätestens seit den Gastspielen von Teddy Stauffer im Juli 1936 unter Swing-Freunden als der beliebteste Laden, in dem

Das Delphi in der Kantstraße im Stadtteil Charlottenburg war Berlins erste Adresse für Swingmusik.

SYDNEY CENTER
Bln.-Friedenau
Sponholzstr. 12

HOT CLUB LOY
BERLIN

Visitenkarte eines Mitgliedes des Hot Club Berlin Loy Anfang der 1940er Jahre.

sich namhafte nationale und internationale Tanzorchester die Klinke in die Hand gaben. Beschaulicher, und nur Swing-Insidern bekannt, ging es im benachbarten Groschenkeller und bei Arndt am Olivaer Platz zu.

Neben den Besuchen von Tanzveranstaltungen wurde das Sammeln und Hören von Schellackplatten in den 1930er-Jahren zu einem immer beliebteren Freizeitspaß unter Swing-Interessierten. Eine geradezu elitäre Gruppe von Jazz-Freunden, der »Melodie-Klub«, traf sich Mitte der 1930er-Jahre dafür z. B. im Café Hilbrich am Kurfürstendamm und hörte dort amerikanische Platten.

Berlin war die Hauptstadt der deutschen Plattenlabels. Bis zum Kriegsbeginn im September 1939 konnte man zudem in den größeren Geschäften noch englische und amerikanische Musik kaufen, ebenso ausländische Zeitungen, Zeitschriften und stellenweise sogar amerikanische Comics.

Im Gegensatz zu Hamburg, wo es spätestens ab 1941/42 zur massiven Verfolgung von Swingjugendlichen kam, fielen die Berliner Cliquen in der Öffentlichkeit weniger auf – trotz gelegentlicher Razzien aufgrund der neuen Jugendschutzverordnung. Selbst in den späteren Kriegsjahren waren eine ganze

Reihe zumeist kleinerer Lokale in Schöneberg Treffpunkte von subkulturell eingestellten Jugendlichen. Im Gegensatz zu anderen Städten gab es in Berlin auch keine großangelegten Verfolgungswellen gegen Jugendliche außerhalb der HJ. Ein Grund wird die Anonymität der Großstadt gewesen sein, in der Cliquen weniger auffielen und schwerer zu verfolgen waren, sofern sie sich nicht offensiv gegen das NS-Regime richteten. Dennoch gab es neben Swings in Berlin noch eine ganze Reihe von Cliquen aus dem Arbeitermilieu, die teilweise mit den Edelweißpiraten bzw. den Meuten vergleichbar waren. Berlin besaß seit den frühen 1920er-Jahren eine weit verbreitete Subkultur sogenannter Wilder Cliquen zumeist arbeitsloser Jugendlicher, die mit eigenem schillerndem Dresscode, angelehnt an die damals übliche Wanderkluft in kurzer bayerischer Lederhose mit Geschirr, im Stadtbild präsent waren. Weit verbreitet war unter ihnen das Edelweißabzeichen. Die Wilden Cliquen gingen Ende der 1920er in die Hunderte, die Mitgliederzahlen lagen nach unterschiedlichen Schätzungen zwischen 3000 und 15 000. Bereits 1932 hatte der Berliner Schriftsteller Ernst Haffner mit seinem Roman »Jugend der Landstraße« ihnen ein Denkmal gesetzt.[76]

Privates Plattenkopierstudio in Berlin zu Beginn der 1940er-Jahre. Mit diesen Apparaten konnte man Schellackplatten kopieren. Nicht mehr in den Geschäften erhältliche amerikanische Swing-Scheiben wurden so weiterverbreitet.

Neben den großen Vergnügungsetablissements im Westen der Stadt kamen swingaffine Cliquen auch in den weniger glamourösen Stadtvierteln Berlins zusammen. Einer dieser Treffpunkte war die belebte Schönhauser Allee, von den ortsansässigen Jugendlichen »Broadway« genannt. Diese Bezeichnung für urbane Einkaufsstraßen ist auch aus anderen Städten wie z. B. Leipzig bekannt und zeigt, welche Faszination das Original in New York auf junge Menschen in Deutschland ausübte. Im Caféhaus Nord in der Schönhauser Allee 118 traf sich seit Ende der 1930er-Jahre die »Clique Broadway«. Ein weiterer Treffpunkt war der Platz unter der Hochbahn, wo seinerzeit noch Bänke standen. Im benachbarten Café Truxa in der Schönhauser Allee 98 kam eine Pankower Clique mit Namen »Kolonne X« zusammen. Beide Gruppen vereinten sich 1943 auf dem Kissingenplatz in Pankow. Als sich deren Mitglieder einmal mit »Heil Broadway« verabschiedeten, zettelten Hitlerjungen eine Schlägerei mit ihnen an. Die HJ versuchte in der Folgezeit, die Clique zu zerschlagen: Mitglieder brachte man zur nahegelegenen NSDAP-Geschäftsstelle in der Bornholmer Straße, wo sie den »Deutschen Gruß« vorführen mussten und ihnen die längeren Haare zwangsweise abgeschnitten wurden.[77]

Ein weiterer beliebter Treffpunkt für Jugendliche im Norden Berlins waren die Pharus-Säle in der Müllerstraße 142, dem bekanntesten Veranstaltungsort im Arbeiterstadtteil Wedding. Zum Etablissement gehörten u. a. ein Kino und der größte Veranstaltungssaal in Nord-Berlin. Spielten bekannte Tanzorchester, wie z. B. das von Kurt Widmann oder Heinz Bormann, strömten zahlreiche junge Menschen zu den Veranstaltungen, manchmal mehr als reinpassten. Die angrenzende Seestraße wurde von einigen Berliner Swings deshalb ebenfalls »Broadway« genannt. Im Kiez rund um die Pharus-Säle lungerten oftmals Dutzende Jugendliche herum und verprügelten vorbeikommende Hitlerjungen.[78]

In den wärmeren Monaten fuhren einzelne Gruppen in die Umgebung Berlins, meistens an einen der zahlreichen Seen. Ein beliebter Treffpunkt war in den Sommermonaten auch das Strandbad Wannsee, wo sich verschiedene Cliquen trafen und auf ihren Koffergrammophonen Swing hörten. Die Platten besorgten sie sich teilweise in einem Geschäft am Alexanderplatz, wo man unter dem Ladentisch für zehn alte Schellackplatten eine Swingplatte erwerben konnte.

Die Aktivitäten der Jugendgruppen im Norden Berlins setzten sich 1944 fort, wie das Reichssicherheitshauptamt im Juni des Jahres meldete:

»In Berlin wurden 24 Jugendliche festgenommen, die sich Anfang 1944 zu einer Clique ›Knietief‹ zusammengeschlossen hatten. Sie kamen fast täglich in einem Café im Nord-Osten Berlins zusammen. Bei Jazz-Musik wurde getanzt und ›gehottet‹. Ein Angehöriger der Clique hatte die Wohnung seiner abwesenden Eltern für ›Budenzauber‹ zur Verfügung gestellt, wobei es zu alkoholischen Exzessen und sittlichen Ausschreitungen mit Mädchen kam. Sie verübten ferner Überfälle auf HJ-Angehörige, rissen ihnen die HJ-Abzeichen ab und belästigten sie. Allgemein wurde langer Haarschnitt getragen.

Zwei Cliquenangehörige, bei denen es sich um jüdische Mischlinge I. Grades handelt, wurden einem Arbeitserziehungslager zugeführt; 12 Jugendliche sind dem Jugendrichter überstellt worden.«[79]

Im Frühjahr 1943 wurde außerdem eine Jugendclique unter dem Namen »Club der Unheimlichen« aus Berlin-Schöneberg aktenkundig. In einer Meldung aus dem Reichssicherheitshauptamt heißt es:

»In Berlin-Schöneberg wurde im März 1943 eine Razzia gegen Jugendliche durchgeführt, die sich nach Einbruch der Dunkelheit ohne Begleitung der Erziehungsberechtigten auf den Straßen herumtrieben, Passanten belästigten und Unfug trieben. Hierbei sind 153 Jugendliche aufgriffen worden. Von ihnen wurden 49 Jungen und 14 Mädchen auf einem städtischen Gutshofe an einem Sonntage unter Aufsicht besonders geeigneter HJ-Führer mit landwirtschaftlichen Arbeiten, Leibesübungen und Gesangsunterricht beschäftigt. Auch wurden sie weltanschaulich geschult und über die Polizeiverordnung zum Schutze der Jugend belehrt.

Als Reaktion auf die Razzia trat eine Bande unter dem Namen ›CDU‹ (Club der Unheimlichen) aktiv in Erscheinung mit dem Ziele, die Beeinträchtigung ihrer Bewegungsfreiheit durch Überfälle auf uniformierte HJ-Angehörige zu vergelten. Ein festgenommener Anführer dieser Bande machte umfassende Angaben über den Kreis der Mitglieder, Verabredungen von Überfällen auf HJ-Angehörige und die Ausrüstung einzelner Mitglieder mit Hieb-, Stich- und teilweise sogar Schußwaffen. Im weiteren Verlauf wurden 18 Jugendliche, darunter 4 Mädchen, die sich als Anführer oder sonst aktiv betätigt hatten, festgenommen und der Jugendhilfsstelle Herberge bzw. einem Mädchenheim der Landesjugendanstalt zugeführt. Der Haupträdelsführer, der 17jährige Klempnerlehrling Erich G., erklärte, aus Verärgerung und Rachegefühl gegenüber dem HJ-Streifendienst den Club gegründet und geführt zu haben. Nach Abschluß der Ermittlungen wurden die 4 Mädchen und 9 männliche Jugendliche nach staatspolizeilicher Warnung entlassen. Die restlichen werden dem Jugendrichter vorgeführt.

Am 10. April 1943 nach 21 Uhr wurde in einem Stadtteil Berlins, der als Anziehungspunkt für vergnügungssüchtige Jugendliche bekannt ist, erneut eine größere Streife durchgeführt. Hierbei wurde festgestellt, daß die Unterhaltungslokale und Cafés fast überwiegend von jungen Leuten beiderlei Geschlechts besucht waren, obwohl durch deutlich erkennbare Aushängeschilder zu erkennen gegeben war, daß Jugendliche der Zutritt nach 21 Uhr verboten ist. Angehalten wurden 119 männliche und 71 weibliche jugendliche Personen, die sich in den Lokalen oder auf den Straßen ohne Begleitung von Erziehungsberechtigten aufhielten. Sie wurden dem zuständigen Polizeirevier zugeführt und nach Feststellung und Überprüfung ihrer Personalien wieder entlassen.«[80]

Im Verlauf des Krieges häuften sich die Meldungen über kriminelles Verhalten Berliner Jugendlicher sowie »Verwahrlosungserscheinungen«, wie überall im damaligen Reich. Im Oktober 1944 meldete der örtliche Generalstaatsanwalt:

»Im Bereich der Staatsanwaltschaft Berlin sind Bandendiebstähle Jugendlicher stärker als bisher in Erscheinung getreten. Dabei handelt es sich hauptsächlich um Einbrüche in Luftschutzkeller und Lauben, aber auch in Lebensmittelgeschäfte. Ferner haben sich Jugendliche mehrfach zu Horden zusammengeschlossen und Angriffe gegen andere nicht zu ihrer Horde gehörende Jugendliche unternommen. Es handelt sich bei diesen Jugendlichen aber nicht um eine Cliquenbildung auf politischer Grundlage, sondern um Täter, die nur aus Rauflust und infolge mangelnder straffer Erziehung mit dem Gesetz in Konflikt gekommen sind. Zahlreich sind auch die Verfehlungen Jugendlicher gegen die Arbeitsdisziplin.«[81]

Erinnerungen von Coco Schumann, Berlin

Auf dem Plätzchen neben der Eisdiele hingen ein paar Jugendliche herum, etwas älter als ich. Sie schnauzten mich an, ich antwortete, wir prügelten uns, ich gab einigen »eins aufs Maul« und war akzeptiert. Meine erste Begegnung mit den sogenannten Swings, zu Beginn des Jahres 1936. Von nun an trafen wir uns täglich, fuhren mit dem Fahrrad ins Berliner Umland oder zum Schwimmen an den See. Doch meist hockten wir vor der Weba-Eisdiele und hörten Platten. Einer von uns hatte immer einen Lido-Koffer bei sich, einen lederbezogenen Telefunken-Plattenspieler. Keine Woche später war die Musik jener Jungs auch die meine. Die heißesten und neuesten Scheiben hatten sie dabei, Duke Ellington, die Chick Webb Band mit der gerade entdeckten Ella Fitzgerald, Horst Winter, Teddy Stauffer, Nat Gonella, Die Goldene Sieben ... Von diesem Zeitpunkt an beherrschte Jazz und Swing mein Leben.

Mich trieb jener Frühling fast jeden Abend in die hellerleuchteten Straßen rund um den Kurfürstendamm, in denen ein Lokal neben dem anderen lag. In allen spielte eine Band oder Tanzkapelle. Ich schlich von Tür zu Tür, lauschte den herausklingenden Tönen und Musikfetzen und genoss den Duft der großen, weiten Welt, der aus den Ventilatoren über den Eingängen nach draußen wirbelte. Ein musikalischer Höhepunkt stellte der legendäre Delphi-Palast dar, das Mekka aller Swingfans. Dort auf der Mauer, die den weitläufigen Vorgarten des Delphi umrandete, saß ich mit meinen dreizehn Jahren und beobachtete das Geschehen. Die Tänzer hotteten auf der Tanzfläche im Freien durch die warmen Sommernächte. Stauffers Band löste mit ihren Kapriolen immer wahre Begeisterungsstürme aus.

1937 wurde ich Mitglied im jüdischen Boxclub Berlin und trainierte Boxen. Leider wurden die Wettkämpfe nur innerhalb des Vereins ausgetragen – ein jüdischer Junge durfte ja keinem arischen Sportler die Schnauze plätten –, aber draußen auf der Straße gab es durchaus Gelegenheiten das Gelernte praktisch anzuwenden. Wenn ein HJ-Grüppchen vorbeikam und meinte, mich anpöbeln zu können, stellte ich mich, sofern deren Anzahl überschaubar war, mit dem Rücken gegen eine Wand und verdrosch sie so, dass sie mich in Ruhe ließen. Vor allem nachdem die jüdischen Vereine im folgenden Jahr schließen mussten, gab ich jedem, der zu mir »Jude«

sagte, sofort eins auf die Nase, schon allein, um in Form zu bleiben.

Das Jahr 1938 brachte entscheidende Veränderungen mit sich, auch wenn ich mit meinem jungen Gemüt den Ernst der Lage nicht erkennen konnte oder wollte. Tagespolitik und Nachrichten bezog ich, sicher altersbedingt, nicht auf mein eigenes Leben. Ich arrangierte mich mit den Umständen, fühlte mich als Berliner und vertraute darauf, dass sich die »Unstimmigkeiten«, die uns Juden betrafen, schon einrenken würden. Dass einer meiner Cousins väterlicherseits zum Wehrdienst eingezogen wurde und mir vorher seine Wandergitarre überreichte, das hingegen war sensationell! Endlich hatte ich ein eigenes Instrument und durfte meine musikalischen Vorlieben mehr oder weniger unbeholfen umsetzen. Ich probte jeden Tag wie ein Besessener Akkorde rauf und runter. Die politische Situation empfand ich als relativ harmlos. Ich war zu jung und zu naiv, um an Flucht oder ein persönliches Engagement gegen die Verhältnisse zu denken. Ich wollte mich im Alltag durchschlagen, nicht weiter auffallen. Musik bestimmte mein Leben. Die Clique wusste nicht, dass ich Jude war, und ich erzählte es ihnen nicht. Ich hatte keinen Grund. Zwar kollidierten freiheitliche Ideale und die Unbekümmertheit der Berliner Swings mit der Jugenddienstpflicht im März 1939, aber es kam nicht zu den für die Hamburger Swings typischen Annäherungen an den Widerstand.

Die meisten Swingfans fühlten sich ohnehin als »richtige« Deutsche und waren Mitglieder im Jungvolk und der Hitlerjugend. Der »Widerstand« der Swings drückte sich höchstens in jugendlicher Renitenz aus: Wir bestanden auf unsere Vorlieben und Vergnügungen und empfanden eine tiefe Abneigung gegenüber militärischen Hierarchien, Gleichschritt und die damit verbundene Musik. Als Teddy Stauffer im Frühjahr 1939 Deutschland verließ und die Propaganda den Swing

Stadtbad Wannsee 1940: Ilja Gusgal, Rudi Ernst und Coco Schumann.

Coco Schumann, Rudi Ernst, Ilja Gusgal und Begleiterin.

wiederholt als mit allen Mitteln zu bekämpfende Seuche bezeichnete, tat dies dem Berliner Nachtleben keinen Abbruch. Mit jeder Verschärfung der Lage, der allgemeinen Arbeitsdienst-Verordnung, dem Einmarsch in die Tschechoslowakei und der Bezugsscheinpflicht für den lebenswichtigen Bedarf schien sich sogar die Begeisterung für Swing und Jazz zu verstärken, als Kompensation, als Flucht in eine heile Welt. Zwei Tage nach der Pogromnacht, am 11. November 1939, verließ mein Lieblingsonkel Arthur Deutschland. Ich erbte sein Schlagzeug – ein Becken, eine Charleston-Maschine und eine Trommel mit einem roten Lämpchen hinterm Fell. Nun übte ich auch wie besessen Schlagzeug.

Ab Frühjahr 1940 nahm ich jede Gelegenheit wahr, bei unterschiedlichen Kapellen für ein paar Stücke als Gitarrist einzusteigen. Bully Buhlan engagierte mich für die Rosendiele, einem weiteren legendären Ort Berliner Jazzfans und in Arnd's Bier-Bar am Olivaer Platz. Das alles war für mich sehr bedeutend. Die nötige Kondition für die langen Tage und Nächte verschaffte ich mir durch die Zugaben der Wirte und durch einen Freund aus dem Groschenkeller, Coco Petrovich, eine sehr elegante Erscheinung. Als Sohn eines Diplomaten hatte er ausreichend Lebensmittelmarken »auf Tasche«. Wir rauchten wie die Weltmeister und versuchten, modisch auf der Höhe unserer Zeit zu bleiben: Fassonschnitt wie Heesters oder die Haare lang zurück bis in den Kragen, ein langes zweireihiges Sakko, messerscharfe Bügelfalten und der obligatorische Hut. Alles musste stimmen in unserer kleinen, unwirklichen Gegenwelt inmitten des Krieges.

Nazideutschland besetze Frankreich und stellte Auschwitz fertig, wir tummelten uns an den für Juden seit langem verbotenen Stränden des Wannsees oder auf dem C-Deck des Strandbades. Dieses Deck war einer dieser Freiräume, in denen fast alle Verbote und Verordnungen umgangen werden konnten. Niemand ahnte, dass wir alle drei »Halbjuden« oder »Mampe«, wie wir uns selbst nannten, waren. Das Wort »Mampe« stammte von dem Magenbitter »Mampe Halb und Halb«, der von der Berliner Likörfabrik Carl Mampe hergestellt wurde. Da saßen wir drei »Mampes«: Rudi Ernst mit der Klarinette, Ilja Gusgal mit seiner temperamentvollen Stimme und ich mit meiner Großmutter-Gitarre, umgeben von weiblichen Verehrerinnen, und swingten den »Flat floot floogee with the floy floy« in dem Gefühl, alles wird gut. »Alles wird gut« galt als Synonym. Wenn sich zwei Swings trafen und ihrer Sache nicht sicher waren, drehte einer vorsichtig an seinem Jackenknopf, als suche er einen Sender im Radio, und der andere antwortete: »Alles wird gut.«

Mein Versteck war die Öffentlichkeit. Ich spielte mit dem Funkorchester Werner Neumann für zahlreiche Platten und Sendungen des Berliner Rundfunks. Mein Name wurde genannt, aber ich konnte es stets vermeiden, etwas Amtliches zu unterschreiben.

Seit dem Frühjahr 1942 war ich in der Rosita-Bar engagiert, beim Showorchester des Italieners Tullio Mobiglia, dem schönsten Saxophonisten der Welt – wie er von sich selbst behauptete. Unter Italienern fühlte ich mich sicher; niemand fragte nach, wenn ich als Mailänder angekündigt wurde. Wir waren wie besessen. Für uns zählte nur der heutige Tag, ein Morgen war uns nicht gewiss. Meine Naivität ließ mich das Glück bis zur Neige auskosten. Die SS führte einmal in der Rosita-Bar eine Razzia durch. Sie suchte nach Deserteuren, Untergetauchten und Minderjährigen und kontrollierte den ganzen Laden. Einer der SS-Männer stand vor mir am Podium und klatschte begeistert zu unserer Musik. Da ritt mich der Teufel, ich stellte mich vor ihm auf und pflaumte ihn an: »Eigentlich müssten Sie mich verhaften!« Er schaute ziemlich erstaunt. »Warum?« – »Na, ich bin Jude, Swing und minderjährig!« Er brach fast zusammen vor Lachen über diesen großartigen Witz, der ganze Laden grölte mit.

Aus dieser Zeit stammt auch der Name »Coco«. Einer französischen Freundin fiel es schwer das

Zeitungsanzeige eines Gastspiels des italienischen Schauorchesters Tullio Mobiglia in der Rosita-Bar.

»H« meines Vornamens Heinz zu sprechen. Sie sagt immer »einz«, was mich zunehmend ärgerte. Eines Tages schlug sie vor, mich »Coco« zu nennen. Diesen Namen trage ich seither.

Dann fiel für mich der Vorhang. Im März 1943 bestellte man mich zur Kriminalpolizei ein. Ich wurde beschuldigt, meinen Judenstern nicht getragen, verbotene Musik gespielt und arische Frauen verführt zu haben. Mein Vater begleitete mich zur Kriminalpolizei am Alexanderplatz. Die konnten mir nichts nachweisen, überstellten mich aber an die Gestapo, die mich zum Sammellager Große Hamburger Straße brachten. Dort erfuhr ich, dass ich dem Transport nach Auschwitz zugeteilt war. Ich wusste nicht, was im Osten passierte und hoffte, dass es »erträglich« werde. Als mein Vater von der Überstellung hörte, kam er sofort in die Große Hamburger Straße und versuchte mir zu helfen. Es gelang ihm, Obersturmführer Dobberke zu überreden, meinen Namen auf die Deportationsliste nach Theresienstadt statt nach Auschwitz zu schreiben.[82]

In Theresienstadt war Coco Schumann (Jg. 1924) Schlagzeuger bei den »Ghetto-Swingers«. Ende September 1944 deportierte man ihn nach Auschwitz-Birkenau, wo er mit vielen Musikern der »Ghetto-Swingers« in einer Kapelle für die SS-Aufseher und Häftlinge spielen musste. Anfang Januar 1945 wurde das KZ geräumt und die Insassen auf die Waggons mehrerer Züge verteilt. Sie kamen nach Kaufering, einem Nebenlager von Dachau. Hier erkrankte Coco an Flecktyphus. Als Kaufering Anfang April aufgelöst wurde, trieben sie die Häftlinge Richtung Innsbruck. Wolfratshausen war ihre letzte Station vor der Befreiung durch die Amerikaner am 1. Mai 1945. Anfang Juli 1945 kehrte Coco Schumann in einem Güterwaggon zurück nach Berlin. Er wurde einer der bekanntesten Jazzgitarristen Deutschlands.

»Mein Spitzname war ›Anti‹« Interview mit Manfred Omankowsky aus Berlin

Manfred Omankowsky wurde 1927 in Berlin geboren und wuchs in einem aktiven sozialdemokratischen Elternhaus im Stadtteil Reinickendorf auf. Er gehörte später zu den »Swingheinis«, die sich an den Pharus-Festsälen im Stadtteil Wedding trafen.

Wie präsent waren um 1940 die HJ und das Jungvolk in Berlin?
Eigentlich sollten damals alle ins Jungvolk, aber ich hatte das irgendwie nicht wirklich mitbekommen. Ich wusste natürlich, dass dort einige hingehen, die ich kenne. Aber in den Kreisen, wo ich mit meinen Freunden verkehrte, da haben diejenigen, die zum »Dienst« mussten, sich fast geschämt, denn die konnten in dieser Zeit nicht mit uns spielen und die sind uns dann zunehmend aus dem Weg gegangen. Unter meinen ganzen Bekannten hatte ich darum kaum jemanden gehabt, der in HJ-Uniform rumlief. In der Schule gab es manche, wenn irgendwelche Anlässe waren, da kam plötzlich etwa ein Viertel von unserer Klasse in Uniform, aber ich kannte damals sehr viele, die nicht in der HJ waren und ich glaubte irgendwie, wir wären in der Mehrheit. Auch diese ganzen Jubelarien mit Hitler und diesen Aufmärschen, da bin ich nie gewesen. Ich hatte nur einen Freund, der in der HJ war, sogar als Führer, dem nahm ich das aber nicht übel. Denn man konnte damals nur in einen Sportverein eintreten, wenn man regelmäßig nachwies, dass man zum HJ-Dienst ging. Wir spielten damals alle Fußball beim Verein Wacker 04. Mein Freund hatte uns anderen dann immer die Nachweistempel von der HJ besorgt.

Wie kamen Sie zur Swingmusik?
Da ich nicht am Konfirmationsunterricht teilnehmen wollte, fragten mich 1941/42 meine Eltern, ob wir eine Ersatzfeier mit der Familie machen oder ob ich stattdessen ein Paddelboot haben wollte. Meine Entscheidung fiel nicht überraschend. Auf meinen Wunsch hin haben sie mir außerdem ein Koffergrammophon geschenkt. Damit hörte ich zunächst Schlagerplatten von Michael Jary und so was. Swingmusik kannte ich zunächst nur von Radio BBC.

1942 wurden wir Jugendlichen zum Kriegshilfsdienst verpflichtet. Ich z. B. musste früh morgens Zeitungen austragen und lernte dabei den Besitzer eines Plattenladens kennen, der noch amerikanische Swingplatten hatte. Wenn man zu Kriegszeiten eine Platte kaufte, musste man offiziell zwei alte abgeben. Der Verkäufer wollte aber für die begehrten amerikanischen Platten vier alte haben, für Louis Armstrong sogar sechs. Im Bekanntenkreis haben wir dann alte Platten zum Tauschen eingesammelt und mit der Zeit konnte ich mir einen Bestand an Swingplatten aufbauen.

Manfred Omankowsky

Zu Hause hatten meine Eltern einen Radioapparat, mit dem wir BBC London hörten und einen Plattenspieler, den man an den Lautsprecher anschließen konnte. Den hab ich immer voll aufgedreht, Swingplatten aufgelegt und das Fenster zur Straße aufgerissen, insbesondere wenn die Mädchen aus der Schule oder von der Arbeit kamen, um zu zeigen, was ich für ein toller Hecht bin. Mitunter kam der Blockwart und schrie, ich solle diese »Negermusik« ausmachen und meine Eltern sollten sich endlich eine Hakenkreuzfahne kaufen, wir seien die einzige Wohnung, wo nicht geflaggt würde.

Wo trafen Sie sich mit Ihren Freunden?

Wenn man sich nicht fest verabredet hatte, damals besaß ja keiner Telefon, traf man sich vor den Pharus-Festsälen an der Seestraße in Berlin-Wedding, wo sie drinnen flotte Musik spielten. Wir kamen aufgrund unseres Alters noch gar nicht rein, aber wir standen draußen auf der Straße oder sind rumgelaufen, haben Mädchen angequatscht und wenn die zurückquatschten, bekamen wir es mit der Angst und sind schnell weggegangen. Mädchen unterschieden wir damals in »Klack-Klack« und »Latsch-Latsch«. »Klack-Klack« waren die, die geräuschvoll hochhackige Schuhe trugen und die Seidenstümpfe auf links anzogen, damit die Naht besser zu sehen war. Die gefielen uns. Die anderen mit den flachen Schuhen waren »Latsch-Latsch«, die meist auch noch beim BdM waren. Für die interessierten wir uns nicht.

Wie ist der Freundeskreis an den Pharus-Sälen entstanden?

Eines Abends war ich auf dem Weg zur Nachtwache an meiner Schule.

Da sah ich um die Pharus-Säle, die Gegend wurde auch »Broadway« genannt, viele Jugendliche rumlaufen und wurde neugierig. Einige Bekannte waren ebenfalls dort. Von da an ging ich auch dorthin. Es kamen sogar Swingheinis aus Neukölln, wegen der direkten U-Bahnverbindung nach Tempelhof.

Wenn die Streifen-HJ kam, um uns zu verjagen, hat man sich dagegen gewehrt. Manchmal kam dann die Polizei mit Tatütata und Blaulicht von der Maikäferkaserne, dort wo heute der BND-Komplex hochgezogen wird, und wir verdufteten. Im Februar 1943 hatte mich die Polizei dann doch einmal vorläufig festgenommen und wegen abendlichen »Herumtreibens« kostenpflichtig verwarnt. An den Anrempeleien gegen die HJ habe ich mich selbst nicht beteiligt. Wenn mir aber jemand von der HJ ans Leder wollte, da kam gleich einer von den großen Jungs vom Fußballverein, die waren zwei Jahre älter und richtige Brummer, die fragten immer gleich, was los sei. Die wohnten größtenteils in der »Kolonie Gartenfreunde« und kamen zumeist aus kommunistischen Elternhäusern.

In der wärmeren Jahreszeit bin ich mit meinem kleinen Paddelboot auf dem Tegeler See im Nordwesten Berlins rumgefahren. Da passten gerade so zwei Leute rein, plus Koffergrammophon und Platten. Gefah-

Swings mit Plattenspieler an einer Badestelle in Berlin-Sactwinkel. 2. v. r., sitzend Manfred Omankowsky.

ren wurde nach Saatwinkel und dort haben wir uns mit anderen Swingheinis getroffen, die mit dem Fahrrad dorthin gefahren sind. Auf dem See fuhr manchmal die Streifen-HJ mit einem Motorboot rum, die machten große Wellen. Deswegen kam einmal mein Boot ins wanken und mir rutschte eine Platte ins Wasser, da ist mein Herz fast zerbrochen. Wenn sie hinter uns her waren, flüchteten wir mit dem Boot ins Schilf, dort konnten sie uns nicht verfolgen.

Welche Kleidung trugen Sie damals?

Wir haben uns immer fein gemacht – weißer Kaschneeschal, langer Mantel, langes Jackett, längere Haare. Den Hut hat man in der Küche über einem Kessel mit Dampf versucht so zu verbiegen, dass er wie ein »Halbsteifer« aussah. Uns war aber nicht nur die Kleidung wichtig, sondern auch unser Gebaren. Wir sind deswegen sogar ins Theater gegangen, das Stück hieß »Liebelei« mit Viktor de Kova und er lief dort immer so lässig über die Bühne. Das Stück haben wir uns mehrmals angesehen, weil wir genau so lässig laufen wollten wie er, wir wollten das nachmachen.

Waren Sie auch in anderen Stadtteilen Berlins unterwegs?

Manchmal haben wir uns es geleistet dahin zu fahren, wo Tanzorchester

Manfred Omankowsky (rechts) mit anderen »Swingheinis« im Park am S-Bahnhof Berlin-Reinickendorf zu Beginn der 1940er-Jahre.

noch echte Swingmusik spielten, das war z. B. an der Friedrichstraße, Ecke Behrenstraße. Auf der einen Seite gab es das Imperator, wir nannten das bloß die »Impe«, dort spielte Kurt Widmann. Bei den Songankündigungen sagte Widmann einmal: »Auf vielfachen Wunsch spiele ich jetzt den ›Schwarzen Panter‹,« und dann spielte das Orchester den »Tiger Rag«. Sie hatten die Titel umgedichtet, damit die Kontrolleure nicht mitbekamen, dass das eigentlich amerikanische Swingtitel waren. Dort war es immer proppenvoll, was den Vorteil hatte, das man nichts bestellen musste, denn wir hatten ja kaum Geld. Das Atlantis auf der anderen Straßenseite war ein großer Laden mit mehreren Sälen und da konnte man immer rumlaufen ohne dass man einen Platz hatte. Wenn irgendwelche Kontrolleure kamen, das sah man denen ja an, hat man sich rasch an einen Tisch gesetzt mit zwei Mädchen und sich mit denen unterhalten, damit die Streifen dachten, man wäre schon älter, denn wir waren ja damals noch keine 18 Jahre. Dort spielten richtig gute Orchester, der Holländer van't Hoff, z. B. machte gute Swingmusik. Wir sprachen in der Zeit übrigens eher von Hotmusik als von Swingmusik, »zur Musik rumhotten« und sowas.

Das Delphi in Charlottenburg war uns zu weit weg, dort waren wir nur einmal, als es schon erste Bombenschäden hatte, und am Eingang standen welche und kontrollierten die Ausweise. Da bekamen wir Schiss und sind gleich wieder gegangen.

Bekamen Sie Probleme, weil Sie kein HJ-Mitglied waren?

Zweimal musste ich zu so einer Zusammenkunft von all denen, die nicht in der HJ waren. Die wurden alle vorgeladen in eine Weddinger Schule in der Pankstraße. Dort hielt die HJ große Reden und machte aggressiv Werbung, dass wir in die HJ eintreten sollten, sonst würde es uns dreckig gehen oder so. Die Eingeladenen waren alles solche Heinis wie ich, jedes Mal bestimmt 200 Leute, der ganze Schulhof war voll. Ich hatte vorher auch drei Einberufungen zu solchen HJ-Wehrertüchtigungslagern bekommen, die letzte im Sommer 1944, das war kurz vor der Einberufung zur Marine. Ich bin aber einfach nicht hingegangen. Einer meiner persönlichen Gründe war: Ich hätte mir fast Glatze schneiden lassen müssen, und das war für einen Swing inakzeptabel.

Wie ist der »Bund der Sozialisten« entstanden?

Meine Eltern waren bis zum Verbot 1933 in der SPD sehr aktiv gewesen. Später kamen viele frühere Genossen und Verwandte zu meinen Eltern nach Hause und ich bekam deren Gespräche mit. Nach dem Überfall auf die Sowjetunion im Juni 1941 meinten alle, das der Krieg bald zu Ende sei, Hitler käme genauso schnell zurück, wie er vorwärtsmarschieren würde. Davon waren wir auch in meinem kleinen Freundeskreis aus früheren Mitschülern überzeugt und wir wollten uns auf die Nachkriegszeit vorbereiten. Ende Juni 1943 haben

Der Bund der Sozialisten am Zoo, rechts Manfred Omankowsky.

wir dann im Geheimen den Bund der Sozialisten gegründet, direkt nach unserer Zeit als Luftwaffenhelfer, fünf Jungs aus meiner alten Schulklasse, mein Vater gehörte quasi auch mit dazu. Wir Jungen waren damals in der Situation, dass als nächstes der Reichsarbeitsdienst und dann das Militär bevorstand und wir unterhielten uns, was wir dagegen machen könnten: abhauen, flüchten? Da kamen eher idiotische Ideen auf. Weil ich von meiner Mutter wusste, dass viele Sozialdemokraten über Dänemark nach Schweden emigriert waren, fingen wir an schwedisch zu lernen. Ich hatte von Langenscheid ein Buch »Schwedisch in 30 Tagen«, aber viel gelernt haben wir nicht.

Wir sprachen also darüber, dass wir möglichst nicht mehr zur Armee eingezogen werden wollten und wenn ja, dann so spät wie möglich und wir wollten keine Schuld auf uns laden. Das ist mir dann ganz hervorragend geglückt. Denn mein Onkel empfahl mir, mich zur Marine als Offiziersanwärter zu bewerben, die hätten kaum noch Schiffe und als Offiziersanwärter gab es eine lange Ausbildung, die einen möglichen Fronteinsatz hinauszögern könnte. Mein Onkel sagte: »Und wenn du dennoch an die Front kommst, merke dir: Lieber fünf Minuten feige als das ganze Leben tot.« Ich hab mich dann freiwillig für die Marine gemeldet, denn das hatte außerdem noch den Vorteil, dass man den sehr aggressiven Werbemethoden der Waffen-SS während des Reichsarbeitsdienstes ausweichen konnte.

Bei der Bewerbung als Marine-Offiziersanwärter musste man allerdings den HJ-Mitgliedsnachweis beifügen. Darum bin ich zur HJ-Dienststelle, die für ganz Reinickendorf zuständig war. Da saßen zwei Mädchen im Vorzimmer und ich sagte, ich wollte mal beim Vorgesetzten vorstellig werden, wegen einer HJ-Bescheinigung. Die schauten mich an und antworteten, dass er nicht da wäre, wenn ich nochmal käme, müsste ich mir aber vorher die Haare schneiden lassen. Da bin ich natürlich nicht noch mal hingegangen. Zur Marine-Eignungsprüfung nach Stralsund habe ich mir von meinem Freund Heini Steiner dessen HJ-Uniform ausgeborgt, damit die mich gar nicht noch mal fragen wegen meiner HJ-Mitgliedschaft. Und das hat auch geklappt.

Wir unterhielten uns in unserem Bund der Sozialisten auch darüber, was wir nach Kriegsende beruflich machen könnten. Einer von uns war ein großer Experte in Physik und arbeitete schon im Umfeld des Wernher von Braun. Darum sprachen wir über Raketenantriebe, Kosmonautik, Düsenforschung, Brennsatz und solche Sachen. Unsere Idee war, nach dem Krieg mit dem Pfund zu wuchern, dass wir auf diesen Gebieten Kenntnisse hätten, aber das hatte sich dann gar nicht ergeben. Wir haben uns aber auch mit Philosophen beschäftigt, z. B. mit Franz Grillparzer. Flugblätter oder ähnliches haben wir nicht gemacht. Wir waren ein reiner Gesprächskreis und wollten uns vorbereiten auf den Tag X.

Nach Kriegsende trat Manfred Omankowsky in die wiedergegründete SPD ein. In den folgenden Jahrzehnten war er in West-Berlin in der Politik aktiv.

In Berlin gab es ab 1933 neben zahllosen informellen Jugendcliquen eine Vielzahl von linken jugendlichen Widerstandsgruppen gegen den Nationalsozialismus. Auch nach den ersten Verfolgungswellen bis 1935 fanden sich immer wieder junge Menschen zusammen, die sich einerseits als sozialer Zusammenhang verstanden, andererseits gegen das NS-Regime aktiv werden wollten.

Herbert-Baum-Gruppe

Herbert Baum

Eines dieser linken Netzwerke mit insgesamt bis zu 100 Personen wurde von der Gestapo als »Herbert-Baum-Gruppe« benannt und soll stellvertretend kurz beleuchtet werden. Das besondere an dieser Gruppe war, dass hier Berliner Jugendliche zusammenkamen, die aus der jüdischen Jugendbewegung stammten, vor allem aus der links-zionistischen Haschomer Hazair, zu deutsch »Der junge Wächter«. Frühzeitig wurde nach 1933 die jüdische Bevölkerung in Deutschland durch die Nationalsozialisten isoliert und diffamiert, was notgedrungen deren Zusammengehörigkeitsgefühl förderte. Ein Netzwerk zur Selbsthilfe war der »Ring – Bund deutsch-jüdischer Jugend«, der im Dezember 1933 gegründet und 1937 von den Nationalsozialisten verboten wurde. Spätestens nach den »Nürnberger Rassengesetzen« von 1935 ging es allen jüdischen Menschen um die Frage, ob man emigrieren oder in Deutschland bleiben und auf bessere Zeiten hoffen sollte.

Die jugendbewegten Mitglieder der verschiedenen Freundeskreise versuchten im geselligen Rahmen weiter ein selbstbestimmtes Gruppenleben zu führen. Von der deutschen Öffentlichkeit schikaniert, boten sie vor allem für die Mitglieder jüdischer Herkunft einen sozialen und emotionalen Halt in einer zunehmend feindlichen Umgebung.

Eine dieser Freundeskreise in Berlin war der um Herbert Baum. Baum war vor 1933 bei den Roten Falken der SPD, bevor er sich dem Kommunistischen Jugendverband Deutschlands zuwandte. Für den illegalen KJVD wurde er auch nach 1933 in Berlin aktiv. Dabei war der 1912 geborene Herbert Baum Ende der 1930er-Jahre eigentlich kein Jugendlicher mehr. Auch einige andere Mitglieder der Gruppe waren um 1912 geboren, hauptsächlich stießen jedoch Jugendliche zum Kreis, die zehn Jahre jünger waren.

Die Freundeskreise trafen sich seit 1937 unter anderem mit früheren Ring-

Mitgliedern in verschiedenen Wohnungen in Berlin, unter anderem bei Herbert Baum und seiner Frau Marianne. Man tauschte sich über Meldungen aus Tageszeitungen sowie ausländischer Radiosender aus, hielt Vorträge über den Kommunismus und diskutierte über deutsche Literatur. An den Wochenenden fuhr man zusammen in die Umgebung Berlins. Herbert Baum wurde aufgrund seiner langjährigen politischen Arbeit und seiner vielen Kontakte zu einer Schlüsselfigur unter diesen Jugendlichen bzw. jungen Erwachsenen.

Manche in der Gruppe trugen weiterhin Kleidungsstücke aus der Jugendbewegung der 1920er-Jahre. Sie zeigten damit, dass sie sich dieser verbunden fühlten. Andere bekamen Anfang der 1940er-Jahre Zugang zu Jazz und Swing, kleideten sich wie die übrigen Berliner Swings und gehörten stellenweise auch zu diesen Kreisen.

Die in Berlin verbliebenen jüdischen Jugendlichen mussten ab 1940 Zwangsarbeit leisten, mehrere Mitglieder der Baum-Gruppe beispielsweise in einer gesonderten »Judenabteilung« bei Siemens. Zu Beginn des Jahres 1941 lebten in Berlin noch etwa 66 000 Juden. In dieser Zeit wuchs innerhalb der Baum-Gruppe der Wunsch nach stärkerer politischer Aktivität, sowohl interner Schulung als auch öffentlichkeitswirksamer Aktionen, wie z. B. dem Verteilen von Flugblättern. Da eine Emigration kaum noch möglich war, bereitete man sich in der Hauptstadt angesichts der steigenden Bedrohung durch Deportation auf ein Leben in der Illegalität vor. Im Oktober 1941 begannen die Deportationen der jüdischen Bevölkerung Berlins, bis April 1942 wurden bereits mehr als 13 000 Menschen in den Osten »umgesiedelt« und dort zum Großteil ermordet.

Kurz vor Ausbruch des Zweiten Weltkrieges hatte das NS-Regime mit der Sowjetunion einen Nichtangriffspakt geschlossen, ein Umstand, der die illegal aktiven Kommunisten in Deutschland auf das Äußerste verunsicherte. In der Folge verschwand die sonst übliche Hetze des NS-Regimes gegen die SU aus den Medien. Nach dem deutschen Überfall auf die Sowjetunion im Juni 1941 kehrte die sowjetfeindliche NS-Propaganda wieder in die Öffentlichkeit zurück. Bestandteil davon war die antikommunistische Ausstellung »Das Sowjetparadies« im Berliner Lustgarten, die unter anderem zeigen sollte, wie ärmlich und primitiv die Menschen in der Sowjetunion lebten. Zehn Tage nach Eröffnung verübte die Herbert-Baum-Gruppe einen Brandanschlag auf die Ausstellung, der jedoch nur geringen Schaden anrichtete.

Bereits vier Tage später konnte die Gestapo, vermutlich durch Verrat, die ersten Mitglieder der Gruppe verhaften, weitere folgten. Aufgrund ihrer jüdischen Herkunft statuierte das NS-Regime in einer »Vergeltungsaktion«

sogleich ein Exempel: Die Gestapo verhaftete willkürlich etwa 500 Berliner Juden. Die Hälfte davon wurde kurz darauf erschossen, die andere Hälfte in ein Konzentrationslager eingewiesen.[83]

Ein Sondergericht verurteilte Mitte Juli 1942 die Mitglieder der Gruppen um Herbert Baum, Werner Steinbrinck und Joachim Franke zum Tode. Am 18. August wurden in Berlin-Plötzensee Joachim Franke, Werner Steinbrinck, Marianne Baum, Hans Mannaberg, Hildegard Jadamowitz, Sala Kochmann, Suzanne Wesse, Irene Walther, Heinz Joachim und Gerhard Meyer hingerichtet. Herbert Baum und Walter Bernecker hatten bereits die Polizeihaft nicht überlebt.

Vor dem Berliner Volksgerichtshof kam es am 10. Dezember 1942 und am 18. August 1943 zu weiteren Prozessen mit insgesamt zwölf Todesurteilen. Am 4. März 1943 wurden Heinz Birnbaum, Heinz Rotholz, Hanni Meyer, Hella Hirsch, Marianne Joachim, Helmut Neumann, Lothar Salinger, Hildegard Loewy und Siegbert Rotholz hingerichtet, am 7. September 1943 folgten Martin Kochmann, Felix Heymann und Herbert Budzislawski. Drei weitere weibliche Mitglieder, Edith Fraenkel, Lotte Rotholz und Alice Hirsch, die zu Zuchthausstrafen verurteilt worden waren, kamen im Oktober 1943 ins KZ Auschwitz, das sie nicht überlebten.

Hanno-Günther-Gruppe und Rote Kapelle

Hanno Günther

Hanno Günther (Jg. 1921) besuchte bis 1934 die bekannteste Reformschule Berlins, die Rütlischule im Stadtteil Neukölln. Aus einem linken Elternhaus stammend, war er zunächst Mitglied der Roten Falken, wandte sich aber später den Roten Jungpionieren der KPD zu. Während seiner Ausbildung zum Bäcker bekam er 1937 Kontakt zu einem Kreis linker Intellektueller. Zusammen mit Elisabeth Pungs und später mit Wolfgang Pander produzierte er 1940 die Flugblattserie »Das freie Wort«, unterzeichnet mit »Deutsche Friedensfront«.

Ab Ende 1940 fand Hanno Günther wieder mit ehemaligen Rütli-Schülern zusammen und bildete mit ihnen eine Widerstandsgruppe. Regelmäßig wurden bei ihren Zusammenkünften marxistische Schriften gelesen. Auch bekam Günther Kontakt zu dem illegal aktiven KPD-Funktionär Herbert Bochow. Nach dessen Verhaftung wurde Hanno Günther

Ende Juli 1941 ebenfalls inhaftiert, weitere Mitglieder der Gruppe folgten. Am 9. Oktober 1942 verurteilte der Volksgerichtshof Hanno Günther und sechs seiner Freunde zum Tode. Das Urteil wurde am 3. Dezember in Berlin-Plötzensee vollstreckt.

Auch in dem später von der Gestapo als »Rote Kapelle« bezeichneten Berliner Widerstandsnetzwerk befanden sich mehrere Jugendliche bzw. junge Erwachsene. Liane Berkowitz (Jg. 1923) beteiligte sich beispielsweise an einer Streuzettelaktion gegen die Ausstellung »Das Sowjetparadies«, die am 17./18. August 1942 durchgeführt wurde. Nach ihrer Verhaftung im September 1942 und dem anschließenden Prozess wurde Liane Berkowitz am 5. August 1943 zusammen mit weiteren Mitgliedern der Roten Kapelle zum Tode verurteilt und in Berlin-Plötzensee hingerichtet.

Ständige Ausstellung
Das NAZI-PARADIES
Krieg Hunger Lüge Gestapo
Wie lange noch?

Streuzettel gegen die Ausstellung »Das Sowjetparadies«.

Solche informellen Netzwerke Jugendlicher bzw. junger Erwachsener aus dem linken Milieu gab es nicht nur in Berlin. Wo sie öffentlichkeitswirksame Aktionen unternahmen, kam es oftmals zu Verhaftungen durch die Gestapo. Blieben die Freundeskreise nach außen unauffällig, erfuhr die Gestapo oftmals nichts von den Zusammenhängen, wie z. B. in Leipzig, wo frühere Mitglieder des KJVD, der SAJ und der SAP sich als geschlossene Wandergruppe bei »Kraft durch Freude« anmeldeten und auf diese Weise ihren Fahrten einen legalen Anstrich gaben. Gegen Ende des Krieges versteckten sie untergetauchte Genossen und beteiligten sich aktiv an der weitgehend kampflosen Übergabe Leipzigs an die Amerikaner.

Hot Club Leipzig und Broadway-Cliquen

Der »Hot Club Leipzig«

Mitglieder des Hot Club Leipzig zu Hause bei »Hot Geyer« in Leipzig-Gohlis 1936.

»Die Nazis marschierten auf den Straßen zum Reichsparteitag nach Nürnberg, und wir fuhren mit dem Auto zum Konzert von Teddy Stauffer nach Berlin«, beschrieb später Kurt Michaelis den Hot Club Leipzig. Bereits Anfang der 1930er-Jahre gründete sich dieser in der Messestadt. Neben Kurt »Hot Geyer« Michaelis (Jg. 1913), dem Jüngsten in der Gruppe, gehörten »Fiddlin' Joe«, »Hot Ibsen«, Heiner »Fats« Kluge, »Dreamy-Hot« und Hermann Ucko dazu – alle aus bürgerlichem Hause. Standard ihrer Kleidung waren Anzüge mit weiten Hosen und Krawatten. 1932 reiste »Hot Geyer« Michaelis sogar nach London, um ein Konzert der Jazzlegende Louis Armstrong zu erleben.

Die »Machtergreifung« tat dem Treiben zunächst keinen Abbruch. Es gab informelle Kontakte zu Hot Clubs aus anderen Städten des Reiches und man informierte sich gegenseitig auf maschinengeschriebenen Blättern über Platten-

Neuerscheinungen. »Hot Geyer« stand zudem mit mehreren amerikanischen und britischen Musikfreunden in Briefkontakt. Die Leipziger Musikbegeisterten trafen sich alle 14 Tage zum »Blue Monday« bei einem der Mitglieder zu Hause, um Platten anzuhören. Tanzen ging man in die Innenstadt, unter anderem in das Café Drei Könige und ins Central Theater. Gelegentlich fuhren sie nach Berlin in bekannte Tanzlokale wie Femina oder Moka Efti.

Mit Kriegsbeginn wurden mehrere Mitglieder zur Wehrmacht eingezogen. Der Kontakt untereinander blieb über den Postweg erhalten. In Leipzig sammelten sich inzwischen jüngere Jugendliche im Hot Club Leipzig, die ihre Begeisterung für Jazz und Swing nach 1933 vorzugsweise über das neue Medium Radio erlangt hatten. Bereits 1938 war der damals 17-jährige Frohwalt »Teddie« Neubert dazugestoßen. Neubert veranstaltete einige der Clubtreffen in seiner elterlichen Wohnung. Im Gegensatz zum Hot Club der 1930er-Jahre gehörten dem neuen Kreis auch junge Frauen an, z. B. die Kunsthochschulstudentin Jutta Hipp (Jg. 1925), die nach dem Krieg als Jazzpianistin international bekannt wurde.

Ermittlungen seitens der Gestapo zum Hot Club Leipzig sind nicht erfolgt, da der elitäre Freundeskreis in der Öffentlichkeit nicht wahrgenommen wurde. Hier unterschieden sie sich stark von der Hamburger Swingjugend. Kontakte zu Leipziger Arbeiterjugendgruppen, die sich in den 1940er-Jahren auch zunehmend für Swingmusik interessierten, gab es ebenfalls nicht. Ein Grund war, dass sie aus finanziellen Gründen nicht dieselben Lokale besuchten.

Leipziger Broadway-Cliquen

Bis Ende der 1930er-Jahre bezogen sich die Leipziger Meuten kulturell und politisch auf Gruppen der Weimarer Zeit, auf die Bündische Jugend und auf linke Jugendverbände. Durch die massive Verfolgung im Laufe des Jahres 1939 konnten diese für die folgende Generation von Arbeiterjugendlichen der Geburtsjahrgänge um 1926 bis 1929 kein Bezugspunkt mehr sein.

Auf der Suche nach Alternativen zur NS-Staatsjugend orientierten sich Leipziger Jugendliche zu Beginn der 1940er-Jahre, analog zu vielen anderen in Deutschland, vornehmlich am modernen angloamerikanischen Lifestyle und Swingmusik. So trugen die Jugendlichen jenseits der HJ nun vornehmlich dunkle Anzüge – wie ihre Vorbilder aus Filmen und Tanzorchestern. Als Erkennungsmerkmale wurden oftmals an den Jacketts Totenkopfabzeichen und die Buchstaben »BJ« für Bündische Jugend getragen. Neben diesen neuen Gruppen gab es auch noch einige kleinere ältere Meuten, die 1939 durch die

Mitglieder der Schönefelder Meute im März 1942. Trugen sie Ende der 1930er-Jahre noch die typische Wanderkleidung, hatten Sie nun ihr Outfit an die neue Jugendmode jenseits der HJ angepasst.

Gestapo nicht zerschlagen worden waren und sich zu Beginn der 1940er-Jahre der neuen Jugendkultur anschlossen. Die früheren Treffpunkte der Meuten auf Straßen und öffentlichen Plätzen wurden hingegen kaum noch frequentiert. Sie kamen jetzt vornehmlich in Gaststätten im Leipziger Zentrum oder in den einzelnen Wohnvierteln zusammen. Besonders die Innenstadt mit ihren Lokalen und Kinos deuteten sie als »Broadway« um, einer seit den 1930er-Jahren unter Jugendlichen auch in Leipzig verwendeten umgangssprachlichen Bezeichnung für Hauptverkehrsstraßen.

Solche Totenkopf-Abzeichen waren bei oppositionellen Jugendlichen zu Beginn der 1940er-Jahre weit verbreitet – auch in Leipzig. Das abgebildete ist nicht mit dem Symbol der Waffen-SS zu verwechseln.

Anders als die westdeutschen Industriestädte an Rhein und Ruhr, die durch alliierte Bombenangriffe frühzeitig in eine Ausnahmesituation gerieten, blieb Leipzig aufgrund seiner geografischen Lage zunächst davon verschont. Erst im Dezember 1943 erfolgte der erste große Angriff auf die Messestadt.

Spätestens Anfang 1942 bildeten sich in Leipzig unabhängig voneinander mehrere informelle Jugendcliquen, so z. B. die »Broadway-Gangster«. Diese

Die »Meyersdorfer Meute«, eine Jugendclique aus den Meyerschen Häusern in Leipzig-Südwest um 1943.

Gruppe setzte sich aus verschiedenen Freundeskreisen aus dem Leipziger Süden und Osten zusammen. Treffpunkt der Broadway-Gangster war die Gaststätte Canitz am Peterssteinweg unweit der Innenstadt, wo gelegentlich eine Jazzkapelle spielte. Außerdem fuhr die Gruppe an die Lübschützer Teiche baden, wie die Leipziger Meuten einige Jahre zuvor, und es sind Schlägereien mit Hitlerjungen bekannt. Horst Zimmerschitt, eines der Mitglieder, verfasste im Februar 1943 seine Anti-Haltung in einem ironischen Gedicht: »Heute ist Nazijazz in Leipzig auf dem Kohlenplatz«. In den nicht weiter überlieferten Versen soll er »den Führer, den Reichsmarschall Göring, den Reichsminister Dr. Goebbels, den Reichsorganisationsmeister Ley und den Jugendführer Axmann« lächerlich gemacht haben.

Nachdem es zu Ostern 1943 auf einem Rummelplatz im Leipziger Osten zu einer größeren Schlägerei zwischen einer Gruppe von Broadway-Gangstern und Hitlerjungen gekommen war, folgten Ermittlungen durch die Gestapo. Gegen etwa zehn von ihnen wurde im November 1943 ein Prozess geführt. Obgleich die Broadway-Gangster starke Ähnlichkeiten mit den Leipziger Meuten der späten 1930er-Jahre hatten, wurden seitens des Gerichtes keine Parallelen gezogen. Dies lag möglicherweise daran, dass sowohl das Justiz- als auch das Polizei-Personal mit den Fällen fünf Jahre zuvor nicht betraut gewesen war. Die Urteile fielen mit drei bis sechs Monaten Gefängnis vergleichsweise milde aus, zum Teil gab es Freisprüche.[84] Nur einer der »Wortführer« wurde zu einem Jahr und zwei Monaten Gefängnis verurteilt.[85]

Bekannt sind ähnliche Cliquen auch aus anderen Stadtteilen. Mehrere Meuten aus dem Südwesten der Stadt griffen sogar 1944 gemeinschaftlich ein HJ-Heim an. Henri Rosch, Mitglied einer Gruppe aus den Meyerschen Häusern erinnerte sich später: »Die Hitlerjugend hatte am Plagwitzer Bahnhof ihr ›Großheim West‹, das war eine frühere Schule, gleich neben der katholischen Kirche. Dort saß auch der HJ-Streifendienst. Wir hatten mal wie so 'nen Bandenkrieg gegen die HJ geführt. Einmal haben wir einen richtigen Angriff auf das Großheim gemacht. Das waren die Meuten aus Kleinzschocher, Meyersdorf und sogar ein Ableger aus Großzschocher. Wir hatten ja wie gesagt auch etwas ältere Leute dabei, die schon im Krieg gewesen waren, Versehrte. Das war Wahnsinn damals. Na ja, das ist natürlich ausgegangen wie das Hornberger Schießen. Die Hitlerjungen haben in die Luft geschossen, die waren bewaffnet.«[86]

Ein weiterer Freundeskreis von etwa einem Dutzend Arbeiterjugendlichen bildete sich 1942, unter ihnen Werner Teumer: »Wir trafen uns regelmäßig in der Innenstadt, meistens mittwochs, sonnabends und sonntags. Wir gingen ins Naumannbräu oder in andere Kneipen und diskutierten über die Nazis und hatten alle die gleiche Gesinnung. Wir waren ungefähr zehn Mann, alles Lehrlinge, und es waren auch ein paar Mädchen dabei, Jugendclique würde man

Die Meyersdorfer Meute mit Hotkoffern um 1944.

heute dazu sagen. Wir waren alle gegen die HJ und gegen die Nazis eingestellt und wussten auch über die Konzentrationslager Bescheid und hatten zu der Zeit eigentlich das Ziel, nicht zur Wehrmacht eingezogen zu werden, weil wir gegen den Krieg waren. Oder, falls wir eingezogen werden würden, die erstbeste Gelegenheit zum Überlaufen zu nutzen.«[87] Innerhalb der Gruppe wurden deshalb auch Informationen ausgetauscht, wie man bei der Musterung einen schlechten Gesundheitszustand vortäuschen konnte.

Diese Gespräche gipfelten im Spätherbst 1943 in dem gemeinsamen Vorhaben, Antikriegs-Flugblätter herzustellen und diese nachts an größeren Straßenbahnhaltestellen in Innenstadtnähe anzubringen, um möglichst viele Leser zu erreichen. Der Text ist aus der späteren Anklageschrift überliefert: »Deutsche Jugend! Komme zu uns! Wir rufen Euch! Kämpft mit uns für einen gemeinsamen Frieden! Wer hat den Krieg gewollt? Wer ist an den Bombenangriffen schuld? Wer hetzt die Jugend in den Tod? Wir wollen geschlossen marschieren für einen Frieden! Aber nicht hoffnungslos kämpfen für eine aussichtslose Sache! Nur der Freiheit gehört unser Leben! Es lebe der Broadway!!!!!«[88]

"Deutsche Jugend! Komme zu uns! Wir rufen Euch!
Kämpfe mit uns für einen gemeinsamen Frieden!
Wer hat den Krieg gewollt? Wer ist an den Bombenangriffen schuld? Wer hetzt die Jugend in
den Tod? Wir wollen geschlossen marschieren
für einen Frieden! Aber nicht hoffnungslos
kämpfen für eine aussichtslose Sache! Nur der
Freiheit gehört unser Leben! Es lebe der Brodway!!!!!"

Von Werner Teumer und Freunden erstelltes Fluglatt aus dem Herbst 1943.

Die im Flugblatt artikulierte Einstellung speiste sich aus Erkenntnissen, die die Jugendlichen aus gemeinsamen Gesprächen entwickelt und den deutschsprachigen Sendungen der BBC entnommen hatten. Die Arbeiterjugendlichen waren in der Lage, sich jenseits der gleichgeschalteten NS-Medien über unterschiedlichste Informationswege ein Bild von der tatsächlichen Kriegssituation zu verschaffen und Schlussfolgerungen daraus zu ziehen. Dazu bedurfte es keiner chaotischen Lebensumstände wie zeitgleich im Rhein-Ruhr-Gebiet. Der erste großangelegte Luftangriff auf Leipzig fand erst Wochen später statt.

Werner Teumer, der die Flugblätter in einer Auflage von etwa 15 Stück hergestellt hatte, wurde kurz vor der Verteilaktion durch ein HJ-Mitglied verraten und daraufhin verhaftet. Zunächst gingen die Ermittlungsakten der Gestapo wegen »Vorbereitung zum Hochverrat« an den Volksgerichtshof in Berlin.

Die Gruppe um Werner Teumer (2. v. r. mit Flüstertüte) inszenierte im Sommer 1943 in einem Leipziger Hinterhof die selbsterdachte Tanzkapelle »Jack Brandy«. Instrumente konnte keiner spielen.

Aus unbekannten Gründen wechselte der Vorgang im Mai 1944 jedoch an das Oberlandesgericht Dresden, das Werner Teumer im September 1944 wegen »Wehrkraftzersetzung« zu einem Jahr und sechs Monaten Gefängnis verurteilte. Im Gegensatz zu ähnlichen Prozessen wegen vergleichbarer Vergehen in anderen deutschen Städten maß das Gericht in Dresden dem Fall keine allzu große Bedeutung bei – ein Umstand, der Teumer möglicherweise das Leben gerettet hat.[89]

In Leipzig kam es während der Kriegszeit kaum zu Ermittlungen gegen subkulturelle Jugendgruppen, im Gegensatz zum Zeitraum von 1937 bis 1939, als die Leipziger Meuten massiv verfolgt wurden. Die Gründe waren zum einen, dass die Gruppen nach 1940 zahlenmäßig nicht so groß waren wie die Meuten um 1938. Zum anderen war die Leipziger Gestapo nun vor allem mit der Überwachung der zahlreichen Zwangsarbeiter in der Stadt beschäftigt, weswegen Ermittlungen gegen Jugendliche allein aus Personalgründen kaum möglich waren.

Heinz Koch aus Halle/Saale

Meuten in Halle

Interview mit Heinz Koch

Halle an der Saale ist eine Stadt im vormals Mitteldeutschen Industriegebiet, 40 Kilometer westlich von Leipzig, mit etwa 200 000 Einwohnern in den 1930er-Jahren. Das folgende Interview mit Heinz Koch zeigt, wie auch in kleineren Großstädten Jugendliche versuchten, ihre Freizeit selbstbestimmt zu organisieren.

Wie entstand die Hallenser Gosen-Meute?

Ich wurde am 9. Oktober 1929 geboren und wuchs in der Gosenstraße in Halle-Giebichenstein auf. Meine Eltern waren Sozialdemokraten. Eine Meute bestand in unserer Straße schon immer. Meine älteren Geschwister waren da auch schon drin gewesen. Man wuchs als Kind in diese Meute hinein. Wir waren zwischen acht und zwölf Jungs und drei bis vier Mädchen. Wir spielten zusammen, machten gemeinsam Sport. Es gab bei uns in der Straße auch keine ausgesprochenen Nazis, es lief niemand von den Anwohnern in Nazi-Uniform rum, keine SA-Leute. Die Große Gosenstraße zieht sich ziemlich weit durch den Stadtteil Giebichenstein. An der Lutherlinde war unsere Knabenschule. Bis zum Landesmuseum für Vorgeschichte am Wettiner Platz, das war so unser Spiel- und Einzugsbereich. In dieser Ecke bin ich aufgewachsen.

Als ich 1939 ins Jungvolkalter kam, erklärten mir meine Eltern, dass sie nicht das Geld für eine Uniform hätten. Die anderen Jungs aus unserer Straße hatten allerdings auch keine Uniform und dadurch waren wir sowieso ein bisschen abseits.

Wo haben Sie sich regelmäßig getroffen?

Wir haben uns meist auf unserer Straße getroffen, man traf die anderen quasi vor den Haustüren. Und dann hatten wir gleich neben uns den Volkspark, wo mein Vater Hausmeister war. Der Volkspark gehörte bis 1933 einem Gewerkschaftssyndikat und weil mein Vater dort gearbeitet, hatte, wurde er 1933 von den Nazis für einige Monate eingesperrt, durfte aber später seine Arbeit dort wieder aufnehmen.

Ich bin zu den meisten Jungvolkdiensten einmal wöchentlich hingegangen, aber in unserer Meute waren wir quasi jeden Tag zusammen und lebten dort unser Leben und waren unter uns. Wir gingen oft schwimmen in der nahe gelegenen Saale. Als Kinder haben wir außerdem Sachen aus den Büchern nachgespielt, die ich gelesen hatte, z. B. Indianerromane von Karl May oder Sachen aus Filmen, die wir gesehen hatten.

Unsere Eltern haben sich nie mit uns über politische Dinge unterhalten. Meine Mutter war 1940 gestorben und ich lebte mit meinem Vater und einer meiner großen Schwestern. Mein Vater war die meiste Zeit auf Arbeit und so war ich frühzeitig auf mich allein gestellt. Der Krieg war zunächst weit weg, er betraf uns nicht und berührte uns auch nicht direkt. In der ersten Zeit war auch noch keiner von den eingezogenen Soldaten aus unserer Straße gefallen. Ernster wurde es erst 1943 nach Stalingrad.

Wir haben uns als Kinder nur mit uns selbst beschäftigt, mit unseren Spielen und Sport. Die großen Jungs schieden bereits mit 14 oder 15 Jahren aus der Meute aus, weil sie andere Interessen hatten. Als sich mal wieder so ein Generationswechsel vollzog, wurde ich von einem der Großen als neuer Meuten-Chef eingesetzt. Das hatte auch damit zu tun, weil ich eine Leseratte war und alles las, was mir in die Finger kam, sogar die Bibel.

Wie lief der Dienst im Jungvolk ab?

Mit zehn Jahren mussten wir alle ins Jungvolk eintreten. Da wurden wir an den Wettiner Platz bestellt und in Züge und Fähnlein eingeteilt und dann ging es los mit Marschübungen. Der Dienst war einmal in der Woche. Man traf sich meistens am Wettiner Platz und dann gingen wir ans Saaleufer zum Lehmanns Felsen. An unser Wohngebiet grenzte eine größere Grünfläche, die gehörte mal dem Bankier Lehmann. Dort stand auch dessen frühere Villa, wo sich dann die Gebietsleitung der Hitlerjugend einquartiert hatte. Der Park existierte als »Lehmanns Garten«, dort gab es außerdem Sportplätze.

Heimabende mit weltanschaulichen Vorträgen hatten wir beim Jungvolk eigentlich nicht. Ich erinnere mich nur, dass wir mal zu einer bessergestellten Familie eingeladen wurden, so 10 bis 20 Jungs, und die zeigten uns mit einem Schmalfilmapparat amerikanische Stummfilme mit

Lehmanns Felsen bei Halle. Die Gegend war ein beliebter Rückzugsort für die Meute um Heinz Koch.

Charlie Chaplin. Ansonsten bestand unser Jungvolkdienst darin, dass wir im Freien Exerzierübungen gemacht und Lieder gesungen haben, zum Beispiel »Es zittern die morschen Knochen«. Der Jungvolkdienst ging bis 1944, das war das Jahr, wo wir aus der Schule rauskamen, und dann wurden wir in die Hitlerjugend eingegliedert. Dort waren wir aber auch wieder der »zivile Haufen«.

In dieser Zeit, mit etwa 13, 14 Jahren, spielte für uns dann Mode eine immer größere Rolle und auch moderne Musik, Swing und Jazz. Solche Musik hörten wir meist über den Londoner Radiosender von BBC. Wir waren auch große Verehrer von deutschem Schlager, wie Michael Jary, der damals ein bekannter Komponist war und auch Musik für Filme mit Johannes Heesters geschrieben hatte. Wir begannen in dieser Zeit, uns etwas eleganter zu kleiden, mit Hut und weißem Schal und etwas längeren Haaren. Zuvor liefen wir wie normale Kinder rum.

Wir waren eigentlich eine unpolitische Gruppe und sind erst durch die Nazis selbst in Konfrontation mit ihnen gebracht worden. Weil wir andere Musik mochten, andere Kleidung, andere Frisuren. Der Höhepunkt war eine öffentliche Demütigung. Da wurde ein HJ-Appell im Hallenser Zentrum angesetzt, ich wollte mir aber vorher nicht meine längeren Haare schneiden lassen, obwohl mir das viele geraten hatten. Ich bin dort mit hinmarschiert, wurde vor Ort ausgesondert, vor versammelter Mannschaft verprügelt, auf einen Schemel gezwungen und irgendjemand von der HJ hat mir dann die Haare abgeschnitten – das sah dann natürlich nicht besonders gut aus. Durch dieses Erlebnis bin ich praktisch erst ein richtiger Feind der HJ geworden. Bis dahin hatte ich mich im gewissen Sinne als deutscher Patriot verstanden – jenseits der Nationalsozialisten. Die Jungvolk- und HJ-Dienste hatte ich natürlich auch vorher schon als lästig empfunden, denn da musste man Sonntag früh hingehen, dieses ewige Marschieren und so weiter, das hatte mich dann schon recht angeekelt, deswegen schwänzte ich auch immer mal den Dienst. Das führte dazu, dass mein Vater eine Geldstrafe zahlen musste, was unserer Familie wirtschaftlich natürlich schon zu schaffen machte. So entwickelte sich die Konfrontation zwischen uns und der HJ.

Kam bei Ihnen im Viertel auch der HJ-Streifendienst vorbei?
Die bestanden meist aus zwei bis drei Hitlerjungen. Wenn bei uns in der Straße mal von denen jemand auftauchte, verschwanden wir einfach rechtzeitig. Nach der Sache mit mir auf dem HJ-Appell haben wir sie dann aus unserer Straße rausgeprügelt. Es kam uns zugute, dass man bei Dunkelheit draußen quasi nichts mehr sehen konnte. In der Gosenstraße gab es lediglich zwei Laternen, die nur ein ganz schwaches, diffuses Licht verbreiteten. Da erkannte man gerade noch die Laterne, aber nichts davor und nichts danach. Vor jedem Haus stand eine große, mit Sand gefüllte Holzkiste als Splitterschutz vor dem Fenster des Luftschutzkellers. Hinter so einer Kiste hatten wir uns versteckt, und als der Streifendienst vorbeikam, haben wir sie überfallen und auf die eingeschlagen, bis sie flüchteten, weil sie die Lage nicht übersehen konnten. Die wussten ja nicht, wie viele wir waren, nur, dass wir mehr waren als sie und wir hatten den Moment der Überraschung. Das machten wir so oft, bis die HJ-Streifen durch unsere Straße relativ selten wurden. Zum Glück blieb das folgenlos.

Wir waren auch große Fans von Luis Trenker und seinen Bergsteiger-Filmen und kletterten deshalb gerne auf den Felsen an der Saale rum, auch mit Seilen. Das Rumklettern war aber verboten, weswegen wir mehrmals erwischt worden waren. Wir waren schon bekannt dafür, dass wir zu allerlei Unsinn neigten.

Kannten Sie in Halle noch andere Meuten?
Ottchen Schulze war mindestens ein Jahr älter und war sowohl bei uns als auch noch bei der Anker-Meute. Das war eine wesentlich größere Meute, da waren auch schon ältere Jugendliche drin. Weil es dort aber manchmal kriminelle Dinge gab, Einbrüche und

so, wollte ich mich dort nicht mit hineinbegeben. Die trafen sich mehr im Stadtzentrum, in der Ulrichstraße. Ich kannte von denen nur Ottchen. Die trugen als Kennzeichen so einen Schiffsanker hinterm Revers.

Aus dieser Meute wurden eines Tages mehrere Jungs verhaftet, warum weiß ich nicht mehr, und alle in so ein Jugenderziehungslager gebracht, das sich im benachbarten Merseburg befand. Ottchen wurde dort lungenkrank und nach seiner Entlassung bekam er gleich den Einberufungsbefehl zur Wehrmacht.

Es gab in dieser Zeit in Halle noch einen Treffpunkt für junge Leute, das war das Walhalla, das heutige Steintor-Varieté. Dort spielten Schauorchester, bis deren Auftritte kriegsbedingt verboten wurden. Da waren wir um 1943/44 und haben deren Konzerte verfolgt, dort waren ein paar Hundert junge Leute.
In dieser Zeit war Kleidung sehr wichtig. Wer an die Sachen rankam, ging im Winter mit Mantel, weißen Kaschnee-Schal und Hut.

Wir sind regelmäßig ins Kino gegangen, zunächst in alle Heesters-Filme. Dann gab es in dieser Zeit auch Zirkusfilme. Wir haben auch noch amerikanische Western gesehen bis 1941. Die kamen sonntags 14 Uhr. Auch Filme mit Shirley Temple, das war eine junge Schauspielerin aus Hollywood, eigentlich noch ein Kind, die wurden gerne gesehen.

Haben Sie Kontakt zu Zwangsarbeitern gehabt?
Bei uns im Volkspark wurde ein Arbeitslager für Italiener eingerichtet, an anderen Orten, zum Beispiel in der Burgstraße, gab es ein Zwangsarbeitslager für sogenannte »Ostarbeiter«. Wenn man in Halle in eine Straßenbahn stieg, war die meist voll von Zwangsarbeitern, die von ihren Lagern in die Betriebe fuhren.

1944 fing ich nach Beendigung der Volksschule an, in einem Betrieb in der Naundorfer Straße im Süden von Halle zu arbeiten. Die stellten Bagger her. Dort gab es Italiener und Ukrainer, letztere legten auch damals schon großen Wert darauf, dass sie keine Russen, sondern Ukrainer seien. Die wohnten direkt auf dem Betriebsgelände. Mit denen kam man gelegentlich ins Gespräch. Die waren übrigens unbewacht und gingen auch mal raus zum Einkaufen.

Wie lief das Jugendleben Anfang 1945 ab?
Innerhalb der Gruppe haben wir uns eigentlich nicht über den Kriegsverlauf unterhalten. Irgendwann wurde mir aber als 15-Jähriger klar, dass der Krieg verloren war. Ich war ja gegen die Nazis, fühlte mich aber gleichzeitig als deutscher Patriot und empfand diese Erkenntnis als schmerzlich.

Wir »Älteren« wurden dann noch zum Volkssturm eingezogen. Wir sollten die Amerikaner aufhalten, die im April 1945 von Eisleben in Richtung Halle vorstießen. Dafür bekam jeder von uns eine Panzerfaust und jeder Zehnte ein Maschinengewehr. Angetreten waren wir in Zivil und hatten nur eine Armbinde, die uns als Volkssturm-Angehörige kennzeichnete. Wir waren eine Fahrradkompanie und sollten dann durch die Dölauer Heide, nordwestlich von Halle, uns in Richtung Eisleben an die Front bewegen. Aber unser Kompanieführer, ein Stabsfeldwebel der Wehrmacht, der von Beruf Lehrer war, hat dann außerhalb Halles zu uns gesagt: »Passt auf Jungs, schmeißt die Panzerfäuste hier in den Graben, macht die Armbinden ab und fahrt wieder nach Hause.« Und das haben wir auch alle anstandslos gemacht.

Wir hatten zuvor bei einer Volkssturmübung mit so einer Panzerfaust geübt. Aber von der ganzen Kompanie mit über 100 Jungs hat nur ein einziger den stehenden Übungspanzer getroffen. Alle anderen haben danebengeschossen. Wenn wir auf amerikanische Panzerverbände gestoßen wären, wäre das für uns schlecht ausgegangen, wir hatten richtig Angst davor gehabt.

Wir sind alle nach Hause geradelt und haben auf das Eintreffen der Amerikaner gewartet. Am nächsten Tag sind wir auf Lehmanns Felsen gegangen und haben die amerikanischen Panzer im Norden von Halle schon gesehen, eine riesige Anzahl, gewaltige Staubwolken aufwirbelnd. Wir haben dann die Nacht im Keller verbracht mit den anderen Hausbewohnern und am nächsten Vormittag kamen die Amerikaner schon durch die Gosenstraße. Die schlichen an den Häuserwänden lang und schauten ängstlich nach oben, aber zur gleichen Zeit standen die ausländischen Zwangsarbeiter schon auf der Straße und guckten und wir als Jugendliche natürlich auch.

Wie ging das Jugendleben nach Kriegsende weiter?
Wir konnten in diesen Wochen im Frühjahr 1945 nicht arbeiten gehen, die Schulen waren auch geschlossen, aber es war ein herrliches Wetter. Im Volkspark, der direkt neben uns war, gab es Tanzveranstaltungen und ich bin mehrmals in der Woche zum Tanz gegangen. Die Meute war nicht mehr so interessant und es begann ein neuer Lebensabschnitt.

In der Firma, wo ich dann arbeitete, war ich zunächst als Laufbursche ständig in der Stadt unterwegs. Dabei habe ich mir die öffentlichen Aushänge durchgelesen, wo die wiedergegründeten Parteien für sich warben. Das weckte mein politisches Interesse und ich bin noch im Sommer 1945 in die SPD eingetreten, weil die für den Sozialismus eintrat und ich mir bei dem Programm der KPD nichts vorstellen konnte.

Edelweisspiraten an Rhein und Ruhr ab 1940

Im Gegensatz zu Mittel- und Ostdeutschland gerieten die westdeutschen Industriegebiete frühzeitig in den Fokus alliierter Luftangriffe, was besonders ab den im Frühjahr 1942 einsetzenden Flächenbombardements eine massive Zerstörung der Städte zur Folge hatte und somit zur Zuspitzung der schwierigen Lebensverhältnisse führte. Ab dieser Zeit verließen auch immer mehr Kinder und Jugendliche aufgrund von Evakuierungen oder Reichsarbeitsdienstverpflichtungen die Großstädte an Rhein und Ruhr. Besaß Düsseldorf Ende der 1930er-Jahre mehr als 540 000 Einwohner, so waren es 1944 weniger als 300 000. Köln war 1944 eine weitläufige Ruinenlandschaft, Anfang 1945 lebten dort zeitweise nur noch etwa 85 000 Menschen.

Trotz des wachsenden Chaos bildeten sich in diesen Städten ab 1942 verstärkt informelle Jugendcliquen. Die Extremsituation förderte geradezu solche Zusammenschlüsse. Der Mythos der Kittelbachpiraten und Navajos in Verbindung mit der anhaltenden Verfolgung von tatsächlichen oder vermeintlichen Edelweißpiraten durch Gestapo und HJ steigerte zusätzlich die Attraktivität solcher Gruppen. Die Arbeiterjugendlichen, die in dieser Zeit zu einer der Edelweißpiratencliquen stießen, waren in der Regel bereits mehrere Jahre Mitglied in der Staatsjugend gewesen. Doch der dortige militarisierte Dienst entsprach nicht den Freizeitinteressen vieler Heranwachsender. In der sich anbahnenden Katastrophengesellschaft galt es für die unter 18-Jährigen umso mehr, bis zum unvermeidlichen Kriegsdienst schnell und intensiv zu leben.

Informelle Jugendgruppen wie die Edelweißpiraten waren stets heterogen und lokal geprägt. Günter O., ein Mitglied aus Oberhausen, beschrieb später den Grundkonsens der Edelweißpiraten: »HJ-Führer und vor allem der HJ-Streifendienst wurden angefallen und vermöbelt, die wollten wir weit weg von

Edelweißpiraten am Lagerfeuer im Bergischen Land um 1940/41.

Eine Edelweißpiraten-Gruppe am Drachenfels bei Königswinter um 1942.

unserem Bezirk haben. Der Streifendienst mied auch tatsächlich die Gegenden der Stadt, in denen die E. P. das Sagen hatten, oder tauchte da höchstens mal zu Zeiten auf, wo es nicht ganz so gefährlich war, zwischen 15 und 18 Uhr.«[90] Ob bewusst oder unbewusst: In letzter Konsequenz stellten sie dadurch mindestens die Jugendpolitik des NS-Regimes in Frage. Günter O. beschrieb auch die temporäre Inbesitznahme des öffentlichen Raumes durch Edelweißpiraten in Oberhausen: »Wichtig ist weiterhin, dass wir ab und zu in unserem sehr weitläufigen eigenen Bezirk und seltener in anderen Bezirken, in Sterkrade, in Lirich, am Kanal, in der Sommerzeit vor allem am Kaisergarten, in Frintrop, in

Unangepasste Jugendliche aus Essen, die ihren Treffpunkt an der »Sommerburg« hatten, um 1939/40.

den angrenzenden Mülheimer Gebieten und in der Mülheimer Altstadt, wo die Kinos waren, auftauchten, Krach schlugen, einfach um zu dokumentieren, dass wir da waren, dass uns die NSDAP am Arsch lecken könne, dass wir nur darauf warteten, was wir auch lautstark ausdrückten, dass sie doch kommen sollten. Das taten sie im Regelfalle aber erst gar nicht. Wenn sie es in Einzelfällen dennoch versuchten, bekamen sie ihre Schläge – und dann war Schluss. Das war das an Aktivitäten, was meiner Erinnerung nach für alle E. P. in Oberhausen zutraf. Bei solchen Gelegenheiten kam es vor, dass 300 bis 400 Mann unterwegs waren.«[91]

Die Generation der Edelweißpiraten ab 1941 war nicht mit der der Kittelbachpiraten bzw. der Navajos der 1930er-Jahre identisch, griff jedoch ihr überliefertes subkulturelles Äußeres und ihren Habitus auf. Ihr gehörten jetzt Jungen und Mädchen der Geburtsjahrgänge zwischen 1925 und 1929 an. Die NSDAP-Gauleitung meldete beispielsweise am 7. Oktober 1941 an die Gestapo: »Nach einer Meldung der Kreisleitung Niederberg machen sich dort die sogenannten ›Kittelbach-Piraten‹ sehr bemerkbar. In einem Fall ist einem Hitler-Jungen von diesem Gesindel die ganze Uniform zerfetzt worden. Die ›Kittelbach-Piraten‹ machen den Eindruck einer bolschewistischen Horde und sind, meist in Begleitung von jungen verkommenen Mädchen, in undisziplinierten Horden in bunten Anzügen und bunten Tüchern anzutreffen.«[92]

In Oberhausen hielt sich die Sammelbezeichnung Kittelbachpiraten und deren Abkürzung »KP« länger als in anderen Städten. Noch bei einem Prozess im April 1942 gegen 25 Jugendliche heißt es in der Anklageschrift: »Die Beteiligten bezeichneten sich als Angehörige der ›KP‹ oder als ›KP-Jungens‹, in einigen Fällen auch als Angehörige der ›EP‹.« Bei der Verbreitung des Mythos »Edelweißpirat« in der Öffentlichkeit half ungewollt immer wieder die Hitlerjugend. In deutlichen Worten kritisierte in diesem Zusammenhang die Stapo-Leitstelle Düsseldorf in einem Lagebericht des Jahres 1943 die Staatsjugend: »An erster Stelle stehen dabei die unzähligen Gerüchte, Meldungen und Berichte, die den parteiamtlichen und staatlichen Stellen über die Umtriebe der Edelweißpiraten zugetragen wurden. Sie haben im Wesentlichen dazu beigetragen, daß der Begriff ›Edelweißpiraten‹ in der Öffentlichkeit Eingang fand und die Jugendlichen sich interessant vorkamen, weil ihrem Gehabe so viel Bedeutung beigemessen wurde. Einen besonders schweren Stand hatten hierbei die Dienstellen der HJ, bei denen naturgemäß zahlreiche Meldungen eingingen, die, ohne daß sie örtlich überprüft werden konnten, weitergeleitet wurden und im Wesentlichen dazu beitrugen, eine objektive Beurteilung der Entwicklung zu erschweren.« Die Angriffe auf Hitlerjungen ließen im Kriegsverlauf nicht nach. Im Februar 1944 meldete ein Duisburger HJ-Funktionär, dass es fast täglich Überfälle von Edelweißpiraten auf HJler gäbe. Ein Jahr zuvor trugen in Duisburg Hitlerjungen bereits keine HJ-Abzeichen mehr, damit sie auf der Straße nicht angepöbelt würden.

Edelweißpiraten gab es zwischen 1942 und 1945 in nahezu allen größeren und kleineren Städten des Rhein-Ruhrgebietes. Zentren waren neben Köln und Wuppertal auch Essen, Oberhausen, Düsseldorf und Dortmund.

Edelweißpiraten in Wuppertal

Zentrum der subkulturellen Wuppertaler Jugendgruppen war das »Petroleumviertel« in der Elberfelder Nordstadt. Deren Aktivitäten führten bereits im Juni 1941 zu einem Prozess gegen 16 Edelweißpiraten vor dem Amtsgericht Wuppertal. Sechs der Jugendlichen wurden mit bis zu dreimonatigen Gefängnisstrafen verurteilt, andere erhielten Wochenendkarzer oder wurden freigesprochen. Für die Justiz war es nach wie vor schwierig, Mitgliedern informeller Jugendgruppen strafrelevante Tatbestände nachzuweisen. Auch 1942 erfolgende Razzien gegen Wuppertaler Edelweißpiraten brachten kein Ende des Problems.

Vom Wuppertaler Edelweißpirat Günter G. anfertigtes Flugblatt.

Ende November 1942 führte die Gestapo bei Günter »Pico« G. eine Hausdurchsuchung durch, nachdem man ihn im Zusammenhang mit den Edelweißpiraten verhaftet hatte. Dabei fand man neben diversen Waffen auch einige handschriftliche Flugblätter mit »staatsfeindlichem« Inhalt. In dem Schreiben »An die geknechtete deutsche Jugend« heißt es:

»Deutsche Jugend, denke an deine alte gold'ne Zeit der Pfadfinder, denke zurück an die sonnigen Tage der Fahrten und der Lager. Dieses alles ist euch heute versagt. Warum? Das heutige Nazi-Deutschland will euch in die Hitler-Jugend stecken. Wo ihr militärisch und fachlich ausgebildet werdet im Marschieren, Schießen, Karten- und Geländekunde u.s.w. Das Ziel worauf dieses alles zurückgeht ist: Kanonenfutter für Hitlers unersättliche Machtgier!

Deutsche Jugend erhebe dich zum Kampf für die Freiheit und Rechte euerer Kinder und Kindeskinder, denn wenn Hitler den Krieg gewinnt, ist

Europa ein Chaos, die Welt wird geknechtet sein bis zum jüngsten Tage. Bereitet der Knechtschaft ein Ende, ehe es zu spät ist. Herr mach uns frei!«[93]

Die Gestapo vermutete in diesem Fall sofort eine hochverräterische Bestrebung. Es folgten Hausdurchsuchungen bei weiteren 30 Edelweißpiraten. Die Ermittlungen ergaben, dass besagter Zettel von dem 14-jährigen Rolf B. stammte, der mit »Pico« befreundet war. Zeitweise ermittelte die Gestapo gegen fast 60 Jugendliche, es kam allerdings nur zu wenigen Anklagen. Über die weitere Strafverfolgung gegen »Pico« ist nichts bekannt.

Einer der Höhepunkte der Auseinandersetzungen zwischen Wuppertaler Edelweißpiraten und der Staatsmacht war der Überfall auf Hitlerjungen im benachbarten Schwelm am 2. Februar 1943, zufällig der Tag, an dem die 6. Armee in Stalingrad kapitulierte. Etwa 20 bis 30 mit Holzknüppeln bewaffnete Edelweißpiraten machten in den Abendstunden Jagd auf Hitlerjungen. »In der Stadt fragten sie die ihnen entgegenkommenden Jugendlichen, ob sie zur HJ gehörten, fielen dann über sie her und schlugen sie, wenn sie die Frage bejahten.«[94] Die Schlägerei war eine Vergeltungsaktion für einen HJ-Übergriff eine Woche zuvor. Ein 14-Jähriger trug dabei ein Transparent mit der Aufschrift: »In Gefahr und Not schmeckt die Wurst auch ohne Brot, wir werden siegen, wenn wir was zu fressen kriegen.« Das herbeieilende Überfallkommando der Polizei nahm daraufhin einige Angreifer fest. Acht Jugendliche verurteilte man im September 1943 zu mehrmonatigen Gefängnisstrafen. Doch die Aktivitäten Wuppertaler Edelweißpiraten rissen nicht ab.

Im Februar 1944 wurde eine Gruppe in den Stadtteilen Vohwinkel und Sonnborn aktiv. Sie bemalten Mauern, das Büro der NSDAP sowie eine Straßenbahn mit den großflächigen Buchstaben »EP« (für Edelweißpiraten), »BJ« (für Bündische Jugend) sowie Totenköpfen. Außerdem ereigneten sich in dieser Zeit in verschiedenen Wuppertaler Stadtvierteln Anschläge auf Schaukästen der HJ und NSDAP, Propaganda-Plakate wurden heruntergerissen. Zwischen 1934 und 1945 gab es etwa 340 Ermittlungsverfahren gegen Wuppertaler Edelweißpiraten.

Edelweißpiraten in Essen

»Am 13.4.1940 wurden z.T. zu Strafen von 2 bis 4 Wochen Gefängnis verurteilt vom Landgericht Essen 14 Burschen im Alter von 18–20 Jahren wegen Zuwiderhandlung gegen das Verbot der Bündischen Jugend. Die Angeklagten haben in Essen und Umgebung Gruppen gebildet und das

Essener Fahrtenstenze an der »Sommerburg«, August 1939.

Gedankengut und Brauchtum der verbotenen Bündischen Jugend gepflegt durch Veranstaltung von Fahrten in einheitlicher, bündischer Tracht, durch regelmäßige Zusammenkünfte innerhalb des Stadtgebietes, die seit Juli 1939 fast täglich stattfanden und durch Singen bündischer Lieder. Spitznamen

Essener Fahrtenstenze auf Wanderung 1938/39.

Essener Fahrtenstenze, August 1939.

Essener Fahrtenstenze auf Wanderung 1939/40.

(›Fahrtennamen‹) und der Gruß ›Ahoi!‹ waren üblich. Die Angeklagten standen einem scharfen Gegensatz der Hitler-Jugend gegenüber; sie waren auch bereit, etwaigen Hitler-Jugend-Streifen mit Gewalt entgegenzutreten. Die Gruppe trug als Abzeichen Totenkopfringe und Edelweißabzeichen. Sie bezeichnete sich auch als ›Edelweißpiraten‹.

Ähnliche Cliquen bestehen in einer ganzen Reihe von Essener Stadtteilen. Die Mitglieder der vorgenannten Clique waren zum großen Teil Angehörige und frühere Angehörige der Hitler-Jugend. Die Ermittlung ergab, daß das Strafverfahren nicht im Stande war, den wilden Fahrtenbetrieb der bündischen Cliquen zu hemmen.«[95]

Darüber hinaus verbreitete sich in Essen unter den informellen Jugendcliquen neben der Bezeichnung »Edelweißpiraten« auch der Begriff »Fahrtenstenze«. Besonders beliebt als Treffpunkte waren Kirmesplätze sowie einige Gaststätten.

Edelweißpiraten in Köln

»Es war für mich ein ungeheuerliches Gefühl, nicht mehr allein zu sein, sondern zu sehen, dass sich eine Gruppe von Jugendlichen bewusst über die Verbote der Nazis hinwegsetzte«, erinnerte sich der spätere Kölner Edelweißpirat Fritz Theilen an seine erste Begegnung mit Kölner Navajos im Spätsommer 1940.[96]

Köln war eines der Zentren informeller Jugendgruppen im damaligen Deutschland. Nachdem in den späten 1930er-Jahren die Navajos aktiv gewesen waren, kamen ab 1940 verstärkt jüngere Cliquen in ihren Stadtteilen an öffentlichen Orten zusammen. Beliebt waren in der wärmeren Jahreszeit auch Fahrten mit den Rheindampfern an den Felsensee, wo sich Dutzende Jugendliche jenseits der HJ zusammenfanden. In den Sommermonaten veranstalteten einige Gruppen sogenannte »Großfahrten«, die sie an die Nordsee und in die Tiroler Alpen führten. Auch Großstädte wie Wien oder Hamburg wurden besucht.

Seit dem Frühsommer 1942 trafen sich auf dem Leipziger Platz im Stadtteil Nippes zunächst ein gutes Dutzend Jugendlicher aus der näheren Umgebung. Der Treffpunkt sprach sich schnell unter der Kölner Jugend herum, sodass dort in der Folgezeit bis zu 100 Jugendliche zusammenkamen. Auch die umliegenden Gaststätten wurden in der kälteren Jahreszeit frequentiert. Etwa zehn Jugendliche vom Leipziger Platz gründeten im Oktober 1942 den Klub der Edelweißpiraten. Im Gegensatz zu den sonst üblichen rein informellen Cliquen erfuhr dieser »Fahrtenklub« eine gewisse Bürokratisierung. Ganz nach deutscher Tradition gab es einen »Platzführer«, einen »Wanderführer« sowie Stellvertreter. Geradezu pathetisch hieß es in der clubeigenen Satzung: »1. Ich schwöre, daß ich den Edelweiß-Piraten Treue und unbedingten Gehorsam leiste. Weiter, daß ich mich voll und ganz für sie einsetze, wenn nötig, sogar mit dem Einsatz meines Lebens.«[97] Solcherart formale Clubgründungen waren Einzelfälle, überwiegend schlossen sich die Jugendlichen in zwanglosen Cliquen zusammen.

Kölner Edelweißpiraten im Beethovenpark 1943. Rechts Jean Jülich.

Ein weiterer beliebter Treffpunkt von teilweise bis zu 200 Jugendlichen war 1942 auf der linksrheinischen Seite Kölns der Volksgarten, wo sich bereits Mitte der 1930er-Jahre Gruppen der Navajos zusammengefunden hatten. Edelweißpiraten, die rechtsrheinisch wohnten, trafen sich am Mülheimer Rheinufer, besuchten aber auch die Cliquentreffpunkte auf der anderen Flussseite. Große Bedeutung bei den Zusammenkünften hatte das Singen von Volks- und Wanderliedern, teilweise umgedichtet zu Liedern der Edelweißpiraten. Manche Jugendlichen erstellten handgeschriebene Liederbücher, Texte wurden gesammelt und weitergegeben.

Jean Jülich, ein Edelweißpirat aus Köln-Sülz, dessen Vater als Kommunist im Gefängnis saß, erinnerte sich später an die Treffen: »Tiefgründige politische Diskussionen wurden übrigens nicht geführt. Man lästerte über die Nazis und über die Hitlerjugend und sang das bekannte Lied ›In Junkers Kneipe bei Bier und Pfeife‹, dessen Refrain wir folgendermaßen umdichteten. Statt:

> Ja, wo die Burschen singen und die Klampfen klingen
> und die Mädchen fallen ein,
> was kann das Leben uns denn schon geben,
> wir wollen glücklich sein.

sangen wir:

> Ja, wo die Fahrtenmesser blitzen und die
> Hitlerjungen flitzen
> und die Edelweißpiraten hinterdrein,
> was kann das Leben uns denn schon geben,
> wir wollen frei von Hitler sein.«[98]

Ein Edelweißpirat aus dem Bergischen Land mit Spitznamen »Duda« um 1941.

Die Kölner Edelweißpiraten hatten ihre »bündische« Subkultur soweit verinnerlicht, dass sie dafür auch zu ungewöhnlichen und für sie nicht ungefährlichen Werbemaßnahmen griffen: Mitte September 1942 malte der 17-jährige Wilhelm T. mit dem 16-jährigen Fritz D. nachts in der Kölner Innenstadt mit Farbe Parolen an Häuserwände, u. a. »Die Bündische Jugend« und auch »PX Navajos«, wobei das »PX« für die frühere katholische Jugendbewegung stand. Die Parolen waren u. a. am Gerichtsgebäude am Appellhofplatz, am Gestapodienstgebäude und am Haus der Kriminalpolizei in der Enggasse zu finden. Und etwa zwei Monate später wurde auf eine Propagandaaktion der HJ »Leistungswoche der Hitlerjugend« seitens der Edelweißpiraten mit dem Verteilen gedruckter Streuzettel geantwortet, die die Aufschrift »Leistungswoche der Bündischen Jugend – Bezirk 1 – Kommt zurück – Jugend erwache« enthielten. 2000 dieser Zettel stellte ein neues Gruppenmitglied auf seiner Arbeitsstätte, einer Druckerei der Deutschen Reichspost, her. Man traf sich am Abend des 21. November und teilte sich in mehrere Gruppen auf. In einem späteren Gestapoverhör sagte einer der Beteiligten aus: »Um 20 Uhr begannen wir auf der Hohe Straße mit dem Aufkleben der Hetzzettel. Wir klebten wahllos an Häuserwände und Schaufenster. Vereinzelt schoben wir auch Zettel unter die Haustüren und Briefkästen. Wir beiden haben schätzungsweise 300 Plakate zur Verteilung gebracht. Eine Anzahl haben wir in den Rhein geworfen, jedoch ohne Wissen der anderen Gruppen.«[99] Im Nachgang stellte sich heraus, dass es sich bei dem Drucker der Zettel um ein SA-Mitglied handelte, das sich offenbar als V-Mann bei den Edelweißpiraten eingeschlichen hatte und im Nachgang

Leistungswoche
Der
Bündischen
Jugend
Bezirk 1
Kommt Zurück
Jugend Erwache

»Leistungswoche der Bündischen Jugend«. Mit diesem Flugblatt machten sich Edelweißpiraten über eine vorangegangene »Leistungswoche der Hitlerjugend« lustig.

»Heil Navajo«. Mit solchen Grafitti-Aktionen, wie hier vom September 1942, machten Kölner Edelweißpiraten auf sich aufmerksam und provozierten die Staatsmacht.

die Aktion und deren Akteure verriet. Kurz darauf folgte eine Razzia und in einem Prozess wurden 16 Edelweißpiraten zu Gefängnisstrafen verurteilt.[100]

Verfolgung der Edelweißpiraten

Die NS-Verfolger in Westdeutschland fassten ab 1941 nahezu alle Jugendgruppen jenseits der Hitlerjugend als Edelweißpiraten zusammen – auch solche, die lediglich durch nicht genehmigte Wanderungen aufgefallen waren oder ein Edelweißabzeichen trugen, einfach weil sie es schick fanden. Parallel dazu wurde die seit 1933 übliche und oftmals unzutreffende Sammelbezeichnung Bündische Jugend verwendet. Die Jahre zuvor hatte es noch eine – wenn auch willkürliche – Differenzierung in Kittelbachpiraten, Navajos und Bündische gegeben. Durch die Sammelwut der Kölner Gestapo befanden sich im Februar 1943 in einer Edelweißpiraten-Sonderkartei die Namen von etwa 3000 Jugendlichen.

Immer wieder versuchten die NS-Verfolger, die Edelweißpiraten durch konzertierte Aktionen zu zerschlagen. Im Düsseldorfer Regierungsbezirk wurde beispielsweise am 7. Dezember 1942 eine Großrazzia durchgeführt. Dabei verhaftete man 739 Jugendliche aus fast 30 Edelweißpiratengruppen: In Düsseldorf wurden 10 Gruppen mit 283 Jugendlichen ausgehoben, in Duisburg 10 Gruppen mit zusammen 260 Jugendlichen, in Essen vier Gruppen mit 124 Jugendlichen und in Wuppertal ebenfalls vier Gruppen mit 72 Jugendlichen. Von den Verhafteten wurden 320 Jugendliche verhört und gegen mehr als 100 die Einleitung von Strafverfahren bei Sondergerichten beantragt. Wo die Ermittlungsergebnisse nicht für ein Verfahren ausreichten, versuchten die NS-Verfolger durch verschiedene Maßnahmen, die Jugendlichen aus ihrem sozialen Umfeld zu drängen. So kam es verstärkt zu Einberufungen zum Reichsarbeitsdienst, zur Wehrmacht oder auch zur Einweisung in ein HJ-Wehrertüchtigungslager. Im Regierungsbezirk Düsseldorf gingen daraufhin die Aktivitäten von Edelweißpiraten zunächst zurück, dem Problem konnte man sich durch solche Razzien jedoch nicht dauerhaft entledigen. Zwischen 1933 und 1945 vernahm die Gestapo im Regierungsbezirk Düsseldorf insgesamt 1441 Personen, denen sie eine »bündische Betätigung« unterstellte, die meisten davon erst nach Kriegsbeginn.

Problematisch für die Justiz war die Suche nach juristisch verwertbaren Anklagepunkten gegen Edelweißpiraten. Der Tatvorwurf des »Landfriedensbruchs« ließ sich nicht anwenden, Ermittlungen wegen »Vorbereitung zum Hochverrat« blieben die absolute Ausnahme. Mehrere Gefängnisstrafen wegen »bündischer« Aktivitäten sind bekannt, wobei z. B. das Landgericht Köln für das Strafmaß eine Unterscheidung in »Rädelsführer«, »aktive Teilnehmer« und »Mitläufer« wählte und dementsprechend das Strafmaß bestimmte. Es gab darüber hinaus Einweisungen von unter 18-Jährigen in »Arbeitserziehungslager«. Die Kölner Gestapo überstellte zwischen 1942 und 1945 Hunderte Edelweißpiraten in eine eigene Abteilung des Gefängnisses in Brauweiler, wo sie zum Teil mehrere Monate einsitzen mussten. 1944/45 saßen außerdem Edelweißpiraten, die nicht zur »arischen Volksgemeinschaft« zählten, im KZ-Durchgangslager Köln-Deutz ein.

Im Verlauf des Krieges, vor allem nach der Niederlage von Stalingrad Anfang 1943, versuchte die NS-Justiz durch eine zunehmende Verschärfung der Urteile gegenüber informellen Jugendgruppen diesem Phänomen Herr zu werden. Nach dem Attentat auf Hitler am 20. Juli 1944 wurden Verfahren im Zusammenhang mit Edelweißpiraten sogar den »Landes- und Hochverratskomplexen« zugeordnet, vor allem, da man hinter den verschiedenen Jugendgruppen immer wieder eine übergeordnete Organisation bzw. illegale Führung vermutete.

Aus den Reihen der Edelweißpiraten gab es unter den männlichen Mitgliedern mit voranschreitendem Kriegsverlauf eine nicht geringe Zahl von »Freiwilligenmeldungen« zur Wehrmacht, besonders zur Kriegsmarine, aber auch zur Waffen-SS. Dies hatte mehrere Gründe: Von der Gestapo inhaftierte Edelweißpiraten sahen darin eine Möglichkeit, der drohenden Verurteilung zu entgehen, zumal sie sowieso mit 18 Jahren eingezogen worden wären. Eine wie auch immer geartete Verinnerlichung der NS-Ideologie war hierfür nicht zwingend erforderlich, regelmäßige Überfälle auf den HJ-Streifendienst einerseits und eine Meldung zur Waffen-SS waren für diese Edelweißpiraten kein Widerspruch. Eine möglichst baldige Einberufung zum Kriegsdienst bedeutete für die Jungen auch ein Ende des passiven Ausharrens im Luftschutzbunker zugunsten eines scheinbar aktiven Eingreifens in diese Lebenssituation. Auf der anderen Seite gab es aber auch Edelweißpiraten, die nach Wegen suchten, der drohenden Einberufung zur Wehrmacht zu entgehen.

Zunehmende Aktivitäten

Je weiter sich die katastrophalen Bedingungen in den zerstörten Städten Westdeutschlands 1943/44 verschärften, desto mehr informelle Jugendgruppen gab es. Vielfach ersetzten diese Freundeskreise für pubertierende Jugendliche die Familien, von denen die Väter in der Regel zum Kriegsdienst eingezogen worden waren.

Nach wie vor wichtig für die Gruppenidentität als Edelweißpirat war die Kluft, die in dieser Zeit aus der obligatorischen kurzen Lederhose, Schaftstiefeln, umgeschlagenen weißen Kniestrümpfen, karierten Hemden und Halstüchern bestand, die Mädchen trugen bunte Blusen. Insgesamt war sie nicht mehr so facettenreich wie bei den Gruppen der Vorkriegszeit. In Mode kamen weiterhin – wie überall bei Jugendlichen in Deutschland – weiße Seidenschals. Dieser Kleidungsstil färbte wiederum auch auf Hitlerjungen ab. Anfang 1943 trugen in Essen zeitweise selbst HJler einzelne Kleidungsstücke der Edelweißpiraten, ohne jedoch damit Anschluss an deren subkulturelles Milieu zu suchen. Die Lieder der Edelweißpiraten waren unter Jugendlichen allgemein verbreitet, ebenso das Tragen von Edelweißabzeichen. Als Treffpunkt wurde nun durch die Zunahme der täglichen Luftalarme auch der Schutzbunker »beliebt«. Solange es die Kriegseinwirkungen zuließen, fuhr man an den Wochenenden in die nähere Umgebung zum Zelten.

Durch die seit Kriegsbeginn geltende Verdunkelung, eine Luftschutz-Maßnahme, bei der künstliche Lichtquellen ausgeschaltet blieben, war es

Kölner Edelweiß-piraten auf Fahrt bei Donrath an der Agger, Mai 1943.

außerdem relativ einfach, Anti-Nazi-Graffitis in der Öffentlichkeit zu hinterlassen. Die NSDAP-Ortsgruppe Düsseldorf-Grafenberg meldete am 17. Juli 1943 an die Gestapo:

> »Betr.: Angelegenheit ›Edelweißpiraten‹: Obige Burschen machen sich wieder breit. Mir wird gemeldet, daß sich – und zwar nach dem letzten Terrorangriff auf Düsseldorf – Ansammlungen Jugendlicher in der Ostparkanlage stärker denn je bemerkbar machen. Diese Jugendlichen im Alter von 12–17 Jahren flegeln sich bis in die späten Abendstunden mit Musikinstrumenten und weiblichen Jugendlichen hier herum. Da dieses Gesindel zum großen Teil außerhalb der HJ steht und eine ablehnende Haltung zu dieser Gliederung einnimmt, bilden diese eine Gefahr für die übrige Jugend. Neuerdings wurde festgestellt, daß auch Angehörige der Wehrmacht mit diesen Jugendlichen zusammen sind, die aufgrund ihrer Wehrmachtszugehörigkeit ein besonders arrogantes Auftreten an den Tag legen. Es besteht der Verdacht, daß diese Jugendlichen diejenigen sind, welche die Wände in der Unterführung an der Altenbergstraße beschreiben mit ›Nieder mit Hitler‹, ›Das OKW lügt‹, ›Orden und Ehrenzeichen für das größte Morden‹, ›Nieder mit der Nazi-Bestie‹ usw. Diese Anschriften können so oft beseitigt werden, wie man will, innerhalb weniger Tage sind die Wände wieder neu beschrieben.«[101]

Wie gewalttätig sich die Auseinandersetzungen zwischen NS-Vertretern und Edelweißpiraten immer wieder entwickelten, zeigen auch die Ereignisse in Köln-Mülheim. Im Herbst 1943 verhaftete die Gestapo mit Unterstützung der Hitlerjugend mehrere Edelweißpiraten und brachte sie nach Brauweiler ins Gefängnis. Kurz darauf überfielen mit Gummiknüppeln bewaffnete Hitlerjungen vier Edelweißpiraten, die von einem Kinobesuch kamen. Als Vergeltungsaktion griffen daraufhin am 18. Oktober 1943 zwischen 40 und 50 Edelweißpiraten das NSDAP-Kreishaus in Köln-Mülheim am Wilhelm-Guthoff-Platz an, in dem sich auch der Sitz der lokalen HJ-Führung befand. Erst das Eintreffen der Polizei beendete die Aktion.[102]

In Wuppertal kam es ebenfalls zu Aktionen gegen Vertreter des NS-Regimes. Beispielsweise beschädigten am 20. Februar 1944 im Wuppertaler Stadtteil Vohwinkel am Kaiserplatz die beiden Edelweißpiraten B. und V. von Haan unter dem Schutz der Verdunkelung Aushängekästen der NSDAP und der HJ und zerstörten deren Inhalt. Die beiden hatten außerdem eine Schablone mit den Buchstabenkürzeln »BJ« und »EP« für Edelweißpiraten angefertigt und hinterließen ihre Zeichen an Häusern, Aushängekästen sowie den Außenwänden von Cafés und Kinos. Sogar eine haltende Straßenbahn beschrifteten sie. Anschließend schlichen sie sich noch in ein Parteilokal der NSDAP und malten in den Flur bündische Zeichen.

Ähnliche Aktionen von Edelweißpiraten sind auch für Köln bekannt. Fritz Theilen beteiligte sich beispielsweise sowohl am Verteilen illegaler Flugblätter als auch an Graffiti-Aktionen, wie auch, unabhängig davon, eine andere Edelweißpiratengruppe, unter ihnen Gertrud Koch, geb. Kühlem. Dennoch – politische Widerstandshandlungen im engeren Sinne verübten letztlich nur wenige Edelweißpiraten.

In Wanne-Eickel sammelten einige Edelweißpiraten von alliierten Flugzeugen abgeworfene Flugblätter ein und steckten sie in Briefkästen. In Düsseldorf verteilten einzelne Edelweißpiraten Flugblätter der illegalen KPD, die Eltern davor warnten, ihre Söhne zur Waffen-SS zu schicken. Kontakte zwischen illegalen politischen Gruppen und den Edelweißpiraten blieben dabei die Ausnahme. Die spontan und aktionistisch handelnden Jugendlichen stellten für jede Form der illegalen Arbeit ein zu großes Sicherheitsrisiko dar. Die meisten Edelweißpiraten waren ohnehin nicht weit genug politisiert, dass sie Interesse an der gefährlichen illegalen politischen Arbeit zeigten. Ihre Protestformen beschränkten sich in der Regel auf die Zurückdrängung der HJ und die Stärkung ihrer eigenen Jugendkultur.

Edelweißpiratengruppen stellten sich dabei nicht nur offensiv gegen die

Hitlerjugend. Auch zu anderen Jugendmilieus blieben sie auf Distanz. Die im Rhein-Ruhr-Gebiet ebenfalls aktiven Cliquen der Swingjugend stammten vorwiegend aus dem bürgerlichen Milieu. Für Essen ist bekannt, dass sich neben Edelweißpiraten auch Swings sowohl aus proletarischem als auch aus bürgerlichem Milieu zusammenfanden. Dieses unbeschwerte Nebeneinander ist für das Rhein-Ruhr-Gebiet jedoch eine Ausnahme, denn teilweise kam es sogar zu körperlichen Auseinandersetzungen um die Präsenz im öffentlichen Raum. Beliebter Treffpunkt der Düsseldorfer Swingjugend war die »Kö«, die Königsallee, weswegen deren Anhänger von den Düsseldorfer Edelweißpiraten auch »Kö-Stenze« oder »Kö-Flitzer« genannt wurden. Immer wieder tauchten dort Edelweißpiraten auf und suchten Streit mit den Swings. Ähnlich in Duisburg, wo Swings sich auf der Königsstraße trafen, weswegen sie ebenfalls Kö-Stenze genannt wurden. Obgleich HJ-Streifendienste und schikanierende Jugendschutzverordnungen beide Jugendkulturen gleichermaßen betrafen, überwog in diesen Fällen der »Standesunterschied« zwischen Proletariat und Bürgertum. Die Edelweißpiraten wollten sich nicht nur gegen die HJ behaupten, sondern auch gegen andere. Solche Auseinandersetzungen zwischen Gruppen außerhalb der HJ sind für andere Großstädte wie Hamburg, Berlin oder Leipzig nicht bekannt.

Essener Swings im Herbst 1942. Walter Jonathal (links) mit einem Freund am Treffpunkt Bahnhof-Nord in Essen.

Die Köln-Ehrenfelder-Gruppe

Die heutige Wahrnehmung der Kölner Edelweißpiraten ist untrennbar mit der »Ehrenfelder Gruppe« verbunden. Deren Bewertung durch Zeitzeugen, Nachkriegsbehörden und Geschichtswissenschaftler schwankt dabei zwischen krimineller Bande ohne politischen Hintergrund und partisanenähnlichem Widerstand. Unstrittig ist hingegen, dass zu dieser Gruppe einige (frühere) Edelweißpiraten gehörten.

In der Bildmitte sitzt Bartholomäus Schink im Edelweißpiraten-Outfit. Das Bild entstand im Frühsommer 1944.

Mit der erfolgreichen Landung der Alliierten in der Normandie im Juni 1944 rückte die Westfront beständig näher an das Rhein-Ruhr-Gebiet. Alle noch verfügbaren Jugendlichen, egal ob HJ-Mitglieder oder nicht, wurden daher vom NS-Regime zum »Kriegseinsatz« zwangsverpflichtet. Ein selbstbestimmtes Jugendleben war somit in Köln und anderswo kaum noch möglich. Ab September wurden viele Jugendliche zu militärisch sinnlosen Schanzarbeiten am Westwall abkommandiert, von denen nicht wenige sich unerlaubt wieder entfernten, zurück nach Hause fuhren und einfach untertauchten. Seit Spätherbst 1944 standen die alliierten Truppen an der westdeutschen Landesgrenze. Aachen war bereits am 21. Oktober in amerikanischer Hand. Auf ein rasches Vorrücken der Alliierten hofften gut 70 Kilometer östlich in Köln viele bereits entflohene Zwangsarbeiter, KZ-Häftlinge und Wehrmachtsdeserteure, die sich seit einiger Zeit in der weitläufigen Ruinenlandschaft der Stadt versteckt hielten und ein baldiges Ende des Krieges herbeisehnten. Viele dieser Illegalen hatten sich in »Banden« zusammengeschlossen, waren bewaffnet und lebten notgedrungen von Einbrüchen. Auch Jugendliche hatten sich solchen Gruppen angeschlossen. Um die öffentliche Ordnung im nationalsozialistischen Sinne aufrecht zu erhalten, ging das NS-Regime mit großer Brutalität gegen diese Gruppen vor. SS- und Gestapo-Kommandos lieferten sich mit ihnen in den Trümmerwüsten stellenweise stundenlange Feuergefechte. Der Tod war allgegenwärtig.

Eine dieser illegalen Gruppen wurde von dem 1921 geborenen Hans Steinbrück angeführt. Der frühere Jungvolkführer war 1943 wegen Amtsanmaßung in ein KZ eingewiesen worden, wo er zunächst bei einem Bombenentschärfungskommando arbeiten musste und Ende 1943 in Köln untertauchen konnte. Über den Verkauf von Hehlerware finanzierte Steinbrück den Kauf verschiedener Waffen. Zeitweise versteckte er auch drei Juden, die vor der Deportation geflohen waren. Zu ihm stießen im Sommer 1944 mehrere von den Arbeiten am Westwall geflohene Jugendliche, die zuvor kurzzeitig bei den Edelweißpiraten in Köln-Ehrenfeld aktiv gewesen waren, unter ihnen auch Bartholomäus Schink. Im Herbst wurden auf »Kaperfahrten« der Gruppe durch das nächtliche Köln verschiedene Vertreter des NS-Systems erschossen. Auch gab es innerhalb der Gruppe Überlegungen, die Gestapo-Zentrale in die Luft zu sprengen.

Der Gestapo gelang es im Oktober schließlich, die Mitglieder zu verhaften. Vorgeworfen wurden ihnen fünf Morde an NS-Vertretern sowie ein versuchter Sprengstoffdiebstahl. Ohne ein Gerichtsurteil wurden am 10. November 1944 Hans Steinbrück sowie weitere zwölf Mitglieder der »Terrorgruppe« öffentlich durch die Gestapo in Köln-Ehrenfeld gehenkt. Unter ihnen befanden sich die noch nicht 18-jährigen Bartholomäus Schink, Adolf Schütz, Franz Rheinberger, Gustav Bermel, Johann Müller und Günter Schwarz. Bis auf Schütz zählte die Gestapo diese Jugendlichen zeitweise zu den Edelweißpiraten. Mehrere hundert Schaulustige waren bei der Hinrichtung anwesend.

Die Beurteilung der Gruppe ist auch heute noch schwierig. Einerseits sahen sich ihre Mitglieder als Gegner des NS-Regimes und versteckten beispielsweise unentgeltlich Geflüchtete. Andererseits entsprangen viele Taten der Gruppe allein dem impulsiven Naturell von Hans Steinbrück, der den beteiligten Jugendlichen auch schon mal körperlich drohte, damit sie ihn nicht verrieten. Die lange vertretene These, dass es sich um eine Edelweißpiraten-Widerstandsgruppe handelte, kann nicht belegt werden, da die beteiligten Jugendlichen vorher nur kurz mit Edelweißpiraten in Kontakt waren und auch Steinbrück selbst kein Edelweißpirat war. Dennoch hatte die Steinbrück-Gruppe nicht vornehmlich kriminelle Motive, das NS-Regime zu überleben war das vorherrschende Ziel – notfalls mit Waffengewalt. Eine politische Widerstandsgruppe waren sie nicht, da weder politische Motive noch Diskussionen über Alternativen zum NS-Regime überliefert sind. Die Hingerichteten waren jedoch unbestreitbar Opfer des Nationalsozialismus und keine »kriminelle Bande«.[103]

Weitere Gruppen nach 1939

Von vielen informellen Jugendgruppen aus verschiedenen Städten gibt es bislang nur spärliche Informationen. Folgende Auflistung zeigt die damalige Vielfalt.

Düsseldorf

Um 1936 gründete sich in Düsseldorf der »International Swing Rhythm Club«, ein Freundeskreis jugendlicher Swing- und Jazzfans. Sie besuchten die Konzerte von Teddy Stauffer und anderen Tanzorchestern, die meistens im Tabaris, im Café Cornelius, in der Kaskade oder im Cafe Mainz auftraten. Die Clubmitglieder legten sich englische Spitznamen zu, grüßten sich mit »Swing High«. Man traf sich zweimal im Monat, um neue Platten zu hören und ausländische Jazz-Zeitschriften zu lesen. Sie traten außerdem mit Schülern des Gymnasiums Fürstenwall in Kontakt, die im Herbst 1937 eine Amateurjazzband gegründet hatten. Einige Proben wurden zu regelrechten Partys. Durch die zahlreichen Einberufungen zum Reichsarbeitsdienst löste sich der Club 1939 auf.[104]

Magdeburg

Der Regierungspräsident Magdeburg berichtete am 29. August 1940: »In Magdeburg wurden an zwei Sonderrazzien nahezu 200 Jugendliche nur wegen Herumtreibens während der Dunkelheit angehalten, fast 100 Jugendliche wurden wegen unerlaubten Betretens von Filmtheatern festgestellt. Der Hauptteil der Verstöße fiel auf das Verbot betreffend Umhertreiben während der Dunkelheit, ebenso nahmen die Verstöße gegen das Tanzverbot erheblich zu.«[105]

Im Lagebericht des Oberreichsanwaltes beim Volksgerichtshof Berlin vom 4. Februar 1943 liest man außerdem: »In Magdeburg ist eine Gruppe von 11 Jugendlichen erfaßt worden, die unter der Bezeichnung ›Deutsche Volksorganisation‹ eine politische Vereinigung mit umstürzlerischer Zielsetzung gebildet, hochverräterische Flugblätter entworfen und Schmierparolen in den Straßen der Stadt Magdeburg angebracht haben.«[106]

Augsburg

Der HJ-Streifendienst berichtete am 4. Juli 1940: »Eine besondere Clique von Jugendlichen hat sich seit längerer Zeit im Westend gebildet. Es wurde an Pfingsten beobachtet, daß sich diese Bande zusammen mit den Jugendlichen vom ›hohen Meer‹ und ›Regenbogen‹ gemeinsam mit Mädchen auf Fahrt begab. Ziel war der Ammersee und Utting [...]. Die Übernachtung erfolgte, wie festgestellt werden konnte, gemeinsam mit den Mädchen in Gastzimmern und Heustadeln. Eine solche Gesellschaft, die in einem Stadel übernachten wollte, wurde von dem Uttinger Bürgermeister auf Betreiben der HJ-Streife vertrieben. Der Erfolg des alleinigen Verjagens mag aber bezweifelt werden ...«[107]

Breslau

Aus einem Bericht von 1940: »In Breslau sind mehrere Tanzzirkel ausgehoben worden. Diese hatten nach englischer Musik Swingtänze aufgeführt und mit Mädchen Ausflüge ins Gebirge unternommen. Die dazu benötigten Geldmittel wurden durch Einbrüche und Diebstähle bei den Arbeitgebern der Jugendlichen beschafft.«[108]

Karlsbad

Auch aus dem besetzten tschechischen Kurort Karlsbad wird von einer Jugendgruppe berichtet: »Nach einer Meldung des Bannes Karlsbad vom Juli 1940 gibt es dort eine sogenannte ›Schlangenkompanie‹. Die Angehörigen dieser Clique sind nicht in der Hitler-Jugend und treten besonders dadurch hervor, daß sie diese in wüster Weise beschimpfen. Wiederholt ist es auch zwischen der ›Schlangenkompanie‹ und Angehörigen der Hitler-Jugend zu Auseinandersetzungen gekommen.«[109]

Mittelelbe und Mecklenburg

Die Reichsjugendführung schrieb in einem Bericht: »Vom Gebiet Mittelelbe wird für Juli 1940 gemeldet, daß nach den durchgeführten Kontrollen 75% der selbstständig auf Fahrt gehenden Jugendlichen Nicht-Hitler-Jugend-Angehörige sind. Bei den angetroffenen Hitler-Jugend-Angehörigen handelt es sich im wesentlichen um Einzelfahrer oder Gruppen von zwei bis drei Mann, die schon seit längerer Zeit keinen Dienst mehr gemacht haben und ›Deutschlandfahrten‹ unternehmen. Demgegenüber stellt das Gebiet Mecklenburg als Ergebnis der Pfingstkontrolle von Fahrten fest, daß etwa 70% aller angehaltenen Fahrtengruppen in Zivil und ohne Fahrtenerlaubnis unterwegs waren. Diese Fahrtengruppen stammten insbesondere aus den Gebieten Hamburg, Nordmark, Niedersachsen und Berlin. Darunter waren aber auch Gruppen in der für die Bündische Jugend typischen Kleidung, die nicht der Hitler-Jugend angehörten.«[110]

Würzburg

Die SD-Außenstelle berichtet am 22. Oktober 1940: »Im Landkreis Würzburg wurden seit Bestehen der Verordnung (also in etwa 6 Monaten) bis jetzt etwa 200 Jugendliche gebührenpflichtig verwarnt. Zu erwähnen ist besonders, daß seitens der Nichtmitglieder der HJ ein gewisser Oppositionsgeist gegen die Bestimmungen der Verordnung zu Tage tritt.«

Gebiet Franken

Auch in Franken war der HJ-Dienst nicht bei allen beliebt: »Im August 1941 wurde aus dem Gebiet Franken gemeldet, daß dort etwa 65 Angehörige der Pflicht-Hitler-Jugend sich beharrlich weigerten, am Dienst teilzunehmen. Ungefähr der dritte Teil der Jugendlichen war selbst durch staatspolizeiliche Maßnahmen nicht zur Teilnahme am Dienst zu bewegen. Die Jungen stammten aus politisch und kriminell vorbelasteten Kreisen und waren teilweise selbst vorbestraft.«[111]

Chemnitz und Plauen

Neben Leipzig und Dresden gab es auch aus anderen sächsischen Städten Hinweise auf oppositionelle Jugendcliquen: »Zu kleineren Zusammenrottungen kam es in Chemnitz und Plauen (Astlochbande). Im Sommer 1942 wurde aus Chemnitz gemeldet, daß sich 14 Jugendliche im Alter von 17–19 Jahren zu einer Bande im Stil der Swing-Jugend zusammengetan hatten. Sie trugen Abzeichen und führten den Namen ›Faerling-boys‹.«[112]

Hannover

Die NS-Verfolger meldeten Ende August 1942 aus Hannover: »Als die Kapelle Willi Artelt im ›Georgs-Palast‹ in Hannover angeblich original englischen Jazz gebracht habe, hätte ein Teil der Gäste und vor allem Parteigenossen bei Beginn dieser Musik das Lokal unter Protest verlassen. Dafür hätten dann aber die anwesenden Jugendlichen dieser Musik in überschwänglicher Form Beifall gezollt. Beim ›Tiger-Rag‹ sei es zu wahren Beifallsstürmen gekommen.«[113]

Königsberg

Das Reichsjustizministerium berichtete 1943: »In Königsberg wurde die Bevölkerung durch Gerüchte über die Tätigkeit jugendlicher Banden erheblich beunruhigt. Tatsache war, daß Überfälle auf Angehörige des HJ-Streifendienstes, Einbruchdiebstähle und andere Straftaten vorkamen. Nach Festnahme von 50–60 Jugendlichen und der Durchführung von Strafverfahren trat Ruhe ein.«[114]

Alfeld bei Hildesheim

1943 wurde folgende Gruppe bekannt: »In Alfeld bei Hildesheim bildete sich ein Schlangenklub, deren Mitglieder Angehörige der HJ belästigten und Diebstähle und andere Straftaten verübten.«[115]

Wismar

Auch an der Ostseeküste bildeten sich oppositionelle Jugendgruppen: »In Wismar/ Meckl. gründeten Jugendliche die Ringbande [...]. Sie beabsichtigten darüber hinaus Störung der Ruhe und Ordnung im Staat und waren bereit, bewaffnet gegen die Polizei vorzugehen. Im Falle der Revolution beabsichtigten sie, den HJ-Streifendienst und die HJ-Führerschaft an Bäumen aufzuhängen. Ihre Einstellung war bewußt antideutsch.«[116]

Saarbrücken

Über Swingjugendliche aus Saarbrücken berichtet die Justiz: »Unter dem 29.8.42 wird aus Saarbrücken berichtet, daß dort anläßlich eines Gastspieles der holländischen Kapelle Ferdinand Rikkers im Kaffee Wien, die verschiedentlich stark verjazzte Musik spielte, die Kapelle nicht nur den Beifall zahlreicher Jugendlicher erntete, sondern daß diese beim amerikanischen Jazz geradezu ›getobt‹ und durch Wunschzettel die Wahl der einzelnen Musikstücke veranlaßt haben.«[117]

Landshut

Am 7. September 1942 wurde aus Bayreuth gemeldet: »In Landshut sollen sich 30 bis 40 Jugendliche zu einer Bande zusammengeschlossen haben, die sich ›Blase‹ oder ›Ankerbund‹ nennt und wöchentlich in einem bestimmten Gasthaus gegenüber der Polizeidienststelle zusammenkommt. Vermutlich ist der Bund eine den Münchener ›Blasen‹ ähnliche Vereinigung. Die Jungen sind erkenntlich durch langen Haarschnitt (sog. Henkerschnitt). Sie tragen weite, lange Hosen und als Abzeichen einen goldenen Anker (auch in München ein beliebtes Blasenabzeichen).«[118]

Wien und Niederdonau

In Österreich, besonders in Wien, bildeten sich ebenfalls Jugendcliquen jenseits der HJ: »Im Herbst 1941 wurde von mehreren Parteistellen auf das Auftreten halbwüchsiger Burschen in Wien und Niederdonau hingewiesen, die im Volksmund als ›Schlurf‹ bezeichnet werden. Sie tragen langes, zuweilen onduliertes Haar, langes Sakko und auffallend breite Hose. Ein Teil trägt Armbänder oder um den freien Hals eine goldene oder silberne Kette mit Anhängern (Glücksstern, der dem Sowjetstern ähnelt oder andere Glücksbringer wie Kleeblatt und dergleichen) – Zu den ›Schlurfen‹ soll eine erhebliche Anzahl Jugendlicher mit fremdem Bluteinschlag gehören. Das Auftreten der ›Schlurfe‹ ist nicht durch die Kriegsverhältnisse bedingt, sondern reicht weit in die Systemzeit zurück. Die Unsitte wurde damals durch die Juden und die unter der Jugend herrschende langjährige Arbeitslosigkeit begünstigt und fand sowohl in den Arbeiter- als auch in Mittelstandskreisen Verbreitung. Die sogenannten ›Nobel-Schlurfe‹ waren zu jeder Zeit sehr häufig in den Tanz- und Vergnügungsstätten anzutreffen.

Nach den bisher gemachten Erfahrungen sind die in Betracht kommenden Jugendlichen nicht durchweg gegnerisch eingestellt. Es sind vielmehr unfertige und mindergeartete Burschen, die im Gegensatz zur Zucht der Hitler-Jugend den seichten Vergnügungen, Tanz, Jazzmusik und weiblichen Umgang, zustreben und für das politische Geschehen überhaupt kein Interesse haben. Für eine politisch-gegnerische Betätigung oder eine geschlossene Gruppenbildung der ›Schlurfe‹ ergaben sich bisher keine Anhaltspunkte. Die ›Schlurf-Jugend‹ muß jedoch wegen ihrer negativen Einstellung zum Staat, ihrer Verweichlichung und abträglichen Haltung bekämpft werden.

Durch die Hitler-Jugend wurden Aktionen gegen die ›Schlurfe‹ durchgeführt. Diese Maßnahmen hatten jedoch mehrmals Zusammenstöße zwischen der Hitler-Jugend und den in Betracht kommenden Jugendlichen zur Folge, ohne daß dadurch eine Besserung der Verhältnisse erreicht worden wäre. Vielmehr wurden die ›Schlurfe‹ zum Teil dadurch zu einem Beharren in ihrem bisherigen Verhalten gereizt. In einem Fall kam es sogar zu einer Schmieraktion zugunsten der ›Schlurfe‹.«[119]

Anhand des ersten Liederbuchs der FDJ von 1946 wird der anfänglich integrative Charakter der Jugendorganisation sichtbar. Volks-, Wander- und Arbeiterkampflieder stehen einträchtig neben christlichen Liedern. Doch die gesamte deutsche Nachkriegsjugend konnte man mit diesen kulturellen Rückgriffen auf die Weimarer Zeit nicht mehr begeistern.

Jugend in der Nachkriegszeit

Mit dem Ende des Nationalsozialismus begann für die im Buch dargestellten Jugendlichen bzw. mittlerweile jungen Erwachsenen ein neuer Lebensabschnitt. Viele Freundeskreise waren zuletzt durch Einberufungen zur Wehrmacht auseinandergerissen worden, nicht wenige waren im Krieg umgekommen, Überlebende kehrten erst Jahre später aus der Kriegsgefangenschaft zurück. In erster Linie bestimmte die Suche nach einem unzerstörten Quartier und das Beschaffen von Lebensmitteln das Leben in der unmittelbaren Nachkriegszeit. Die eigene Jugend lag verschüttet unter Trümmern.

Durch die Teilung Deutschlands in verschiedene Besatzungszonen und schließlich in zwei deutsche Staaten 1949 fand die Nachkriegsjugend in den jeweiligen Gebieten unterschiedliche Voraussetzungen für ein neues Freizeitleben. Vor allem versuchten Erwachsene und verschiedene Institutionen, den Jugendlichen eine nach ihren Maßstäben sinnvolle Freizeitbeschäftigung zu ermöglichen, um eine in ihren Augen drohende »Jugendverwahrlosung« zu verhindern. Kirchen und Parteien gründeten neue Jugendgruppen, in Westdeutschland versuchten frühere Mitglieder ihre alten Jugendbünde wiederauferstehen zu lassen. Teilweise ließen die Alliierten die NS-Jugendschutzverordnung weiterhin bestehen, um die Nachkriegsjugend disziplinieren zu können – und machten sich unter Jugendlichen damit schnell unbeliebt.

In Ostdeutschland entstand 1946 die »Freie Deutsche Jugend«. Diese von der KPD initiierte Jugendorganisation war in der sowjetischen Besatzungszone die einzige zugelassene. Die FDJ wollte dabei in ihrer Anfangsphase wieder bei den Arbeiterjugendverbänden der Weimarer Zeit andocken. Grundgedanke darüber hinaus war, alle Jugendlichen für den antifaschistisch-demokratischen Wiederaufbau Deutschlands zu begeistern, auch frühere Bündische, die Jungen Gemeinden, geläuterte HJ-Mitglieder. Doch diese integrative und pluralistische Aufbruchstimmung hielt nicht lange. Die FDJ wurde Ende der 1940er-Jahre immer enger an die SED gebunden und zunehmend stalinisiert, bis sie schließlich nur noch die »Kampfreserve der Partei« war. In den Folgejahren und -jahrzehnten trafen sich viele ostdeutsche Jugendliche daher wieder bevorzugt in informellen Cliquen und orientierten sich in erster Linie an westlichen Jugendkulturen.

Für einige frühere Mitglieder der Leipziger Meuten ist bekannt, dass sie in wiedergegründete linke Arbeiterparteien eintraten, aber nicht weiter auf die neue Jugendgeneration einwirkten.

Auch in Westdeutschland gründeten sich nach Kriegsende FDJ-Gruppen, erlangten aufgrund der Vielfältigkeit der dortigen Nachkriegsgruppenlandschaft bei weitem nicht die Bedeutung wie in Ostdeutschland. Zeitweilige Mitgliedschaften von Edelweißpiraten aus dem Rhein- und Ruhr-Gebiet in FDJ-Gruppen sind jedoch aktenkundig. Darüber hinaus gingen andere westdeutsche Edelweißpiratengruppen problematische Wege. Mit dem Wegfall des NS-Regimes fanden sie neue Feindbilder in den »Displaced Persons«, vor allem den ehemaligen polnischen Zwangsarbeitern sowie den sie nun bevormundenden Alliierten. Teilweise gesellte sich dazu eine den NS-Staat verklärende Sicht. Die heute noch unter Rechtsradikalen verbreitete Zahlenfolge »88«, die für den achten Buchstaben im Alphabet als Abkürzung für »Heil Hitler« steht, ist eine Erfindung westdeutscher Nachkriegsedelweißpiraten, für die damals auch die Selbstbezeichnung »88er« aufkam. Die Kämpfe mit früheren, oftmals ebenfalls jugendlichen, polnischen Zwangsarbeitern entwickelten sich analog der Auseinandersetzungen mit der HJ aus Revierkämpfen. Polnische Displaced Persons und heimatlose Edelweißpiraten lungerten oftmals an denselben öffentlichen Plätzen, wie z.B. Bahnhöfen und Sammelunterkünften in alten Bunkern, herum und waren Konkurrenten bei der Lebensmittelbeschaffung. Trotz vorherigem Kampf gegen die HJ, scheinen Bruchstücke nationalistischer und rassistischer Mentalitäten auch unter den betreffenden Nachkriegsedelweißpiraten vorhanden gewesen zu sein – eine Nachwirkung der NS-Erziehung bis 1945.

Viele während der NS-Zeit inhaftierte Jugendliche, egal ob von den Edelweißpiraten oder den Leipziger Meuten, stellten nach dem Krieg Anträge auf Wiedergutmachung ihrer erlittenen Haftzeiten in Gefängnissen und Konzentrationslagern. In beiden deutschen Staaten wurde damit sehr unterschiedlich umgegangen. Viele frühere Edelweißpiraten kämpften Jahrzehnte erfolglos für die Aufhebung ihrer NS-Urteile, da die bundesdeutschen Behörden die Verurteilungen oftmals für rechtens hielten. In der DDR bekam hingegen nur derjenige eine Anerkennung als Verfolgter des Naziregimes, der sich vorbehaltlos zur SED bekannte.

Die Swingjugend beeinflusste Jugendliche nach Kriegsende indirekt, wenn auch weniger durch das markante Outfit. Viele Menschen nutzten die Nachkriegszeit, um Dinge nachzuholen, die ihnen zuvor versagt blieben und suchten nach hedonistisch-kulturellen Angeboten. Selbst die Besatzungsmächte waren daran interessiert, möglichst schnell ein leidlich »normales« Leben in Deutschland zu initiieren, vor allem auf kulturellem Gebiet. Überall gründeten sich Tanzorchester und bespielten die noch vorhandenen Vergnügungssäle. Musikalisch konnte jetzt unverhüllt den beliebten amerikanischen Swingklängen gefrönt werden. Das Leipziger Rundfunktanzorchester Kurt Henkels, das westdeutsche Orchester Kurt Edelhagen und viele andere in Ost und West spielten nun ungezwungen amerikanische Swing- und Big-Band-Musik von oftmals herausragender Qualität. Eine Vielzahl von Schallplatten erschien. In der 1949 gegründeten DDR redeten jedoch bald SED-Funktionäre in die Programmgestaltung der Orchester hinein und versuchten, unter dem Eindruck des beginnenden Kalten Krieges, zunehmend amerikanische Stücke aus den Programmen zu drängen. Die Musiker halfen sich ihrerseits mit der bereits bekannten Umdeklarierung von Swing und beginnendem Rock'n Roll in Foxtrott …

Jutta Hipp aus dem »Hot Club Leipzig« avancierte in den 1950er-Jahren am Klavier zur »Europe's first Lady of Jazz«. Sie ging kurz darauf nach New York und veröffentlichte beim Blue Note-Label mehrere Platten.

Aus der Swingjugend bzw. den Hot Clubs kamen in der Nachkriegszeit einige herausragende Jazzmusiker, die endlich ihre Lieblingsmusik in der Öffentlichkeit spielen konnten. Zu nennen sind neben Emil und Albert Mangelsdorff aus Frankfurt am Main auch der aus dem KZ heimgekehrte Berliner Gitarrist Coco Schumann, die Pianistin Jutta Hipp vom Hot Club Leipzig und viele andere. Swings wie Günter Discher aus Hamburg oder »Hot Geyer« aus Leipzig stellten in lokalen Radiosendungen ihre Lieblingsplatten vor. Doch

Swing entwickelte sich im Nachkriegsdeutschland nicht zur dominierenden Jugendkultur. Besonders der Jazz blieb in einer elitären Nische, während die Tanzorchester neben Swing auch wieder den bereits damals schon unverwüstlichen deutschen Schlager einem breiten Publikum präsentierten.

Anfang der 1950er-Jahre kam schließlich der Rock'n'Roll von den USA nach Ost- und Westdeutschland und begeisterte eine neue Generation von Jugendlichen.

Anhang

Literatur

Barber-Kersovan, Alenka/ Uhlmann, Gordon (Hg.): Getanzte Freiheit. Swingkultur zwischen NS-Diktatur und Gegenwart, Hamburg 2002.

Bauz, Ingrid/ Brüggemann, Sigrid/ Maier, Roland (Hg.): Die Geheime Staatspolizei in Württemberg und Hohenzollern, Stuttgart 2013.

Bembenek, Lothar/ Ulrich, Axel (Hg.): Widerstand und Verfolgung in Wiesbaden 1933–1945. Eine Dokumentation, Giessen 1990.

Bender, Otto: Swing unterm Hakenkreuz in Hamburg 1933–1943, Hamburg 1993.

Benz, Wolfgang/ Pehle, Walter H.: Lexikon des deutschen Widerstandes, Frankfurt a. M. 1999.

Brandenburg, Hans-Christian: Die Geschichte der HJ, Köln 1982.

Breyvogel, Winfried (Hg.): Piraten, Swings und Junge Garde. Jugendwiderstand im Nationalsozialismus, Bonn 1991.

Buddrus, Michael: Totale Erziehung für den Krieg. Hitlerjugend und nationalsozialistische Jugendpolitik, 2 Bde. München 2003.

Historisches Museum Frankfurt am Main (Hg.): Jugend im nationalsozialistischen Frankfurt. Ausstellungsdokumentation, Frankfurt a. M. 1987.

Hoffmann, Volker: Hanno Günther ein Hitler-Gegner. Berlin 1992.

Huck, Gerhard (Hg.): Sozialgeschichte der Freizeit, Wuppertal 1980.

Jahnke, Karl-Heinz: Jugend unter der NS-Diktatur 1933–1945. Eine Dokumentation, Rostock 2003.

Kater, Michael H.: Gewagte Spiel. Jazz im Nationalsozialismus, Köln 1995.

Kater, Michael H.: Hitler-Jugend, Darmstadt 2005.

Kenkmann, Alfons: Wilde Jugend. Lebenswelt großstädtischer Jugendlicher zwischen Weltwirtschaftskrise, Nationalsozialismus und Währungsreform, Essen 1996.

Kershaw, Ian: Der NS-Staat, Reinbek 2002.

Keval, Susanna: Widerstand und Selbstbehauptung in Frankfurt am Main 1933–1945, Frankfurt a. M. 1988.

Klönne, Arno (Hg.): Jugendkriminalität

und Jugendopposition im NS-Staat, Ein sozialgeschichtliches Dokument (beinhaltet den kompletten Nachdruck von: »Kriminalität und Gefährdung der Jugend, Lagebericht zum Stande vom 1. Januar 1941, Herausgegeben vom Jugendführer des Deutschen Reiches«), Münster 1981.

Klönne, Arno: Jugend im Dritten Reich. Die Hitler-Jugend und ihre Gegner, München 1990.

Klose, Werner: Die Hiterjugend. Generation im Gleichschritt. Ein Dokumentarbericht, Oldenburg 1982.

Knigge-Tesche, Renate/ Ulrich, Axel (Hg.): Verfolgung und Widerstand in Hessen 1933–1945, Frankfurt a. M. 1996.

Kurz, Jan: »Swinging Democracy«. Jugendprotest im 3.Reich, Münster u. a. 1995.

Lange, Alexander (Sascha): Meuten – Broadway-Cliquen – Junge Garde. Leipziger Jugendgruppen im Dritten Reich, Köln/Weimar 2010.

Lange, Horst H.: Jazz in Deutschland. Die Deutsche Jazz-Chronik bis 1960, Hildesheim 1996.

Lange, Sascha: Die Leipziger Meuten. Jugendopposition im Nationalsozialismus – Eine Dokumentation, Leipzig 2012.

Löhken, Wilfried/ Vathke, Werner: Jugend im Widerstand. Drei Gruppen zwischen Überlebenskampf und politischer Aktion Berlin 1939–1945, Berlin 1993.

Müller, Roland: Stuttgart zur Zeit des Nationalsozialismus, Stuttgart 1988.

Peukert, Detlev: Die Edelweißpiraten. Protestbewegung jugendlicher Arbeiter im »Dritten Reich«, Köln 1988.

Pikarski, Margot: Jugend im Berliner Widerstand, Ost-Berlin 1978.

Polster, Bernd (Hg.): Swing Heil. Jazz im Nationalsozialismus, West-Berlin 1989.

Rathgeb, Kersin: Helden wider Willen. Frankfurter Swing-Jugend – Verfolgung und Idealisierung, Münster 2001.

Ritter, Franz (Hg.): Heinrich Himmler und die Liebe zum Swing. Erinnerungen und Dokumente, Leipzig 1994.

Rusinek, Bernd-A.: Gesellschaft in der Katastrophe. Terror, Illegalität, Widerstand. Köln 1944/45, Essen 1989.

Rüther, Martin: »Senkrecht stehen bleiben« – Wolfgang Ritzer und die Edelweißpiraten. Unangepasstes Jugendverhalten im Nationalsozialismus und dessen späte Verarbeitung, Köln 2015.

Sander, Ulrich: Jugendwiderstand im Krieg. Die Helmuth-Hübener-Gruppe 1941/1942, Bonn 2002.

Sandvoss, Hans-Rainer: Die »andere« Reichshauptstadt. Widerstand aus der Arbeiterbewegung in Berlin von 1933 bis 1945, Berlin 2007.

Schäfer, Hans Dieter: Berlin im Zweiten Weltkrieg, München 1991.

Schörle, Eckart: Schwarze Hand und Edelweiß – Jugendprotest im Dritten Reich. Aus der Reihe: »Thüringen Blätter zur Landeskunde«, hg. von der Landeszentrale für politische Bildung Thüringen, Erfurt 2013.

Schott, Christian und Steinhacker, Sven: »Wilde Gesellen am Wupperstrand, verfolgt von Schirachs Banditen.« Jugendopposition und -widerstand in Wuppertal 1933–1945, Grafenau 2004.

Ueberall, Jörg: Swing Kids, Berlin 2004.

Wuthe, Stephan: Swingtime in Deutschland, Berlin 2012.

Ortsverzeichnis

Anmerkungen

1 Siehe Peukert, Detlev: Volksgenossen und Gemeinschaftsfremde, Köln 1982, S. 142.
2 Zitiert nach Kershaw, Ian: Der NS-Staat, Reinbek 2002, S. 311.
3 Die damalige Diskussion ist einzusehen unter: http://www.digam.net/indexc1bd.html?ar=1256
4 Schreiben des Reichsjugendführers vom 08.03.1933, zitiert aus Jahnke, Karl-Heinz: Jugend unter der NS-Diktatur, Rostock 2003, S. 41.
5 Siehe HJ-Mitgliederstatistik bei Jahnke: Jugend unter der NS-Diktatur, S. 38.
6 Siehe Statistik bei Jahnke: Jugend unter der NS-Diktatur, S. 38.
7 Vgl. Kater, Michael: Hitler-Jugend, Darmstadt 2005, S. 51.
8 Statistik Mitgliederentwickung der Staatsjugend in Leipzig in: Stadtarchiv Leipzig JuA Nr. 323 Bd. 2, Bl. 60.
9 Erlebnisbericht von Rolf Franz von 1988. In: Lange, Sascha: Die Leipziger Meuten, Leipzig 2012, S. 67.
10 Erlebnisbericht Rolf Franz von 1988. In: Lange, Sascha: Die Leipziger Meuten, S. 67.
11 Akte Hauptstaatsarchiv Dresden 1Js/SG 1402/37, Bl. 50, Schreiben der Gestapo Leipzig vom 05.07.1938 an den Oberstaatsanwalt beim Landgericht.
12 Anklageschrift Willy Prüfer. In: Widerstand als Hochverrat, (Microfiche) FicheNr. 0691f., S. 34.
13 Bundesarchiv Berlin NJ 87 Bd. 1, Bl. 14/15, Bericht der Staatsanwaltschaft.
14 Interview des Verfassers mit Herbert Kleinschmager vom Mai 2001.
15 Interview des Verfassers mit Werner Wolf vom Mai 2002.
16 Bundesarchiv Berlin Akte R 3001/955, Fiche Nr. 8, Bl. 347.
17 Vgl. Gruchmann, Lothar: Jugendopposition und Justiz im dritten Reich. Die Probleme bei der Verfolgung der »Leipziger Meuten« durch die Gerichte. In: Benz, Wolfgang (Hrsg.): Miscella, Stuttgart 1980, S. 110f.
18 Interview des Verfassers mit Werner Wolf Mai 2002.
19 Stadtarchiv Leipzig JuA Nr. 314, Bl. 108.
20 Bundesarchiv Berlin NJ 15657, Bl. 4.
21 Bundesarchiv Berlin R 22/1177, Bl. 380.
22 Bundesarchiv Berlin, NJ 14278, Bl. 30.
23 Hauptstaatsarchiv Dresden, Schreiben der Staatsanwaltschaft, 2Js/SG 359-370/39.
24 Interview des Verfassers mit Wilhelm Endres, März 2002.
25 Verhör Franz L. Am 19.10.1937, zitiert nach: Mathe, Barbara: Zwischen jugendlichem Freizeitverhalten, Subkultur und Opposition: Unangepasste Jugendliche im nationalsozialistischen Köln. In: Geschichte im Westen, Essen 2007, S. 104.
26 Hauptstaatsarchiv Düsseldorf Ger. Rep. 112/6231. Zitiert nach Manthe, Barbara: Navajos und Edelweißpiraten in Köln. In: Geschichte in Köln. Zeitschrift für Stadt- und Regionalgeschichte, Nr. 54, Köln 2007.
27 Hauptstaatsarchiv Düsseldorf, RW 18, 7, Bl. 254f. Zitiert nach Hellfeld, Matthias von/ Klönne, Arno: Die betrogene Generation, Köln 1985, S. 79f.
28 Stadtarchiv Leipzig JuA Nr. 323 Bd. 2, Bl. 202.

29 Bericht des Stabsführers der RJF über HJ-Tätigkeit während des Krieges, zitiert nach Jahnke: Jugend unter der NS-Diktatur, S. 426.
30 Reichsgesetzblatt, Teil I, 1940, S. 126f. Zitiert aus Jahnke: Jugend unter der NS-Diktatur, S. 390–392.
31 Siehe Buddrus, Michael: Totale Erziehung für den Krieg. Hitlerjugend und nationalsozialistische Jugendpolitik. München 2003, Bd. 1, S. 401.
32 Siehe Bericht der Reichsjugendführung »Cliquen- und Bandenbildung unter Jugendlichen« vom September 1942, in: Bundesarchiv Berlin R 22/1177 Bl. 355f.
33 Ebda. Bl. 381.
34 Ebda. Bl. 336.
35 Schörle, Eckart: Schwarze Hand und Edelweiß – Jugendprotest im Dritten Reich. Aus der Reihe »Thüringen Blätter zur Landeskunde, herausgegeben von der Landeszentrale für politische Bildung Thüringen, Erfurt 2013.
36 Siehe Bericht der Reichsjugendführung »Cliquen- und Bandenbildung unter Jugendlichen« vom September 1942, in: Bundesarchiv Berlin R22/1177, Bl. 380.
37 Thüringisches Staatsarchiv Gotha, Amtsgericht Eisenach Nr. 332.
38 Siehe Bericht der Reichsjugendführung »Cliquen- und Bandenbildung unter Jugendlichen« vom September 1942, in: Bundesarchiv Berlin R22/1177, Bl. 376–379.
39 Aus: »Kriminalität und Gefährdung der Jugend. Lagebericht bis zum Stande vom 1. Januar 1941, Herausgegeben vom Jugendführer des Deutschen Reiches.« Vollständiger Nachdruck in: Klönne, Arno: Jugendkriminalität und Jugendopposition im NS-Staat; Münster 1981, S. 126.
40 Siehe Bericht der Reichsjugendführung »Cliquen- und Bandenbildung unter Jugendlichen« vom September 1942, in: Bundesarchiv Berlin R22/1177, Bl. 389–392.
41 Barber-Kersovan, Alenka/ Uhlmann, Gordon (Hg.): Getanzte Freiheit, Hamburg 2002, S. 27f.
42 Siehe Bericht der Reichsjugendführung »Cliquen- und Bandenbildung unter Jugendlichen« vom September 1942, in: Bundesarchiv Berlin R22/1177, S. 7.
43 Vgl. Getanzte Freiheit, S. 51.
44 Heinrich Himmler und die Liebe zum Swing, S. 100ff.
45 Getanzte Freiheit S. 80.
46 Zitiert aus Piraten, Swings und Junge Garde, 1993, S. 251.
47 Siehe Bericht der Reichsjugendführung »Cliquen- und Bandenbildung unter Jugendlichen« vom September 1942, in: Bundesarchiv Berlin R22/1177, Bl. 371.
48 Ebda. Bl. 371.
49 Ebda. Bl. 373.
50 Bericht Swing-Jugend 1941; Quelle IfZ München Ma 667, Bl. 5484203-204.
51 Dokument siehe Peukert: Edelweißpiraten S. 155f.
52 Siehe: Getanzte Freiheit, S. 109.
53 Siehe: Ritter, Franz: Heinrich Himmler und die Liebe zum Swing, Leipzig 1994, S. 110.
54 Siehe Bericht der Reichsjugendführung »Cliquen- und Bandenbildung unter Jugendlichen« vom September 1942, in: Bundesarchiv Berlin R22/1177, Bl. 373.
55 Ebda. Bl. 373.
56 Siehe: Getanzte Freiheit, S. 86.
57 Siehe Bericht der Reichsjugendführung »Cliquen- und Bandenbildung unter Jugendlichen« vom September 1942, in: Bundesarchiv Berlin R22/1177, Bl. 354.

58 Siehe: Kurz, Jan: Swinging Democracy, Münster 1995, S. 57.
59 Aus Privatarchiv Franz Ritter. Zu finden auch in: Ritter, Franz (Hg.): Heinrich Himmler und die Liebe zum Swing, Leipzig 1994, S. 113–115.
60 Aus Privatarchiv Franz Ritter. Zu finden auch in: Ritter, Franz (Hg.): Heinrich Himmler und die Liebe zum Swing, Leipzig 1994, S. 189–191.
61 Aus: Köhler, Birgit: Swingjugend im Dritten Reich, (unveröffentlichte Magisterarbeit), Bremen 1997, S. 47.
62 Ebda. S. 65.
63 Siehe auch Köhler, Birgit: Lange Haare statt Führerschnitt. Bremer Swing-Jugend im Dritten Reich. In: www.sozialgeschichte-bremen.de/doc/AuS09_Art_Koehler_Swingjugend.pdf
64 Siehe Bericht der Reichsjugendführung »Cliquen- und Bandenbildung unter Jugendlichen« vom September 1942, in: Bundesarchiv Berlin R22/1177, Bl. 374.
65 Ebda. Bl. 375.
66 Verhör vom 05.09.1941 zitiert nach: Kurz, Jan: Swinging Democracy, Münster 1995, S. 47.
67 Ritter, Franz (Hg.): Heinrich Himmler und die Liebe zum Swing, Leipzig 1994, S. 153.
68 Knigge-Tesche, Renate/ Ulrich, Axel (Hg.): Verfolgung und Widerstand in Hessen 1933–1945, Frankfurt/M. 1996, S. 396/397
69 Ebda. S. 400
70 Rathgeb, Kerstin: Helden wider Willen. Frankfurter Swing-Jugend, Münster 2001, S. 70f.
71 Knigge-Tesche, Renate/ Ulrich, Axel (Hg.): Verfolgung und Widerstand in Hessen 1933–1945, S. 401f.
72 Aus Bembenek, Lothar und Ulrich, Axel: Widerstand und Verfolgung in Wiesbaden 1933–1945, Gießen 1990, S. 272.
73 Bundesarchiv Berlin R 22/3364, zitiert aus: Bembenek, Lothar/ Ulrich, Axel: Widerstand und Verfolgung in Wiesbaden 1933–1945, Gießen 1990, S. 266f.
74 Bauz, Ingrid/ Brüggemann, Sigrid/ Maier, Roland (Hg.) Die geheime Staatspolizei in Württemberg und Hohenzollern, Stuttgart 2013, S. 333f. Siehe auch: Müller, Roland: Stuttgart zur Zeit des Nationalsozialismus, Stuttgart 1988, S. 484f.
75 Fackler, Guido: Die Swing-Jugend – oppositionelle Jugendkultur im nationalsozialistischen Deutschland. In: Barber-Kersovan, Alenka/ Uhlmann, Gordon (Hg.): Getanzte Freiheit; Hamburg 2002, S. 42–45.
76 Haffner, Ernst: Blutsbrüder, Berlin 2013 (Neuveröffentlichung).
77 Siehe: Sandvoß, Hans-Rainer: Widerstand in Prenzlauer Berg und Weißensee, Berlin 2000, S. 215f.
78 Siehe: Sandvoß, Hans-Rainer: Widerstand in Wedding und Gesundbrunnen, Berlin 2003, S. 195ff.
79 Akte zitiert nach Schäfer, Hans Dieter: Berlin im Zweiten Weltkrieg, München 1991, S. 197.
80 Aus: Hellfeld: Die betrogene Generation, Köln 1985, S. 292; Quelle: Reichssicherheitshauptamt, Meldungen wichtiger staatspolizeilicher Ereignisse vom 30.04.1943 (Institut für Zeitgeschichte München, Ma 442/2, Bl. 5491142-143).
81 Lagebericht des Generalstaatsanwalts beim Kammergericht Berlin vom 01.10.1944. Zitiert nach Schäfer, Hans Dieter: Berlin im Zweiten Weltkrieg, München 1991, S. 198.
82 Erinnerungen zusammengefasst aus »Der Ghettoswinger – Eine Jazzlegende

erzählt« von Coco Schumann, München 1997 und aus dem Album »Coco Schumann« in der Ausstellung »Wir waren Nachbarn – Biografin jüdischer Zeitzeugen« im Rathaus Berlin-Schöneberg.

83 Aktennotiz des Reichssicherheitshauptamtes vom 1. Juni 1942. Siehe auch: Pikarski, Margot: Jugend im Berliner Widerstand, Ost-Berlin 1978, S. 125.

84 Staatsarchiv Leipzig, LG/SG, Nr. 632, Anklageschrift, Bl. 17.

85 Auszug aus Strafregister. Siehe Staatsarchiv Leipzig, VdN-Akte Nr. 14628.

86 Interview des Verfassers mit Henri Rosch Sommer 2011.

87 Interview des Verfassers mit Werner Teumer März 2002.

88 Bundesarchiv Berlin NJ 9169, Urteilsschrift gegen Werner Teumer, unpag.

89 Benz, Wolfgang / Pehle,Walter H. (Hrsg.): Lexikon des deutschen Widerstandes, S. 237–239.

90 Interview mit Günter O. aus Oberhausen durch Michael Zimmermann 1977. In: Peukert, Detlev: Die Edelweißpiraten, Köln 1988, S. 17.

91 Interview mit Günter O. aus Oberhausen durch Michael Zimmermann 1977. In: Peukert: Die Edelweißpiraten, S. 18f.

92 Peukert: Die Edelweißpiraten, S. 116

93 Hauptstaatsarchiv Düsseldorf RW 58/3693, Bl. 24; Rechtschreibfehler im Original.

94 Aus der Urteilsschrift des Amtsgerichtes Wuppertal vom 13.09.1943, in: Hauptstaatsarchiv Düsseldorf RW 58/38260, Bl. 86.

95 Siehe Bericht der Reichsjugendführung »Cliquen- und Bandenbildung unter Jugendlichen« vom September 1942, in: Bundesarchiv Berlin R22/1177.

96 Theilen, Fritz: Edelweißpiraten, Neuauflage Köln 2009, S. 21.

97 Aus Anklageschrift gegen Wilhelm T. vom 23.06.1943, zitiert nach Manthe, Barbara: Navajos und Edelweißpiraten in Köln, S. 207.

98 Jülich, Jean: Kohldampf, Knast und Kamelle, Köln 2003, S. 47.

99 Gestapo-Verhörprotokoll. Siehe: Hauptstaatsarchiv Düsseldorf, Ger. Rep. 112/18704, Bl. 196 und 18705, Bl. 290.

100 Siehe Manthe, Barbara: Navajos und Edelweißpiraten in Köln, S. 209f.

101 Hauptstaatsarchiv Düsseldorf Gestapo 23599, Bl. 24. Zitiert nach: Peukert, Detlev: Edelweißpiraten, Meuten, Swing, In: Huck, Gerhard (Hg.): Sozialgeschichte der Freizeit, Wuppertal 1980, S. 314f.

102 Siehe Manthe, Barbara: Navajos und Edelweißpiraten in Köln, S. 206

103 Zur Thematik lesenwert: Rusinek, Bernd A.: Gesellschaft in der Katastrophe. Terror, Illegalität, Widerstand Köln 1944/45, Essen 1989. Ebenso: Rüther, Martin: Senkrecht stehen bleiben – Wolfgang Ritzer und die Edelweißpiraten, Köln 2015.

104 Kater, Michael H.: Gewagtes Spiel. Jazz im NS, Köln 1995, S. 157f.

105 Aus »Kriminalität und Gefährdung der Jugend. Lagebericht bis zum Stande vom 1. Januar 1941 Hg. vom Jugendführer des Deutschen Reiches. Nachdruck Hg. von A. Klönne. S. 151

106 Aus Lagebericht des Oberreichsanwaltes beim Volksgerichtshof Berlin vom 4. Februar 1943. In: Jahnke: Jugend unter der NS-Diktatur, S. 593.

107 Klönne, Arno: Jugendprotest und Jugendopposition, in: Broszat, Martin (Hg.): Bayern in der NS-Zeit Band IV, München 1981, S. 615.

108 Aus »Kriminalität und Gefährdung der Jugend. Lagebericht bis zum Stande vom 1. Januar 1941 Hg. Vom Jugendführer des Deutschen Reiches. Nachdruck Hg. von A. Klönne. S. 125.

109 Ebda. S. 127.

110 Ebda. S. 172.

111 Siehe Bericht der Reichsjugendführung »Cliquen- und Bandenbildung unter Jugendlichen« vom September 1942, in: Bundesarchiv Berlin R22/1177, Bl. 367.

112 Ebda. Bl. 310.

113 Ebda. Bl. 374.

114 Aus Bericht des Reichsjustizministeriums von 1943 über jugendliche Cliquen und Banden, in: Bundesarchiv Berlin R 22/1177 Bl. 441–451.

115 Ebda.

116 Ebda.

117 Ebda. Bl. 383.

118 Ebda. Bl. 385.

119 Ebda. Bl. 385f.

Bildnachweis

Trotz aller Anstrengungen konnten nicht alle Bildrechteinhaber ausfindig gemacht werden. Der Buchautor entschuldigt sich, sollten unbeabsichtigt Rechteinhaber ausgelassen worden sein. Bei berechtigten Ansprüchen wenden Sie sich bitte an den Verlag, um einen entsprechenden Hinweis in späteren Auflagen einfügen zu können. Die Bilder entstammen dem Privatarchiv des Autors mit folgenden Ausnahmen:

Familienbesitz Stude: S. 33, 45, 46 oben
Familienbesitz Schieweg: S. 42
Gedenk- und Bildungsstätte Andreasstraße Erfurt: S. 78
NS-Dokumentationszentrum Köln: Covermotiv, S. 56, 60, 71 links, 186, 187, 191, 192, 194, 195, 200, 202
Privatbesitz Coco Schumann: S. 156, 157, 159
Privatbesitz Manfred Omankowsky: S. 161, 162, 163, 165
Privatbesitz Heinz Koch: S. 178
Swingarchiv Axel Waldhier: S. 100, 121, 129
KZ-Gedenkstätte Neuengamme: S. 133
Privatarchiv Birgit Köhler: S. 134, 136 links, 137
Gedenkstätte deutscher Widerstand Berlin: S. 94, 97, 98, 126, 167, 169,
Bundesarchiv Berlin: S. 95 (Sign. R3017 3828)
Landesarchiv NRW Abt. Rheinland: S. 189 (Sign. RW 58 Nr. 3693 Bl. 60), S. 196 (Sign. RWK 1011), S. 197 (Sign. RWB 27862, Nr. 5)

Danksagung

Für die vielfältige Unterstützung für dieses Buch möchte sich der Autor herzlichst bedanken bei: Gedenkstätte deutscher Widerstand Berlin, besonders Frau Dr. Müller-Botsch; NS-Dokumentationszentrum Köln, Herr Dr. Röther; Schulmuseum Leipzig; Dr. Franz Ritter, Ichenhausen; Bärbel Petersen, Berlin; Landesarchiv Nordrhein-Westfalen; Dr. Eckart Schörle, Erfurt/Schwerin; Birgit Köhler, Bremen; Gedenk- und Bildungsstätte Andreasstraße, Erfurt; Axel Waldhier; allen Interviewpartnern; allen, die mit Rat und Tat zur Seite standen und nicht zuletzt dem Ventil Verlag.

Informationen zum Thema im Internet

www.jugend1918-1945.de
www.leipziger-meuten.de

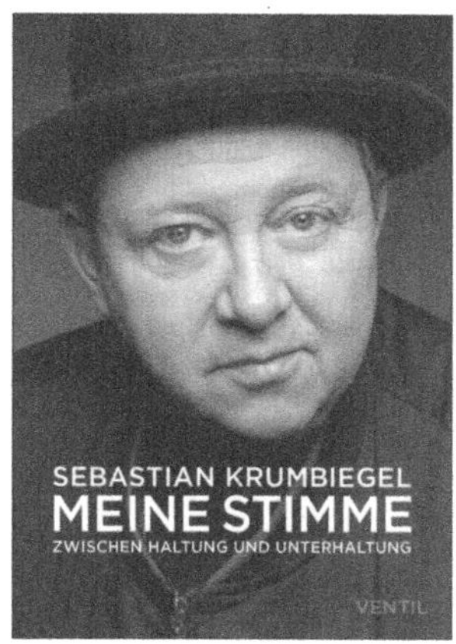

Sebastian Krumbiegel

Meine Stimme

Zwischen Haltung und Unterhaltung

Die Autobiografie des Sängers der Prinzen

Hilker/Pehlemann/Ulrich/Wagner (Hg.)

Power von der Eastside!

Jugendradio DT64 – Massenmedium und Massenbewegung

Über die bewegte Geschichte vom Sonderstudio zum Social Radio

Alexander Pehlemann (Hg.)

Warschauer Punk Pakt

Punk im Ostblock 1977–1989

Punk schürfen im Wilden Osten! Erweiterte Neuauflage

Manfred Karge / Hermann Wündrich

Erstürmt die Höhen der Kultur!

Umkämpftes Theater in der DDR

44 umkämpfte Autor*innen und ihre Theateraufführungen in der DDR

www.ventil-verlag.de